光明社科文库
GUANGMING DAILY PRESS:
A SOCIAL SCIENCE SERIES

·法律与社会书系·

中国化学品污染环境防治立法研究

腾延娟 ｜ 著

光明日报出版社

图书在版编目（CIP）数据

中国化学品污染环境防治立法研究／腾延娟著．--

北京：光明日报出版社，2021.6

ISBN 978-7-5194-6007-5

Ⅰ.①中… Ⅱ.①腾… Ⅲ.①化学污染—防治—环境

保护法—研究—中国 Ⅳ.①D922.684

中国版本图书馆 CIP 数据核字（2021）第 077968 号

中国化学品污染环境防治立法研究

ZHONGGUO HUAXUEPIN WURAN HUANJING FANGZHI LIFA YANJIU

著　者：腾延娟

责任编辑：刘兴华　　　　　　　　责任校对：兰兆媛

封面设计：中联华文　　　　　　　责任印制：曹　净

出版发行：光明日报出版社

地　　址：北京市西城区永安路 106 号，100050

电　　话：010-63169890（咨询），010-63131930（邮购）

传　　真：010-63131930

网　　址：http://book.gmw.cn

E - mail：liuxinghua@gmw.cn

法律顾问：北京德恒律师事务所龚柳方律师

印　　刷：三河市华东印刷有限公司

装　　订：三河市华东印刷有限公司

本书如有破损、缺页、装订错误，请与本社联系调换，电话：010-63131930

开　　本：170mm×240mm

字　　数：253 千字　　　　　　　印　　张：16

版　　次：2021 年 6 月第 1 版　　　印　　次：2021 年 6 月第 1 次印刷

书　　号：ISBN 978-7-5194-6007-5

定　　价：95.00 元

序

从化学专业转入法学领域，化学品污染防治的研究始终是一个具有吸引力的课题，这不仅是一种责任的担当，更是一次将所学的理论和实践相结合来解决社会问题的机会。

化学物质自脱离化学实验室以商品形式进入人们的生活、生产领域，就成为一种活跃的生产、生活要素影响着人类社会的方方面面。正因为化学品发挥着如此重要的作用，使得人们在很长一段时间内只注意到其经济属性，而忽视了其环境属性。化学品作为一种人工制造物，绝大多数的化学品在自然界是没有天然存在的，自然无法识别化学品，难以消解化学品，化学品对环境的影响正日益凸显出来，从这个意义上讲，化学品实质上是一种潜在的环境污染物。然而这些化学品对环境可能造成的危害却具有不确定性，化学品带来的环境风险问题已成为不容忽视的客观存在。

随着物质生活的富裕，人们的环境诉求也日益提升，环境污染的防治已成为人们关注的对象。十九大报告就明确提出：建设生态文明是中华民族永续发展的千年大计。必须树立和践行"绿水青山就是金山银山"的理念，像对待生命一样对待生态环境，形成绿色发展方式和生活方式，为人民创造良好生产生活环境，为全球生态安全做出贡献。

本书正是基于对化学品属性的再认识基础上，认为生态文明时代应当充分认识到化学品的环境风险，将化学品的风险防范纳入法治轨道，才能实现人与自然的和谐共存，保存中国的绿色生产力。

本书应用跨学科综合分析法，结合化学学科、社会学科、公共管理学科和法学学科等多学科综合的方法来考察化学品环境污染风险的规制；应用文本分析法、实证分析法、功能比较法等多种方法，针对化学品环境污染风险法律规制这一中心问题，考察、借鉴了国外典型的立法模式，通过比较、吸收和借鉴对中国化学品环境污染立法提出建议。

本书跳出以往将化学品作为一种福利产品和社会产品的研究视域，而是将化学品视为一种污染物，从污染防治的角度进行风险规制研究，在研究视角上具有一定的创新。对化学品环境污染防治的法律规制的理论和实践，本书提供了可供参考的建议，具有一定的实用价值。然而本书对产品中的化学品等更复杂的化学品问题没有涉及，研究尚须进一步细化、深入。

人类对未知世界的探索欲望必然会造成技术多元性和产品的多样性，任何颠覆性技术都有出现的可能，差异只在于出现的时间和空间。人类社会可持续发展的关键在于对新技术的选择，这种选择的风险及其沉没成本如果人类无法承受必将带来灾难性后果。

每个时代都有其时代命题，对于时代命题的认知和思考是一个学者必须经历的炼狱。对于时代脉搏的把握以及时代命题的答案供给考验着学者们的洞察力和勇气担当。如何提供一套有效的工具或提供一种观察的视角尽可能降低技术风险或人为产品对环境的损害也许就是这个时代所赋予当代知识精英的一种责任和使命吧。

本书试图对化学品环境污染的防治给出一种审视视角或称之为规范性行为模式，拟做引玉之砖，这也许就是本书的创新之处和价值所在吧。

是为序，以自勉！

2019 年 11 月 16 日

缩写对照表

REACH：化学品注册、评估、许可与限制法规

TSCA：有毒物质控制法

SAICM：国际化学品管理战略方针

EPPP：环境持久性制药污染物

vPvB：高持久且高生物累积性化学品

EDCs：内分泌干扰物质

SVHCs：高关注类物质

CMR：致癌性、致突变性、生殖毒性的物质

PBT：持久性、生物累积性和毒性的物质

SDS：化学品安全数据表

POPs：持久性有机污染物

VOCs：挥发性有机化合物

目 录
CONTENTS

导 论 ··· 1

　一、选题的由来和研究的意义 ······················· 1

　二、国内外研究现状 ·································· 10

　三、研究的进路、内容、方法以及创新和不足 ······· 18

　四、化学品的界定 ·································· 24

第一章　化学品立法现状 ···························· 31

　第一节　国际化学品立法分析 ···················· 31

　　一、国际立法概述 ······························· 31

　　二、《国际化学品管理战略方针》 ················ 35

　第二节　国外化学品立法 ························· 40

　　一、美国 ··· 40

　　二、欧盟 ··· 47

　　三、其他国家 ····································· 49

　第三节　中国化学品立法 ························· 52

　　一、与化学品相关法律法规概述 ················· 53

　　二、化学品立法存在的问题 ····················· 56

　　三、化学品污染环境防治立法要解决的问题 ······· 57

　本章小结 ··· 72

第二章　化学品污染环境防治立法的理论基础 ·············· 75

　第一节　绿色化学理论 ························· 75

　　一、科学技术的基础支撑作用 ··················· 76

　　二、科学技术的生态化 ······················ 80

　　三、绿色化学的理念 ······················· 82

　第二节　风险理论 ·························· 85

　　一、风险社会理论 ························· 85

　　二、风险社会的特点 ······················· 88

　　三、风险理论对法学的影响 ···················· 89

　　四、风险理论对化学品立法的影响 ················· 95

　第三节　多元协同治理理论 ····················· 97

　　一、"一元治理"模式 ······················ 97

　　二、环境多元治理主体的生成 ··················· 99

　　三、环境多元主体协同治理模式 ················· 102

　　四、多元协同治理模式对化学品污染环境防治立法的影响 ······ 104

　第四节　化学品事故应急管理理论 ················· 105

　　一、事前的预防常态化合作机制 ················· 106

　　二、事中危机化解机制 ····················· 109

　　三、事后恢复重建机制 ····················· 110

　本章小结 ···························· 111

第三章　化学品污染环境防治立法的正当性、科学性和伦理观 ···· 115

　第一节　化学品污染环境防治立法的合法性 ············ 115

　　一、立法是对利益博弈结果的确认 ················ 115

　　二、化学品立法是对环境诉求的满足 ··············· 117

　第二节　化学品污染环境防治立法的合理性 ············ 118

　　一、化学品污染环境防治立法的必要性 ·············· 118

　　二、化学品污染环境防治立法的可能性 ·············· 124

第三节　化学品污染环境防治立法的可行性 ⋯⋯⋯⋯⋯⋯⋯⋯⋯ 127

一、供给侧结构性改革为化学品风险规制提供了契机 ⋯⋯⋯ 128

二、供给侧结构性改革顺应了经济新常态的需要 ⋯⋯⋯⋯⋯ 130

三、供给侧结构性改革对环境治理领域的影响 ⋯⋯⋯⋯⋯⋯ 134

第四节　化学品污染环境防治立法的科学性 ⋯⋯⋯⋯⋯⋯⋯⋯⋯ 140

一、克服已有环境立法的弊端 ⋯⋯⋯⋯⋯⋯⋯⋯⋯⋯⋯⋯⋯ 141

二、树立环境立法的风险意识 ⋯⋯⋯⋯⋯⋯⋯⋯⋯⋯⋯⋯⋯ 145

三、建立和强化"环境科学立法" ⋯⋯⋯⋯⋯⋯⋯⋯⋯⋯⋯⋯ 147

第五节　化学品污染环境防治立法的伦理观 ⋯⋯⋯⋯⋯⋯⋯⋯⋯ 150

一、"非人类中心主义"环境伦理观的局限性 ⋯⋯⋯⋯⋯⋯⋯ 150

二、"人类中心主义"和"非人类中心主义"伦理观的融合 ⋯ 155

三、化学品伦理观的特殊性和复杂性 ⋯⋯⋯⋯⋯⋯⋯⋯⋯⋯ 156

本章小结 ⋯⋯⋯⋯⋯⋯⋯⋯⋯⋯⋯⋯⋯⋯⋯⋯⋯⋯⋯⋯⋯⋯⋯ 162

第四章　化学品污染环境防治立法的定位及目标 ⋯⋯⋯⋯⋯⋯⋯⋯ 165

第一节　化学品污染环境防治法的名称和法律位阶 ⋯⋯⋯⋯⋯⋯ 165

一、法律名称 ⋯⋯⋯⋯⋯⋯⋯⋯⋯⋯⋯⋯⋯⋯⋯⋯⋯⋯⋯⋯ 165

二、法律位阶 ⋯⋯⋯⋯⋯⋯⋯⋯⋯⋯⋯⋯⋯⋯⋯⋯⋯⋯⋯⋯ 169

三、化学品污染概念的界定 ⋯⋯⋯⋯⋯⋯⋯⋯⋯⋯⋯⋯⋯⋯ 170

第二节　化学品污染环境防治的立法目的 ⋯⋯⋯⋯⋯⋯⋯⋯⋯⋯ 171

一、确立化学品污染环境防治立法目的的依据 ⋯⋯⋯⋯⋯⋯ 171

二、保护环境和人体健康 ⋯⋯⋯⋯⋯⋯⋯⋯⋯⋯⋯⋯⋯⋯⋯ 175

三、增加化学品信息公开 ⋯⋯⋯⋯⋯⋯⋯⋯⋯⋯⋯⋯⋯⋯⋯ 176

四、保持中国化工业的国际竞争力 ⋯⋯⋯⋯⋯⋯⋯⋯⋯⋯⋯ 178

五、立法目的体系的内在结构 ⋯⋯⋯⋯⋯⋯⋯⋯⋯⋯⋯⋯⋯ 179

第三节　化学品污染环境防治法应确立的基本原则 ⋯⋯⋯⋯⋯⋯ 180

一、确立化学品污染环境防治法基本原则的依据 ⋯⋯⋯⋯⋯ 180

二、风险预防原则 ⋯⋯⋯⋯⋯⋯⋯⋯⋯⋯⋯⋯⋯⋯⋯⋯⋯⋯ 181

三、化学品全生命周期管理原则 ⋯⋯⋯⋯⋯⋯⋯⋯⋯⋯⋯⋯ 184

四、化学品污染环境防治的责任和义务分担原则 ⋯⋯⋯⋯⋯ 185

　　五、促进信息公开原则 ················· 187

　　六、公众参与原则 ··················· 188

　　七、基本原则体系的内在结构 ············· 189

第四节　化学品污染环境防治法的体例 ········· 190

　　一、化学品污染环境防治法体例的考察 ······· 191

　　二、化学品污染环境防治法体例的设计 ······· 193

本章小结 ························· 196

第五章　化学品污染环境防治法的制度构建 ········· 198

第一节　化学品污染环境防治法制度构建概述 ······ 198

　　一、确立化学品污染环境防治法基本制度的标准 ··· 198

　　二、化学品污染环境防治法基本制度的体系 ····· 201

第二节　预防性制度 ················· 203

　　一、化学品名录制度 ················ 204

　　二、化学品环境风险规划制度 ············ 206

　　三、化学品行政管理协调制度 ············ 208

　　四、化学品环境风险评估制度 ············ 211

第三节　支持性制度 ················· 214

　　一、化学品环境信息披露制度 ············ 214

　　二、化学品申报、登记和许可制度 ·········· 218

　　三、化学品自愿协议制度 ·············· 219

第四节　补救性制度 ················· 221

　　一、化学品环境损害补偿制度 ············ 221

　　二、化学品事故应急处置制度 ············ 223

本章小结 ························· 224

结　论 ··························· 226

参考文献 ·························· 230

后　记 ··························· 240

导　论

　　自化学物质以商品形式进入人们的生活、生产领域，它们就成为活跃的生产、生活要素而影响着人类社会的方方面面。化学品给人类的生活带来了很多的便利和舒适，化工业也促进了经济社会的蓬勃发展，被认为是国民经济发展的基础性、支撑性产业。但从人工化学品在自然循环中被消解的程度看，化学品实质上是一种"潜在"的环境污染物，人类自身的循环系统也成为化学品的受害者，甚至通过母体而危及后代人的生存机会。而相较于传统的环境污染物，化学品污染物的特殊性在于三点：一是，哪怕是极微量的化学品也足以对环境造成无法挽回的危害，因此，化学品污染环境防治具有自身的特点。换言之，基于传统污染物特征的"浓度控制"和"总量控制"这两种最基本的污染物防治规制工具在化学品污染防治中显示出短板效应。二是，化学品环境污染的机制具有不确定性和复杂性，人工化学品对环境的污染可能需要经过很长时间才能为人们所认识，而且多种化学品的混合可能引发更复杂的物理、化学效应而产生新的环境危害。三是，不同于一般污染物，化学品不是一种废弃物或副产品，而是人们主动追求、探索并经过艰辛的努力而创造出的能带来生活便利性和生产高效性的人工福利产品。

　　随着物质生活的富裕，人们的环境诉求也日益提升，化学品污染环境防治正成为人们关注的对象。因此，专门针对化学品的环境污染防治研究是具有必要性和紧迫性的。

一、选题的由来和研究的意义

　　在现实中存在有需要去寻找答案的"问题"，即所谓的"问题导向"固然是选题的重要依据，但学者的研究旨趣也是决定其论文选题的一个重要的决定性因素。

(一) 选题的由来

著名的八大公害之一日本的水俣病，被称为"公害的原点"。其之所以受到世界关注主要在于两个原因：一是一般的水银中毒是直接性的使用导致的中毒，而水俣病则是通过食物链引起的间接性水银中毒；二是人类第一次获知通过胎盘与母体的连接，也能引发胎儿的中毒①。胎儿性水俣病的结果真正使人们认识到子宫也是环境的事实，污染环境也就是污染未来的生命。多么可怕的事实，连孕育生命的神圣母体也摆脱不了被污染的悲惨命运，并通过它将灾难延续下来，直接危及人类的未来生存。而且化学物质通过胎盘污染环境的事实是近百年才发生的，这对生物进化过程来讲只是一瞬间的事情，但这一瞬间会改变人类历史。人类只能存活在大自然中，人类跟自然不是对立或并列关系，也不是大自然的中心。在自然界中，即使最微小的生物的生存基础也跟人类是一致的，即使从不那么高尚的利己主义来说，保护我们的环境也是刻不容缓的命题。不加约束地毒害我们的环境，最终将报应到人类自身。

环境危机的爆发源于工业革命的污染排放，废水、废气、废渣等工业废弃物的排放污染了人类的生活、生产环境，而这些工业污染排放活动中绝大多数又是化工企业的污染排放。可以说，环境保护始终没有离开对化学品的关注和管制，引发环境保护运动的《寂静的春天》就是源于对化学制剂污染环境问题的关注②。元素周期表中的一百多种化学元素组成了纷繁复杂的化学物质，人类的各种活动都与化学物质密切相关，就如我们时时刻刻也离不开的水（分子式 H_2O），从某种意义上说也是一种化学物质，只不过它是自然合成、天然存在的，在某种机缘下孕育出了生命，从而成为"生命之源"。然而，绝大多数化学品却是人们通过艰苦卓绝、锲而不舍的探索发明制造出来的，发明制造这些化学品的目的就是使用和交换这些产品，以改善人们的生活，增加人类社会的财富，发展社会生产力。"为达到国际社会的经济和社会目标，大量使用化学品是

---

① ［日］原田正纯. 人类史上水俣病的教训——公害原论 ［M］//张梓太. 环境纠纷处理前沿问题研究——中日韩学者谈. 北京：清华大学出版社，2007：15.

② 戈尔在《寂静的春天》的序言中说"《寂静的春天》的出版可视为当代环境保护运动的起始点"。《寂静的春天》也被视为是环保运动的里程碑。［美］蕾切尔·卡森. 寂静的春天 ［M］. 吕瑞兰，李长生，译. 上海：上海译文出版社，2008：Ⅷ.

必不可少的。"① "目前世界上大约有 700 万种化学物质，其中常用化学物质超过 7 万种，并且每年还有 1000 多种新的化学物质问世。中国已生产和上市销售的现有化学物质大约有 45,000 种，每年申报新化学物质约 100 种。"② 化学品在其生产、使用、运输、储备和后续处理过程中的任何不当行为都可能对环境和人类健康造成危害，化学品的危害突发性强、持续时间长、影响范围广，尤其是会影响到各种环境因子如大气、水、土壤等。

虽然化学品与人们的生活息息相关，但是这些人造的化学品对环境和人体健康的影响我们却知之甚少，甚至有些是在人们大量使用后才慢慢发现了其对健康和环境的危害性。例如，2002 年贝利·汉密尔顿（Baillie Hamilton）观察化学物对脂肪代谢的影响后第一个提出肥胖的发生发展可能与化学物关联这种病因学假设。2006 年布鲁斯·布隆伯格（Bruce Blumberg）建议将这一类具有共同作用特点的化学物统一命名为"obesogen"③，统称为"化学诱胖剂"。目前被确认为化学物"诱胖剂"的有：双酚 A（BPA，玩具、医疗器械、奶瓶、饮料容器、浴帘等物品内均可能含有）、己烯雌酚（激素类药物、女性保健品、化妆品内含有该成分，也会作为禽畜饲料的添加成分而残留于禽蛋、肉类食品等）全氟烷基酸（PFOA，作为表面活性剂、不粘锅材料等）、有机锡（存在于海洋防污涂料、木材催化剂、增塑剂、杀黏菌剂、工业水系统、食品杀菌剂等）、邻苯二甲酸酯（用于聚氯乙烯塑料、农药、涂料、印染、化妆品、油漆和香料的生产等）等大约 20 种（类），对于这些诱胖剂，人们不仅可以直接接触，而且更因为它们在环境中普遍存在，可通过食物、饮水、空气等多途径间接进入人体内。

化学品正日益增加，甚至可以说人类已经被包裹在人造化学品的世界中，

---

① 《21 世纪议程》第 19 章 "有毒化学品的无害环境管理，包括防止在国际上非法贩运有毒和危险产品"。

② 中国化学品环境管理问题与战略对策课题组报告 ［R/OL］. 中国网，2008-02-26.

③ "obesogen" 的英文词根构成为 "obesi-（肥胖）+-gen（产生某种效应的物质）"。从脂肪代谢的角度，obesogen 被定义为通过改变脂质稳态平衡和脂肪储量，代谢机制的调定点，进而干扰能量平衡或食欲与饱腹感的调节，从而促进脂肪的积聚并最终导致肥胖的一类对脂肪组织的功能产生不利影响的所有环境化学物。环境诱胖剂只是针对影响脂肪代谢的一类环境内分泌干扰剂。

然而，化学品的管理却是一项富有挑战性的工作。以 DDT① 为例，"DDT 是一种非比寻常的具有里程碑意义的化合物"②，它是第一个能有效杀灭蚊、蝇、虱、蚤等害虫的人工合成有机杀虫剂。DDT 在农业和卫生领域取得的巨大成功，刺激了人们征服自然的欲望，并掀起了研制人工合成有机农药和其他化学品的全球热潮。其命运的改变发生在 1962 年，美国科学家蕾切尔·卡森（Rachel Carson）在其著作《寂静的春天》中认为就是因为 DDT 进入食物链导致一些食肉和食鱼的鸟接近灭绝。随着对 DDT 环境危害性的认识，20 世纪 70 年代后世界各国明令禁止生产和使用 DDT。然而，由于蚊子携带的疟原虫对 DDT 的替代物（氯奎宁）有抗药性，又找不到其他环境危害性小而又经济便宜的替代品，DDT 的禁用造成 1962 年以后发展中国家疟疾卷土重来，大约 100 万人死于疟疾，2002 年世界卫生组织宣布，重新启用 DDT 用于控制蚊子的繁殖以及预防疟疾、登革热、黄热病等在世界范围的卷土重来。DDT 治理的例子最典型地表现出人们对人造化学品既爱又恨的复杂心情，而经济的、社会的、环境的各种因素更使化学品的管制成为一个复杂的系统工程。即使是像 DDT 这样已经确认其对人类健康和生态环境具有重大危害的化学品，其禁用还出现反反复复，一些环境危害性尚难有确定的科学依据、只具有环境风险的化学品的管制将更为复杂。

表 0-1　关于 DDT 的回顾

年份	事　例
1874 年	德国化学家奥特玛·蔡德勒（Othmar Zeidler）首先合成了 DDT
1939 年	瑞士化学家保罗·穆勒（Paul Hermann Muller）首先发现 DDT 可以作为杀虫剂使用。杀虫谱广、药效强劲持久、生产简单、价格便宜
1948—1970 年	DDT 控制了疟疾和脑炎病的传播，挽救了 5000 多万人的生命。DDT 甚至可直接喷洒到身上，被称为万能杀虫剂
1962 年	蕾切尔·卡森的《寂静的春天》揭露 DDT 的负面效应

---

① DDT 又叫滴滴涕，二二三，化学名为双对氯苯基三氯乙烷（Dichlorodiphenyltrichloroethane），化学式（ClC₆H₄）₂CH（CCl₃），中文名称从英文缩写 DDT 而来，是有机氯类杀虫剂。白色晶体，不溶于水，溶于煤油，可制成乳剂，是有效的杀虫剂。更显著的环境特点是，DDT 极其稳定，不会被自然降解。

② 魏峰，董元华. DDT 引发的争论及启示 [J]. 土壤，2011（5）.

续表

年份	事　例
1962—1969 年	开始否定并酝酿禁用 DDT
1970—1995 年	各国逐渐禁用 DDT 并争论 DDT 的毒性
1982 年	中国禁用了 DDT，但是仍然将其用于应急病媒防治、三氯杀螨醇生产和防污漆生产，直到 2009 年完全禁用，但仍然保留了紧急情况下用于病媒防治的可能
1996—2000 年	肯定 DDT 的毒性并酝酿全球消除 DDT
2000 年	由于对替代品拟虫菊酯类杀虫剂的抗药性，南非在 20 世纪末期禁用 DDT 后暴发了几次疟疾流行后重新使用 DDT 来防治疟疾。赞比亚、津巴布韦等一些非洲国家与此情况类似
2001 年	《关于持久性有机污染物的斯德哥尔摩公约》将 DDT 列入"肮脏的一打"，力图全球逐步禁用 DDT
2006 年	世界卫生组织推荐更广泛地室内滞留喷洒 DDT 来防治疟疾，再一次引爆了国际社会关于是否应该使用 DDT 的争论
2009 年	斯德哥尔摩会议制订了消除 DDT 的计划：2017 年禁止生产 DDT，2020 年全球禁用 DDT

化学品是现代社会不可缺少的生产资料和消费品，并作为医药、农药、化学肥料、塑料、纺织纤维、电子化学品、家庭装饰材料、肥皂和洗衣粉、化妆品、食品添加剂等广泛应用。全球的化学品生产、贸易和使用在迅速地增长，正是由于化学品具有这么重要的经济性价值和支撑作用，具有如此广泛的用途，应用于诸多领域，使得化学品的规制本身就是一个复杂的、系统性的工程。也就是说，化学品作为人类主动追求的物质产品，其发明过程也具有显著的不确定性，人类发明某种或某类化学品首先关注的是其经济上的价值或者对人类生产生活提供的便利，随着该类产品的使用过程出现了明显的环境影响时，人们才开始意识到其环境危害性而加以应对，而此时往往危害结果已经产生，甚至出现了不可逆转的困局，例如 DDT、塑料等的使用。化学品污染难以被自然消解的原因就在于化学品中的大多数作为一种人工制造物，虽然仍然是由原有的一百多种元素构成，但是经过复杂的物理、化学、生物反应，原子之间的结合

方式和空间结构发生了翻天覆地的变化，产生出许多大自然从未出现的新物质，这固然在人类的科技发明史上是值得大书特书的壮举，然而却给大自然出了大难题。大自然原先存在的一套循环体系在新物质面前失效了，依靠大自然的力量无法将这些化学品重新纳入物质能量循环体系，大自然只能任其天长地久地永远存在，而束手无策。解铃还须系铃人，人类自己制造的化学品还需要依靠人类自身来消除它对环境的危害，这也是全球化学品管理共同追求的目标，即化学品的无害化使用。实际上，提倡化学品无害化使用本身就意味着现在化学品的使用是有害的。这种有害性表现在三个方面：对公共安全的有害性、对人体健康的有害性和对环境的有害性。对公共安全的有害性和对人体健康的有害性已得到人们的认知和重视，而对环境的有害性却未得到充分的重视。对环境而言，化学品就是一种污染物，为了保障环境安全，就需要对化学品污染环境进行防治。

随着发达国家环境质量标准的提高，对化学品规制也逐渐严格，这使得很多技术工艺落后、污染严重的化工厂逐渐开始向发展中国家转移，而中国作为一个世界工厂，也在承受着污染转嫁的恶果。雾霾治理的难题已充分说明放任污染会发生怎样的后果。更严重的是化学品污染的可能是我们的地下水和土壤，不仅正在毒害着当代人的健康，还将祸及子孙。这绝不是在危言耸听，而是现实必须面对的问题。而我国目前的化学品立法现状不仅距离发达国家有很大的距离，更是与环境安全的要求相去甚远，无法满足化学品环境安全的迫切需求，中国需要一部化学品污染环境防治的综合性立法。为了促进科学的立法和保障法律的有效实施，需要对化学品污染环境防治立法进行广泛而深入的研究。作为一个环境法学的学习者和将来准备投身到环境保护事业的环境法学人，这不仅是一种责任，更是一次将所学的理论和实践相结合来解决社会问题的机会。对化学品污染环境防治立法进行研究不仅是环境法治发展的需求，更是学人自身成长的需要。对化学品污染环境防治立法进行研究虽不能妄谈填补立法研究空白，但的确会对目前中国化学品立法不足状况改善产生助力，笔者认为这是一项非常有意义和价值的研究。

对于笔者这样一个从化学专业转入法学领域的学人来说，对化学品污染环境防治的研究始终是一个具有吸引力的选题。硕士阶段曾试图以此为题，但终因自感三年的法学硕士学习似乎尚不具有完成此选题的能力，而没有选此为硕士论文题目；博士阶段选题时我又再次萌发了以此为研究选题的意向，感谢导师周珂教授的包容和大度，认可我以此作为博士论文的题目。以此为研究课题对中国环境法律体系的完善无疑是具有实践意义的，然而基于化学品管制本身的复杂性以及自身学术素养的不足，我始终战战兢兢、如履薄冰，然而又只能勇往直前，希望自己的研究能对化学品污染环境防治立法起到积极的有效的影响。

（二）选题的意义

首先，化学品污染环境防治立法是保障人权的需求。人权委员会 2006 年报告指出，由于有毒和有害化学品的不良影响造成的人的生命、健康和食物以及其他各方面权利受损的受害人数规模，以及一些受危害最深重的个人和社区受害的严重程度，使之成为国际社会面临的最大规模人权问题之一。20 世纪 30 年代至 70 年代全世界发生的"八大公害"中的日本多氯联苯污染造成的"米糠油"事件、日本水俣市的水俣病事件、日本富山骨痛病事件均为化学品引发的环境污染损害事件。化学品环境损害事件不仅发生在发达国家，在发展中国家也发生了很多重大的化学品事件，如 1984 年印度的博帕尔事件，就是隶属联合碳化物公司的一家化学品工厂释放了 40 吨的有毒异氰酸甲酯，立刻导致了 3000人死亡；2005 年 11 月 13 日中石油吉林石化分公司双苯厂发生爆炸事故，共造成 6 人死亡、60 多人受伤，紧急疏散群众 10,000 多人，爆炸造成约 100 吨苯类物质流入松花江，造成了松花江及其下游水体严重污染，沿岸数百万居民的生活受到影响；2009 年陕西凤翔县"血铅事件"，凤翔县马道口和孙家南头村两村 14 岁以下儿童 731 份血液标本中，615 份血铅含量超标，其中属于高铅血症的血液标本 305 份，陕西东岭冶炼有限公司是造成儿童血铅超标的主要成因；2010 年 10 月 4 日，匈牙利铝生产贸易公司的一处尾矿库溃坝，百万立方米的红色污泥（氧化铝生产过程中的有毒废料）席卷了工厂周边的三个村庄，造成 8人死亡、上百人受伤，其中受污染程度最重的一条河流生态系统已遭受毁灭性打击，预计需要数年才能恢复；等等。此类事件还有很多，这些事件中无一不闪现着化学品的身影，并在其中扮演着重要的角色。然而这些触目惊心的案件里人们的注意力往往被引向人类生命健康受到的影响和经济上的损失，其实在这些案件里环境的受损更严重，影响也更深远，换言之，化学品带来的隐性生态损害甚至要比人类健康受损和经济损害更严重。

充分管制化学品已成为最为紧迫的问题①。不恰当地利用和管理化学品，可能或已经给人类带来难以承受的灾难，而且与废水、废气、固体废物等污染物质不同，化学品本身并非废弃物而是工业产品，其危险主要是针对其性质和风险而言，如对其管理得当和科学使用，不一定会造成对环境的污染。因此，有必要对化学品进行规制，充分发挥其有利于经济社会发展的经济属性，尽量避免或减少其对环境的危害，使经济社会发展成为可持续发展。换言之，对化学品污染环境防治进行立法，将其纳入法律体系，不仅是法治建设的需要，也是经济社会可持续发展的必然要求。

其次，自然界的物质循环分为水循环、气体型循环、沉积型循环和有毒有害物质循环，化学品如控制不当会对这四种循环产生影响。例如，水体中的化学性污染物很多，概括起来可以分为四大类，即无机无毒物、无机有毒物、有机无毒物、有机有毒物。无机无毒物包括各种酸、碱、一般无机盐、氮和磷等植物营养物质等；无机有毒物包括各种含汞、镉、砷、铬、铅等重金属、氰化物和氟化物等；有机无毒物多属于碳水化合物、蛋白质、脂肪等有机物，它们易消耗一定数量的氧而被生物降解为稳定的无机物；有机有毒物包括酚类化合物、有机氯农药、多氯联苯、合成洗涤剂、原油和石油制品等。至今从水源中检出的化学性污染物已达 2500 种以上。实际上，污染又分为物理污染、化学污染和生物污染，而其中最普遍的就是化学污染，四种物质循环都离不开化学物质的参与，化学物质甚至是其中主要的污染物。因此化学品污染环境防治有助于大气污染、水污染、固体废弃物污染等环境问题的解决。

同时生态学三定律也要求必须对化学品污染环境进行防治②。化学品作为人类有意识研发、加工、生产的产品，很多化学品是自然环境中所没有的物质，不可避免地会对自然环境发生影响，有时甚至是致命的、不可逆转的，因此，人类必须为自身的行为负责任，为自己的产品买单，尽可能防止化学品污染环

---

① E/CN. 4/2006/42, Adverse effects of the illicit movement and dumping of toxic and dangerous products and wastes on the enjoyment of human rights : Report of the Special Rapporteur, Okechukwu Ibeanu. 联合国正式文件系统，2006-03-27.

② 生态学第一定律（多效应原理）：我们的任何行动都不是孤立的，对自然界的任何侵犯都具有无数效应，其中许多效应是不可逆的。生态学第二定律（相互联系原理）：每一种事物无不与其他事物相互联系和相互交融。生态学第三定律（无干扰原理）：我们生产的任何物质均不应该对地球上的自然的生物地球化学循环有任何干扰。杨志峰，刘静玲，等. 环境科学概论［M］. 北京：高等教育出版社，2004：86.

境，对环境不能消解的化学品要人工进行治理。

再次，生态文明所倡导的绿色生产力理念为化学品污染防治提供了思想理念基础，同时化学品污染防治也有力地践行了绿色发展实践。人类文明的进化跟自然界的进化是一致的，都是一个从简单到复杂、从低级到高级的进化路径。生态文明是在全球化、区域融合的大趋势下，为解决更复杂的人与人、人与自然等问题而进化演绎出的一种新文明，它绝不仅仅局限于环境保护问题这一领域内，而是会影响和渗透到各个领域，并且提供给我们解读人类社会的新视角和新方向。"今天的世界已经够复杂了，而明天的一切将会变得更加复杂"，我们"已经在关注如何利用设计规则，使混沌中产生有序，使有组织的复杂性避免解体为无组织的复杂性"①。因此，生态文明时代将比已存在过的各种文明更加重视规则的制定和遵守。里夫金认为，人类旅程的下一个跨越将进入生物圈意识，个人的福祉最终取决于我们所居住的更大的社区的福祉。每一种生物都被包含在生物圈生态系统错综复杂的共生和协同关系中。人类所做的一切都将影响地球生物圈其他组成部分的一些人或生物的福祉②。

两山之间必有谷，生态环境保护也存在"卡夫丁峡谷"③，从"绿水青山"到"金山银山"，中间也有这样一个低谷，即出现比较严重的生态损害和环境污染。历史上的工业化国家和我国到目前为止的发展过程，都没有完全避开这个"峡谷"。生态文明提出的"绿水青山就是金山银山"，就是要求我们在今后的发展中打破常规，越过两山之间的这个低谷，避免出现先污染后治理的结果。2007年中共十七大报告首次提出"建设生态文明"，2012年中共十八大报告提出"把生态文明建设放在突出地位，融入经济建设、政治建设、文化建设、社会建设的全过程"。2013年中国共产党十八届三中全会所做《中共中央关于全面深化改革若干重大问题的决定》对生态文明建设提出明确要求。2015年国务

① [美] 凯文·凯利. 失控——全人类的最终命运和结局 [M]. 东西文库，译. 北京：新星出版社，2010：697.
② [美] 杰里米·里夫金. 零边际成本社会：一个物联网、合作共赢的新经济时代 [M]. 赛迪研究院专家组，译. 北京：中信出版社，2014：314-315.
③ 公元前321年，萨姆尼特人在古罗马卡夫丁城附近的卡夫丁峡谷击败了罗马军队，并迫使罗马战俘从峡谷中用长矛架起的形似城门的"牛轭"下通过，借以羞辱战败军队。后来，人们就以"卡夫丁峡谷"来比喻灾难性的历史经历。因此"卡夫丁峡谷"成了"耻辱之谷"的代名词，并可以引申为人们在谋求发展时所遇到的极大困难和挑战。我们可以借用"卡夫丁峡谷"来比喻这个环境退化的特殊阶段。

院出台了《中共中央国务院关于加快推进生态文明建设的意见》，中共中央、国务院印发《生态文明体制改革总体方案》，阐明了我国生态文明体制改革的指导思想、理念、原则、目标、实施保障等重要内容，提出要加快建立系统完整的生态文明制度体系，为我国生态文明领域改革做出了顶层设计。至此，中国不仅首次提出"生态文明"的概念，并且完成了从"概念"到"实践"的转化过程，正式进入生态文明实践阶段。生态文明建设已经成为治国理念和治国方略。党的十九大报告指出："生态文明建设功在当代、利在千秋。""保护生态环境就是保护生产力、改善生态环境就是发展生产力，良好生态环境是最公平的公共产品，是最普惠的民生福祉。""绿水青山就是金山银山"已成为当代中国的发展共识。绿色发展成了"十三五"规划纲要的核心理念。绿色发展的生态经济是生态文明建设的基础，也是中国走向动力内生、源头治理的生态文明建设之路的重大创新。

最后，我国现有的化学品的管理法规没有形成一个完整的体系，而且立法的位阶较低，未能起到很好的防治化学品污染环境的功能，中国需要一部位阶较高的化学品污染环境防治法律。而对化学品污染环境防治立法提供意见和建议也是环境法学界应尽之责。

概言之，化学品污染环境防治立法研究不仅是我国环境法治建设的需要，是可持续发展的要求，也是我国环境污染防治的现实需要，是具有理论价值和现实意义的。

二、国内外研究现状

目前的研究主要从化学品的公共管理角度来研究化学品及相关立法，因为这样能很好地实现化学品的经济属性，但对化学品的环境安全没有给予应有的重视。从污染物的视角来审视化学品的研究并不多，相关的研究也没有获得关注和重视。对国内、国外的研究进行分析，有利于我们发现化学品污染环境防治立法应关注的问题，为化学品污染环境防治立法理论及实践提供经验。

（一）国内研究概述

单纯从科技角度出发对化学品自身的性质所做的研究占据了化学品研究的主要份额，也是文献资料最多、研究最集中的领域。然而这种研究视角对化学品污染防治只能起到技术支撑作用，对化学品环境规制研究起到的参考价值不大，因此，对此部分不再分析、评述。除此之外，还有从化学品事故应急机制、化学品安全检测等视角的研究，对化学品立法也不具有太大的文献参考价值。可以说，由于化学品的活跃性，受到了学界的广泛关注，然而对化学品的管理和规制，甚至是立法，却没有受到足够的重视。对化学品立法具有较大参考价值的研究主要表现在以下方面：

视角一，从化学品环境管理和风险管理视角进行的研究①。化学品环境管理是指为了达到控制、调整、减少化学品在整个生命周期过程中对人类自身以及生态环境造成损害的管理目标，以生态自然规律以及化学物质本身的反应为基本的起点，结合公共管理学科的基本原理、基本手段和方法，同时借助其他例如经济的、法律的、行政的等手段，对化学品所进行的系统、全面的管理。该种研究视角是基于公共管理学的方法。比较具有代表性的是刘建国《化学品环境管理：风险管理与公共治理》，他认为：作为发展中国家的中国急于摆脱贫困，走了以牺牲环境为代价换取发展的路子，严重的化学工业排放问题还没有解决。对化学品的管理长期注重的是生产安全和职业病防治，化学品管理目标较低，管理水平差。化学品的管理水平离发达国家差距巨大，没有关注现有化学品的环境风险，仅仅关注的是危险化学品可能带来的公共安全问题，以及化学品的事故发生。对现有市场上存在的化学品可能带来的安全隐患没有重视。

针对化学品环境管理研究的学者普遍认为：化学品种类繁多，环境管理范围太宽泛，参与到化学品环境管理的主体具有多元化特点，而且化学品的管理是为了社会的公共利益，具有公益性特点。化学品环境管理内容包括风险管理（风险预测、风险评估、风险预防、风险救济）和公共治理。化学品管理实现路径为从摇篮到坟墓的化学品全过程管理和针对不同化学品进行分类管理。

---

① 参见李政禹．国际化学品安全管理战略［M］．北京：化学工业出版社，2006；刘建国．化学品环境管理：风险管理与公共治理［M］．北京：中国环境科学出版社，2008；张静，陈会明，于文莲，等．中国化学品安全管理现状剖析与建议［J］．中国标准化，2013（8）；陈会明，张静．化学品安全管理战略与政策［M］．北京：北京化工出版社，2012；于相毅，毛岩，孙锦业．我国化学品环境管理的宏观需求与战略框架分析［J］．环境科学与技术，2013（12）；刘建国，李力，胡建信．高关注物质（SVHCs）：中国化学品风险管理体制、能力和基础研究挑战［J］．科学通报，2013（26）；朱婧，刘建国，张来，等．化学品风险管理的社会经济影响分析方法学构建［J］．环境科学与技术，2013（9）；韩小刚．基于GIS的危险化学品道路运输管理研究［D］．上海：华东理工大学，2014；周凡杰．化工行业危险化学品安全管理研究［D］．昆明：云南大学，2012．

视角二，从化学品的安全管理的视角进行研究。比较具有代表性的是陈会明等编著的《化学品安全管理战略与政策》①，它介绍了中国、欧盟、日本和美国的化学品管理现状和新进展，该书主要是从安全管理出发对各国安全管理做了梳理，具有比较强的资料价值。该书认为，化学品生产安全形势好转，化学品健康安全现状堪忧，化学品环境安全问题日益凸显。同时提出了中国化学品安全管理中存在的9大问题：（1）立法级别低、管理范围窄、法规系统性和协调性差。（2）中国缺乏协调统一的化学品安全管理机构机制。（3）标准内容要求不协调，检测方法类标准不足。（4）实验室检测技术支撑体系有待加强。（5）信息化技术支撑体系不足。（6）人才队伍建设亟须加强，人员技术水平普遍有待提高。（7）化学工业产业布局和结构规划不合理。（8）公众安全意识相对薄弱。（9）化学品安全事件应急处理能力仍需提高。

视角三，从立法和法律角度对化学品的研究和介绍。对化学品立法的研究集中表现于以下方面：一是以比较法的方法研究国际化学品环境管理立法②。其中有些著作着重于翻译介绍国外化学品环境管理法规③，目的是便于企业了解这些法规，及时做出应对。大多数学者则是通过国内外立法的比较，提出国内化学品环境管理立法中应建立的原则和制度。这种比较研究的方法，为企业了解国外化学品环境管理提供了相应的资料参考，同时也为中国化学品相关的立法提供了借鉴资料。二是对我国制定综合性化学品环境管理立法的必要性、可能性与可行性进行的论证研究④。菅小东等（2007）认为，对于新化学物质的管理目前只有环保部出台了相应的办法，而作为部门出台的一个管理办法，

---

① 该书是由工程院院士科技咨询研究项目"有害化学物质监测监管现状、问题及对策研究"、国家质检总局2010年科技计划项目"化学品安全管理战略研究"、工信部专项"实施全球化学品统一分类和标签制度国家战略研究"、2012年国家软科学研究计划项目"国家化学品安全管理战略研究"共同资助完成的。

② 莫神星．中欧化学品安全法律比较研究［J］．河北法学，2009（5）；王晓冬．中韩化学品环境管理立法比较［J］．理论界，2009（2）；姚似锦．风险控制与源头控制：英国化学品战略及其借鉴意义［J］．环境保护，2003（3）.

③ 如葛志荣主编的《欧盟REACH法规法律文本》以及陈会明主编的《欧盟REACH法规概论》，《欧盟REACH法规概论》从欧盟REACH法规概要、法规关键要素详解、化学品评估工具、REACH法规倡导使用的非测试方法、法规对物质信息的要求、典型案例等几个方面进行了详细介绍，是继《欧盟REACH法规法律文本》后的一本介绍性的参考书。

④ 于杨曜．我国化学品污染防治的法律调整［M］．北京：知识产权出版社，2006.

显然法律位阶太低，也难以实现有效的监管，造成很多新化学物质并没有登记，也没有得到相应的监督管理。依靠这种管理办法很难实现有效管理化学品的目的，因此需要有较高位阶的国家立法，而且还需要立法来实现多部门协调管理化学品的局面。谢聪敏（2007）认为，中国关于化学品立法起步较晚，立法层次也比较低，只有化学品污染控制的行政法规和规章，而没有针对化学品的综合性立法对化学品污染进行控制，为实现管理化学品的目的和现实要求，建议制订《化学品污染管理法》。毛岩、常纪文（2008）认为，应注重化学品对环境的危害，为控制化学品对生态环境的危险性，应制定一部《化学物质控制法》，并统率化学品的控制，起到基本法的作用。聂晶磊等（2009）认为，美国的TSCA法规和欧盟的REACH法规是最具代表性的化学品的两种立法管理模式，两者保护管理目标具有一致性，根本区别就在于数据要求和评估模式。我国的化学品立法需要的应是有科学技术支持的专业性、综合性强的环境管理法。张静等（2012）建议制定"国家化学品安全法"，我国目前的仅针对"危险化学品"的管理已经不能满足化学品安全的需要，表现出很大的局限性，环境安全立法应该明确就是对化学品进行的监管。吴卫星（2013）认为中国到现在为止还没有对化学品的专门立法，与化学品相关的立法法律位阶不高，针对的也是危险化学品，侧重于职业病的防治、生产安全以及化学事故的应急处置。应当由全国人大及其常委会制定一部高位阶的化学品方面的基本法。立法要着重关注人类健康安全和生态环境安全。李兴峰（2012）从应对气候变化的视角研究了化学品立法，认为应对气候变化需要加强化学品污染防治和化学品管制立法。通过化学品污染防治立法来实现化学品污染防治与气候变化减缓性、适应性应对的衔接。

　　视角四，从风险社会理论出发对化学物质环境风险法律规制的研究①。该视角认为，传统的化学物质管理立法主要针对的是具有明确危害性的化学物质，已经不能应对化学物质带来的环境风险问题。应建立公权力直接介入化学物质环境风险的行政规制模式和企业对环境风险的自主规制模式。

　　这些研究对中国缺乏一部高位阶的化学品环境管理立法基本上是有共识的，只是对立法的名称、目的和规制形式等存在不同看法。对于是化学品环境管理立法还是化学品环境安全立法尚未达成共识。还有的认为应该将环境管理与环

_____

① 裴敬伟.化学物质环境风险法律规制研究［M］.北京：法律出版社，2016.

境安全或风险应对协同立法①，而且对立法的制度设计提供了思路。

笔者认为，这些研究其实存在一个共同的缺陷就是没有明确化学品实际上在某种程度上是一种环境污染物，因此，为了保证化学品对环境的安全，只能采取污染防治的思路。

视角五，从教材编写角度对化学品立法的研究。国内大多数教材对化学品污染防治也有所涉及②。金瑞林主编的《环境与资源保护法学》第十八章涉及了化学品安全管理的内容，主要涉及危险化学品、农药的安全管理；对首次进口的化学品、有毒化学品进出口以及新化学物质的环境管理等。该部分属介绍性内容，且是从安全管理角度进行的介绍。韩德培主编的《环境保护法教程》第十六章介绍了危险化学品污染防治的主要内容。周珂主编的《环境与资源保护法学》界定了化学品、化学危险品和有毒化学品的概念③，第十五章《有毒有害物质污染防治法》第三节"有毒化学品污染防治法"中介绍了有毒化学品污染的危害，防治有毒化学品污染立法的状况，阐述了防治有毒化学品污染的生产经营许可制度、安全防护和污染防治措施或制度、进出口管理制度、化学品监控制度、污染事故应急救援和善后处理制度等。该书随后一节即为"农药污染防治法"，说明有毒化学品污染防治中的有毒化学品并没有将农药包含在内。蔡守秋主编的《新编环境资源法学》第六章第十节中介绍了防治危险化学品污染的法律规定。汪劲著《环境法学》第七章第二节物质流污染防治法律制度第二部分就是化学物质与固体废物污染环境控制。秦天宝主编的《环境法——制度·学说·案例》第六章《环境污染防治法（下）》第四节"其他有毒有害物质污染防治法"第一个标题即有毒有害化学品污染防治法，并介绍了相

---

① 常纪文建议制定一部综合性《有毒有害物质安全和环境管理法》，将有毒有害物质的安全监管和环境监管予以协同化甚至一体化的规范。孙佑海建议制定适用全部危险化学品的《危险化学品安全和环境风险应对法》。

② 韩德培. 环境保护法教程 [M]. 北京：法律出版社，2012：320-329；周珂. 环境与资源保护法学 [M]. 北京：中国人民大学出版社，2007：381-385；蔡守秋. 新编环境资源法学 [M]. 北京：北京师范大学出版社，2009：230-233；汪劲. 环境法学 [M]. 北京：北京大学出版社，2006：186-189；秦天宝. 环境法——制度·学说·案例 [M]. 湖北：武汉大学出版社，2013：207-211；曹明德. 环境与资源保护法 [M]. 2版. 北京：中国人民大学出版社，2013：146-148.

③ 认为化学品中化学危险物品是从公共安全性角度出发，按化学反应方式界定的；有毒化学品是从危害公共安全、生态安全和人体健康角度来考虑的，有毒化学品的范围比化学危险品的范围广泛。

关的制度以及有毒有害化学品污染防治法的领域，即生产和储存、经营和运输、使用。同样该书也将有毒有害化学品与农药并列介绍①，等等。

诸多有影响的教材都介绍了化学品污染的防治或化学品的管理，首先说明化学品的环境污染是不容忽视的问题。其次，化学品污染防治或化学品管理在教材中均占得篇幅不大，甚至有些版本的教材中就没有相关的介绍，这说明化学品污染环境问题在法学研究中还没有获得足够的重视。其原因或许就在于没有位阶较高的化学品污染或管理立法做研究范本，很难激发学者们研究的兴趣和研究的热情。最后，不同版本的教材中使用的概念也缺乏一致性，有使用"有毒有害化学品"，有使用"有毒化学品"，还有使用"危险化学品"，从中可以看出，在法学研究领域内对化学品的概念还存在争议。

概言之，学界对化学品管理立法研究主要是比较法研究，通过对欧盟的REACH 法规和美国 TSCA 以及国际条约来比较中国化学品立法的不足，提出了一些值得借鉴的意见和建议。学者们对目前中国需要一部综合性化学品立法，并且该立法应定位为中国化学品法律规制的基本法达成了共识，然而对化学品立法名称却有分歧。学界对化学品的概念很有争议。然而总体来说，对化学品大多数的研究是基于公共管理学方法视角，侧重于化学品的安全生产和事故防治研究较多，对化学品污染环境防治缺乏系统性研究。随着环境法制的健全和发展，化学品污染环境防治立法的重要性会越来越明显，化学品污染环境防治立法也会越来越受到立法界的关注。

（二）国外研究概述

相对于国内的研究来说，国外研究更成熟②一些。因为有比较成熟的立法，研究者更关注已有立法的完善，更注重对于产品中的化学品、电气和电子产品

① 该书该部分标题为有毒有害化学品，但其内容介绍的却是危险化学品的相关规定。或者作者以为两个概念可以同等替换也未可知。

② 参见 Andrew Liebler, "Better Safe Than Sorry: A Precautionary Toxic Substances Control Act Reform Proposal", 46 Washington University Journal of Law & Policy (2014), p. 333; Tracy Bach, "BETTER LIVING THROUGH CHEMICALS (REGULATION)? THE CHEMICAL SAFETY IMPROVEMENT ACT OF 2013 THROUGH AN ENVIRONMENTAL PUBLIC HEALTH LAW LENS", 15 Vermont Journal of Environmental Law Spring (2014), p. 490; David A. Dana, "The Case for an Information-Forcing Regulatory Definition of 'Nanomaterials'", 30 Pace Environmental Law Review, Spring (2013), p. 441; Louis Theodore, Leo H. Stander, "Regulatory Concerns and Health/Hazard Risks Associated with Nanotechnology", 30 Pace Environmental Law Review, Spring (2013), p. 469.

生命周期内的危险物质、纳米技术和人造纳米材料及干扰内分泌的化学品等新兴化学品领域内的环境问题的研究，同时更关注儿童在使用化学品方面面临的暴露危险和防范。

美国罗伯特·V. 帕西瓦尔（Robert V. Percival）对有毒物质污染控制的研究主要从风险评估和预防性监管角度。他认为美国的《有毒物质控制法》（TSCA）是风险收益平衡法则的经典范例①。因为该法授权联邦监管被认为对人类健康或环境造成不合理风险的化学物质或混合物。尽管 TSCA 没有详细说明如何执行风险收益平衡法则，但它指导美国环保局确定什么是足够的保护，确定最少的繁杂手段。代表性案例为防腐蚀管件公司诉美国环保局案（Corrosion proof Fittings v. EPA）。此案中第五巡回法院裁定：美国环保局没有遵守 TSCA 第6条，即要求环保局充分利用最少繁杂要求防范风险的规定。法院还认为环保局量化逐步淘汰石棉的地方，不足以证明风险是不合理的，而且环保局没有详细地研究石棉产品替代品的风险。环保局做出的石棉禁令被驳回，只部分支持环保局的石棉禁令。这个裁定普遍被认为是对根据 TSCA 进行跨行业监管敲响了丧钟，但是判决积极意义在于表示出对预防性监管的强烈支持。

G. Shibley 等人则采取对比的研究方法②。通过两个不同的机构，即 EPA 和美国消费品安全委员会，实施的三部法律，即《有毒物质控制法》《联邦危险物质法案》《消费者安全保护改善法案》（分别简称为 TSCA、FHSA、CPSIA），探讨了州政府和联邦政府如何保护公众免受有害化学品的接触。

Thomas O. McGarity 认为，监管机构和法院可以在保护公众免受不必要的健康和现代工业产品和活动带来的环境风险中起到互补作用。这两个机构应提供奖励给采取合理的措施来保护人类健康和环境的公司。除此之外，它们可以相互提供与这两个法律领域内相关的产品和活动的风险的信息。他认为两个机构

---

① ［美］罗伯特·V. 帕西瓦尔. 美国环境法——联邦最高法院法官教程［M］. 赵绘宇, 译. 北京：法律出版社，2014：129-151.

② 参见 G. SHIBLEY, D. FARQUHAR, M. RANSOM& L. CAUCCI, "USING LAW AND POLICY TO ADDRESS CHEMICAL EXPOSURES: EXAMINING FEDERAL AND STATE AP-PROACHES", 42 Capital University Law Review (2014), p. 97; Sara Gosman, "RE-FLECTING RISK: CHEMICAL DISCLOSURE AND HYDRAULIC FRACTURING", 48 Georgia Law Review (2013), p. 83; Tracy Hester, Robert Percival, Irma Russell, Victor Flatt & Joel Mintz, "Restating Environmental Law", 40 Columbia Journal of Environmental Law (2015), p. 1.

之间搞的合作有时候有令人钦佩的努力，但大部分时间，它们没有合作。他希望这两个机构应该投入更多的精力来加强合作。如果做不到这一点，立法机关应该鼓励通过适度修订有关监管法规加强合作①。

约翰·斯普兰克林（John G. Sprankling）和 Gregory S. Weber（格里戈里·韦伯）合著的《危险废物和有毒物质法精要》一书则是针对联邦法令《危险废物和有毒物质法》以及相关的司法意见、行政决定和指导性文件进行的专门化解读，旨在为法学院学生提供一个简洁清晰的有关危险废物和有毒废物专门化领域的概述②。

吉恩·马基雅弗利·艾根（Jean Macchiaroli Eggen）则认为，"我们现在正处在与一些新技术有关的毒物侵权诉讼大量涌现的时代，比如纳米技术，以及其他一些新物质"，"这些层出不穷的毒物侵权事例不可能在短时期内销声匿迹"③，并对毒物侵权问题从民事侵权法的角度做了专门性研究。

欧盟起初仅针对电子电机产品内含有的有毒物质限制禁用，接着扩大管理范围，透过新化学物质登记制度的建立，逐步检验和淘汰对人类和环境有害的化学物质。欧盟有逐步扩大绿色生产及产品规范范围的趋势④。欧洲学者认为，化学品的使用以及产品对人类和环境带来最严重的损害。几乎所有的产品中都含有化学品，它已经成为人类现代生活不可分割的一部分，但是大多数化学品的不恰当使用或者大量的泄漏会有潜在的危害。甚至大多数化学品都有潜在、持久的污染效应。推动立法的力量就是对人类和环境高水平的保护，以及对立法过程越来越透明的愿望⑤。有学者从化工企业的安全危害、工作安全、公众和环境的健康和标准角度来看待化学品问题，并且结合与美国的立法的对比来

---

① Thomas O. McGarity，"THE COMPLEMENTARY ROLES OF COMMON LAW COURTS AND FEDERAL AGENCIES IN PRODUCING AND USING POLICY-RELEVANT SCIENTIFIC INFORMATION"，37 Environmental LawFall（2007），p. 1027.

② [美] 约翰·斯普兰克林，格里戈里·韦伯. 危险废物和有毒物质法精要 [M]. 凌欣，译. 天津：南开大学出版社，2016.

③ [美] 吉恩·马基雅弗利·艾根. 毒物侵权法精要 [M]. 李冰强，译. 天津：南开大学出版社，2016.

④ 李雅萍. 透视科技创新的法律新视野 [M]. 台北：财团法人咨讯工业策进会，2007：93.

⑤ NIELS S. J. KOEMAN，Environmental Law in Europe，London：Kluwer Law International Ltd，1999，p. 16.

看待欧洲的立法①。

三、研究的进路、内容、方法以及创新和不足

将化学品视为一种潜在的污染物是本书的逻辑起点，如何通过立法有效地防治化学品环境污染是本书围绕的中心议题。通过综合性跨学科的研究方法、文本分析方法、功能比较方法和实证分析方法等研究方法，为中国化学品污染环境防治立法提供理论和实践支撑。

（一）研究的进路、内容和方法

以往的研究关注的是化学品的经济属性，由于化学品环境属性引发的化学品污染环境问题已经很严重，所以本书的研究进路是将化学品视为一种潜在的环境污染物，而这种污染物有不同于传统污染物的特点，即化学品不是一种"废弃物"，而是人们刻意追求的社会产品，具有极强的经济价值。因此如何在防治化学品污染环境的同时有效地实现化学品的经济价值是推进本书研究思路的动力。

1. 研究的进路

目前国内对化学品立法虽也有研究，但尚未形成系统论述。目前已有的研究虽也有学者提出了化学品污染防治立法的观点，但缺乏系统的研究，大多数的研究视角还是化学品环境安全管理，并以此角度做出论述。结合我国目前化学品法律法规现状，尤其在生态文明时代，环境保护得到进一步的强化，化学品安全应成为化学品规制的重点。化学品安全主要包括生产安全、人类身体健康安全和环境安全。前两者在已有的化学品法律法规中已经得到了较多的重视，化学品带来的环境安全尚未得到充分重视和规制，已有的环境污染防治法律法规并不能解决化学品对环境造成的危害。而且通过化学品环境安全规制也可涵盖化学品带来的生产安全和人类身体健康安全问题，甚至通过环境安全立法还能将生产安全和人体健康安全提升到更高的标准。因此，本书主张对化学品的立法应该关注于化学品的污染防治，即将化学品视为一种"潜在的环境污染物"，对化学品污染环境防治进行立法，这也是本书的逻辑起点。以此逻辑起点出发，落脚于化学品污染物的"防"和"治"，以防治化学污染物对环境造成

---

① Ludwig Krämer, European Environmental Law, England：Dartmouth Publishing Company, 2003.

损害为视角来确定规制化学品的立法的理念、法律名称、相对应的立法目的、具体的法律原则以及相关的法律制度。

温特根斯（Luc J. Wintgens）提出立法实际上意味着对个人自由的限制，任何立法都应证成这种限制的必要性①。本书首先分析了目前中国在化学品立法中存在的问题，从这些问题可以反映出目前中国的化学品立法现状已经不能满足化学品的环境安全需求。然后通过化学品自身的特点以及化学品污染防治与传统的工业三废污染防治的区别、化学品工业与世界标准接轨的工业需求、目前中国缺乏一部位阶较高的、综合性的化学品环境污染防治立法等为切入点论证了化学品污染环境防治立法的正当性。通过对化学品在经济社会以及环境保护中的地位分析确立了化学品污染环境防治立法应当具有的理论基础和伦理观，在借鉴国际立法经验的基础上提出了中国化学品污染环境防治立法的框架。

2. 研究的内容

全书共论述了五部分内容。

第一章，化学品污染环境防治立法现状分析。本部分主要梳理了国际、国外及中国化学品相关立法状况及存在的问题。国际社会对化学品的无害化使用给予了关注，《21世纪议程》提出对化学品环境友好管理的概念，《国际化学品管理战略方针》提出要取得化学品在生命周期内的良性管理。《斯德哥尔摩公约》针对的是持久性化学污染物的防治，《鹿特丹公约》主要是为了促进化学品国际贸易的信息交流，提出了事先知情同意程序。全球统一的化学品分类和标识体系一了化学品危险分类标准和危险公示制度。国外化学品立法具有代表性的是美国TSCA和欧盟的REACH法规，都体现了化学品风险管理理念，因此本部分着重研究了美国、欧盟和日本的化学品相关立法及其存在的问题，并就国外的化学品相关立法理念、制度和法律实施与中国化学品管理做了比较研究。最后对中国化学品法律法规现状和存在的问题做了专门梳理和研究。

中国目前只有法律位阶较低的化学品管理行政法规和部门规章。化学品安全主要包括生产安全、人类身体健康安全和环境安全。而前两者在中国已有的化学品法律法规中已经得到了较多的重视：（1）关于化学品安全生产和突发事件应急的法律规范比较完备，《职业病防治法》也充分保障了化学品从业人员的

① ［比利时］卢卡·温特根斯（Luc J. Wintgens）. 作为一种新的立法理论的立法法理学［J］. 王保民，译. 比较法研究，2008（4）：145.

生命健康。（2）化工生产过程中可能产生的废水、废气以及废渣对环境的污染在水污染、大气污染、固体废物污染防治法中也有比较细致的规定。（3）清洁生产促进法和循环经济促进法的高污染、高耗能的落后的生产工艺设备淘汰制度也促进了绿色化学工艺的采用。而化学品带来的环境安全尚未得到充分重视和规制，已有的环境污染防治法律法规并不能解决化学品对环境造成的危害。

第二章，化学品污染环境防治立法的理论基础。基于化学品污染的特殊性将风险预防、协同治理、绿色化学以及应急管理确立为化学品污染环境防治立法的指导性理论。化学品的风险预防和化学品污染环境的协同治理是化学品污染环境防治立法的两大支柱性理论。绿色化学所倡导的原子经济性等理念为化学品的污染防治提供了科技支撑，是立法应肯定和积极倡导的。鉴于化学品事故的环境危害性，立法中也要体现化学品应急处理。

绿色化学为从源头上治理化学品环境污染提供了自然科学基础。绿色化学理念核心思想主要表现在四个方面：一是追求原子经济性，二是追求过程的无害化，三是追求整体设计的简洁，四是追求工艺、设备的先进性。绿色化学摈弃了过去那种高能耗、高排放的粗放型的生产方式，更注重化学工艺的精细化程度，对生产中的能耗以及污染物的排放都提出了较高的标准，只有先进的生产工艺和设备才能满足精细化的生产。

社会科学中的风险理论为应对化学品的不确定性风险提供了理论指导。在现代社会里，我们担心更多是来自人类自身人为制造的风险。风险社会的两个突出特点是高度不确定性和恐惧的普遍性。对于外部风险人们只能采取紧急应对和有限的提前预防，但是，对于人为的风险，人们提前参与预防甚至能够避免灾难的发生。因此，如何恰当应对风险带来的恐惧和控制人为风险应是化学品污染环境防治立法的主要内容。

"一元治理"模式下的环境立法模式是一种基于"命令—控制"环境行政管制立法模式，这种模式是符合环境治理初期的立法要求的，但随着社会经济的转型，"一元治理"模式日益暴露出其局限性和不足，环境治理模式也必将随之转型，协同治理将成为一种必然的选择。中国环境治理模式的转型不仅表现为治理主体的多元参与，同时也体现在治理行动中的多元主体相互配合。随着治理现代化的发展，对社会公共问题采取协同治理的理念逐渐成为共识。政府、企业、社会团体和公众应协同治理化学品环境污染问题，确立在治理中各主体相应责任的承担、权利和义务的分配的理论基础就是公共协同治理。

化学品污染环境防治立法不可忽视的问题就是化学品环境突发事件的应急处置，而化学品的应急处置理论为化学品事故的应对提供了理论支撑。探讨这些理论对化学品污染环境防治立法实践不仅是重要的，也是必须的。

第三章，化学品污染防治立法的正当性、科学性论证及立法伦理观的确立。从化学品环境安全的角度将化学品视为一种污染物是具有合理性的。本书从化学品自身的特点以及化学品污染防治与传统的工业三废污染防治的区别、化学品工业与世界标准接轨的工业需求、目前中国化学品立法现状等方面论证了中国化学品污染环境防治立法的正当性。法律质量的高低取决于立法的科学性，实现环境科学立法首先要克服已有环境立法的弊端，完成环境立法从被动应对向主动引导的转变。其次，环境立法要避免盲目移植国外立法即"移植立法"。最后，不能忽视立法需要花费的时间成本，要减少"突击立法"。环境立法的科学性意味着环境立法不再是以前被动的、填填补补的立法，而是一种主动的、有目的的、系统的、引导性的、具有适度超前性的立法。要克服已有立法的弊端，建立和强化环境科学立法，不仅要树立环境立法的时空观，注意环境立法的内部性协调和外部性协调，强化环境立法的协调观，还要重视环境立法技术。对于化学品污染环境防治立法来说，采取将"人类中心主义"和"非人类中心主义"融合的伦理观是比较恰当的。也就是在化学品污染防治立法中不仅要保护人类的利益，同时也要注重对其他生命体和非生命体利益的保护。

第四章，化学品污染环境防治立法的定位及目标。中国的大气、水、固体废物的污染防治都有相应的高位阶立法，化学品对环境安全的重要性有过之而无不及，更需要位阶较高的立法。应当由全国人大常委会制定一部化学品污染环境防治的综合性化学品基本法。将化学品污染防治法确定为基本法，可以先做一些较为原则性的、指导性的、宣示性的规定，主要是起到一种指导、引领化学工业朝健康、良好、有序方向发展的作用。在目前中国化学品污染环境防治法律队伍较为薄弱时，可以将化学品监管对象限定在一个较窄的范围内，随着法律队伍建设和环境监测水平的提升，逐步将化学品监管对象扩展，强化监管手段并细化监管的程序，最终将所有的化学品纳入监管范围。

立法目的反映了立法者对该部法律所要导致的社会效果的一种期待或愿望，同时也反映立法者所持有的立法理念和利益保护的倾向性。从各国的环境基本法或环境政策目标看，采取"二元目的论"的国家占多数。即直接的目标是协调人与自然的关系，保护和改善环境。长远的目标是保护人类的健康和经济社会可持续发展。环境立法目的"一元论"和"二元论"之争实际上是经济社会发展与环境保护两者之间博弈的结果。本书基于化学品的双重属性，将建立在"弱人类中心主义"伦理基础上的环境立法"二元目的论"作为确立化学品污染环境防治立法目的和基本原则的依据。

本书认为化学品污染环境防治法的基本原则应包括：以风险理论为指导确定了预防化学品环境风险所应具备的原则，即风险预防原则、化学品全生命周期管理原则。基于多元主体协同治理原则，并突出政府的主导地位，确定了化学品污染环境防治的责任和义务分担原则、促进化学品信息公开原则以及公众参与原则。

第五章，化学品污染防治法的制度构建。基于化学品污染环境防治立法理念、立法目的和基本原则对化学品污染环境防治法律制度进行设计。化学品污染环境防治法律制度体系设计为预防性制度、支持性制度和补救性制度。预防性制度构成了化学品污染环境防治的第一道防线；支持性制度是为化学品的污染环境防治提供制度支撑，保证预防性制度的实现；补救性制度则是对污染发生后的一种治理、补救和补偿；三者密切配合以形成完整的化学品污染环境防治法律制度体系。化学品预防性制度主要侧重的是化学品的环境风险预防；支持性制度主要侧重的是化学品信息平台的建立，化学品信息的沟通和交流；补救性制度主要侧重的是生态环境损害的修复。

主要论证的预防性制度是：化学品名录制度、化学品环境规划制度、化学品行政管理协调制度、化学品风险评估制度。支持性制度是：化学品信息披露制度，化学品申报、登记和许可制度，化学品自愿协议制度。补救性制度是：化学品环境损害补偿制度、化学品事故应急处置制度。

3. 研究的方法

本书应用了跨学科综合分析法，结合化学学科、社会学学科、公共管理学学科和法学学科等多学科方法，综合地考察和归纳了化学品污染环境防治的立法理论基础。希望借此能为化学品污染环境防治立法打下坚实的思想基础。

应用了功能比较的方法，针对化学品污染环境防治立法这一中心问题，考察、借鉴了国外典型的立法模式和相关制度，通过比较、吸收和借鉴，对中国化学品污染环境防治的立法制度提出立法建议。

利用了文本分析法，通过对国外立法、国内已有的关于化学品管理的行政法规和部门规章，以及《化学品环境风险防控"十二五"规划》等法律文本的解读，力求能理解立法者的原意，找出立法的不足，为中国化学品污染环境防治立法提供实践经验。

利用了实证的方法，通过考察一些化学品的典型案例来发现化学品环境管理的规律，找出化学品管理中的不足，同时结合历史分析法，探究中国现阶段化学品污染环境防治立法需注意的问题。

（二）创新和不足

1. 研究中的创新

（1）以往的研究将化学品看作一种"社会产品""福利产品"，关注的是其经济属性，忽视或者轻视了其环境属性，没有关注或重视化学品环境危害的独特性。大多数人工合成的化学品对大自然而言是原来不存在的，大自然"不认识"，无法消解化学品。换言之，自然对化学品中的大多数是没有自净能力的，化学品不能进入自然物质能量循环系统而消失，只能以环境污染物形态永久地存在于自然中。因此，从这个意义上讲，化学品就是一种污染物。本书正是从化学品是一种环境污染物的视角来进行研究，研究视角不同将直接影响到研究的进路和结论。因此，这种研究视角的转换可视为一种创新。

（2）本书融合了化学和法学学科等多学科特点，采取了跨学科的研究方法。对化学品进行规制不仅需要有法学功底，同时也需要有化学学科知识，缺乏对化学物质名称、性质、用途等的基本了解，可能会使研究者陷入化学知识迷宫之中，很难清醒地捕捉到化学品管制的规律和方法。笔者经过多年化学学习、教学工作实践，以及多年的环境资源法学的学习和教学研究所具备的学科视角的些微优势或将能对化学品立法研究提供跨学科融合的方法创新。

（3）通过系统的化学品污染环境防治立法研究为我国环境立法建设提供理论参考价值。从知网检索结果看，目前尚未查到有化学品污染环境防治立法研究的博士论文，研究化学品立法的相关论文数目也不多，而且其中一部分论文还是化工领域和公共管理领域的学者的研究成果。这说明中国化学品污染环境防治立法研究尚未得到环境法学界的充分重视，还缺乏系统的研究、梳理。而化学品污染环境防治立法势在必然，本研究将会为化学品污染环境防治立法工作提供建设性意见。

2. 研究中的不足

（1）产品中的化学品、电气和电子产品生命周期内的危险物质、纳米技术和人造纳米材料，干扰内分泌的化学品以及全氟化学品管理向更安全的替代品过渡管理等更复杂的化学品问题本书尚未涉及。

（2）本书提供的立法建设尚显幼稚，需要进一步思考、完善。

四、化学品的界定

不仅作为科学术语的化学品概念与作为法律术语的化学品概念具有较大的区别，同为法律术语的化学品概念在各国立法中的内涵和外延也具有很大的不同。科学地界定化学品概念有利于明确立法规制的边界，明晰权利义务的主体。

（一）"化学物质"与"化学品"概念的比较

对于使用"化学物质"还是"化学品"，有的学者认为两个概念间没有多大区别，有的学者认为化学物质的概念大于化学品概念。而笔者认为，化学物质即"chemical substances"，是自然科学上的概念，更偏重于其自然属性，关注的是其物理性质、化学性质、用途、保存等化学科学知识的认知，是一种科学研究视角看待物品的概念。化学物质可以是人工合成，也可以是天然存在的；可以是单质，也可以是化合物；可以是固态、液态或气态。而化学品即"chemicals"，则更强调的是以商品形式出现或呈现的化学物质，当然化学品也可以是天然的，如天然的硫黄、氯化钠等，但更多的是指人工合成的。化学品更多地体现为一种人为制造而服务于人类生活、生产领域内的化学物质的称谓。譬如，对于 H_2O（水），称之为化学物质就比称之为化学品更合适。而环境立法是通过规制人类的行为来调整人与自然之间的关系，化学品对环境的危害也正是因为人类制造、使用的化学品超过了环境的容量或环境无法消解人工化学品而造成的，因此，立法中使用"化学品"更为适宜。国际立法和大多数国家立法也使用的是"化学品"概念。

概言之，使用"化学品"概念相较于使用"化学物质"概念有三方面的优势：一是能够突出化学品的商品属性，也就是法律规制的主要是商业用途的化学物质，该概念将使法律规制对象主要投向化学品企业，包括其上下游企业和中间运输环节企业，能有效地减少监管对象的范围，降低监管力度。二是"化学品"概念能突出该物质的人工制造物属性。虽然目前化学品中还有相当一部分是具有天然存在的，但即使是具有天然存在，在投入生产生活实践前仍需要经过一定的人工处理，化学品污染防治就是对化学物质生产的全部生命周期进行环境污染的风险管控。三是使用"化学品"概念能有效地实现与已有法律法规的对接，比较符合人们已有的法律认知。

对进入立法规制范围内的化学品概念各国略有不同（见表0-2），主要表现在范围的大小。由表可看出，有的立法将所有的化学品均纳入监管范围，典型如欧盟的REACH法规将自然状态下或通过生产获得的化学元素及其化合物，如金属铜、硫酸钠、苯酚、乙醇；两种或两种以上的物质组成的混合物或溶液，如清洗剂、黏合剂、金属合金、油漆；以及一种或多种物质和（或）一种或多种配制品组成的物体，如电子产品、电池、服装等均纳入管控对象。通过管控产品中的各种化学物质，从而实现对产品的整体管控。REACH因此也被认为是监管范围最广的、牵涉利益最复杂的法案。

表0-2　各国立法中化学品的范围

美国	TSCA将烟草和烟草制品、核材料、军火、食品、食品添加剂、药品、化妆品和仅用作农药的物质排除在监管之外
欧盟	REACH把适用对象用"chemicals"表示，明确规定包括化学物质、配制品、包含化学物质的物品。由于化学物的种类繁多，REACH第3条规定了化学物质、配制品、包含化学物质的物品、聚合体、单体、现有物质、通报物质、自然形成的物质、非化学改变的物质、合金等术语的概念
日本	限制的化学物质是放射性物质以及《毒物及剧毒物取缔法》和《麻药以及精神药品取缔法》等法律法规所规定以外的物质，以及由该化学元素或化合物发生化学反应而形成的化合物
韩国	化学品环境管理对象几乎涵盖了所有的化学品，既包括一个元素或化学元素的组合，也包括通过一个化学过程得到的化合物，还包括通过自然来源获得或精炼的一种物质。同时，对于特别用途的化学品因已立有专法，则由专法管理，如放射性化学品、药品、毒品、化妆品、农药、化肥、食品添加剂、饲料、火药、有毒气体分别由《原子能法》《药品事务法》《毒品管理法》《化妆品法》《农业化学品管理法》《化肥管理法》《食品卫生法》《牲畜和鱼饲料管理法》《枪炮、刀剑和弹药管理法》《高压气体安全管理法》进行特别规制
《鹿特丹公约》	明确定义"化学品"是指一种物质，无论是该物质本身还是其混合物或制剂的一部分，无论是人工制造的还是取自大自然的，但不包括任何生物体。它由以下类别组成：农药（包括极为危险的农药制剂）和工业用化学品

《国际化学品管理战略方针》	涵盖所有各类化学品

(二) 农药的归属

对于中国来说，将药品、毒品、化妆品、化肥、食品添加剂、饲料、火药等排除在化学品环境污染防治监管范围之外也是可以接受的。首先，这些产品中虽然有化学品，但对于环境的危害性甚微。其次，这些化学品本身要么性质独特，例如毒品，需要国家强制干涉，严格管控；要么如化妆品、食品、饲料等管控的目的是强调产品的质量，防止假冒伪劣产品坑害消费者，与环境污染防治的目标不一致，不能采取相同的管制手段。最后，这些化学品或产品本身不仅已有相关法规规章进行监管，而且与环境污染的关联性不强，不需要在化学品污染防治立法中重复进行规制。唯独对于农药是否纳入化学品污染防治立法监控范围是有争议的。农药不管是有机农药，还是无机农药，都具有一定的毒性，在杀害害虫时，对环境尤其是土壤环境、水环境都会产生或多或少、或长或短的影响，甚至有些影响是持久性的、不可降解的。这些影响又通过迁移作用影响到包括人类在内的动植物生命健康。而且《巴塞尔公约》《鹿特丹公约》和《斯德哥尔摩公约》涉及的大部分化学品为农药。

表 0-3 对减少农药风险有贡献的公约和机制①

公约/议定书名称	关于农药的内容
《鹿特丹公约》	支持各国对某些特别危险农药的进口和使用采取事先知情同意程序，并在此基础上做出知情决定。它为各国提供报告高危农药制剂在其使用条件下对人类健康和/或环境所造成不利影响的机制。该《公约》缔约方如因农药的不利影响而采取对其禁用或严格限用的最后管制行动，则有义务就此发出通知

---

① SAICM/ICCM. 4/8, Implementation towards the achievement of the 2020 goal of sound chemicals management: emerging policy issues and other issues of concern: proposal on highly hazardous pesticides as an issue of concern [A/OL]. 联合国正式文件系统，2015-07-13.

续表

公约/议定书名称	关于农药的内容
《关于持久性有机污染物的斯德哥尔摩公约》	支持各国消除持久性有机污染物的生产、使用和无意释放。该公约目前涵盖的化学品包括十六种农药
《控制危险废物越境转移及其处置巴塞尔公约》	旨在减少危险废物的产生，并推动对包括来自农药的废物在内的危险废物实行无害环境管理。在该公约下制定了一系列技术准则和手册，以协助各国对农药废物实行无害环境管理
《关于消耗臭氧层物质的蒙特利尔议定书》	旨在消除生产和使用臭氧消耗物质，其中一种（甲基溴）是农药
《关于汞的水俣公约》	旨在消除汞在杀虫剂、杀菌剂和局部抗菌剂中的使用
《全球化学品统一分类和标签制度》	《全球统一制度》在农药领域的应用有助于改善对使用者的危险提示，使其做出更知情的选择

我国的《农药管理条例》的立法目的中虽有保护生态环境的规定，但其法律位阶较低，亦没有突出农药与环境保护的密切相关性，鉴于农药对生态环境的重要影响，尤其是对水环境、土壤环境和动植物生境的直接的和潜在的影响，农药应纳入化学品环境污染防治法监管范围。

（三）环境持久性制药污染物问题的出现

秘鲁环境部、乌拉圭住房、土地规划和环境部以及国际医生环保学社编制了一份初步提名汇编（SAICM/ OEWG. 2/ INF/15），并在 2014 年 12 月 15 日至 17 日在日内瓦举行的化学管理委员会开放式工作组（OEWG. 2）第二次会议上讨论。提议方的呈文指出药物是为数不多的被特别设计成缓慢降解甚或不可降解、在人体或动物身体中时抵御降解的化学品组群中的一种。因此，当它们自身或其活性代谢物或降解物进入环境、在环境中滞留或散播时会带来特别的风险。这种物质被概括称为"环境持久性制药污染物"（environmentally persistent pharmaceutical pollutants，EPPP）①。

工业化国家和发展中国家的制药企业以每年 10 万吨的速度生产由各种合成

---

① SAICM/OEWG. 2/INF/15, Submission on a nominated new emerging policy issue：environmentally persistent pharmaceutical pollutants ［A/OL］. 联合国正式文件系统，2010–10–06.

化学物质构成的药物活性成分。随着发展中国家正向提供更好的医疗条件努力以及工业化国家的人口老龄化，预计药物的生产、使用和处置还将继续大幅增长。除非采取充分的措施来管理相关的风险，否则被释放到环境中的药物将越来越多。目前已在环境中检测到631种不同制药来源化学品（或其转化产物），包括抗生素、镇痛药、降脂药、雌激素以及许多其他药物类化学品，环境中的制药来源化学品问题或将成为一个全球性环境污染问题。

大多数制药来源化学品是在地表水和排放污水中检测到的，也在其他环境基质中检测到此类化学品，包括地下水、地表水/饮用水、肥料和土壤。在许多国家，某些制药来源化学品的浓度超过了预设的无影响浓度，这一情况主要出现在地表水中，对这些地方的生物和微生物会造成不良的生态毒理效应。已证实的显著生态毒理学效应有：（1）由于食用了使用消炎药双氯芬酸治疗的牛的尸体，印度次大陆秃鹰临近灭绝；（2）在一个湖泊进行的实验涉及合成雌激素炔雌醇（用于避孕药）导致雄性鱼雌性化；（3）兽医使用的驱虫剂伊维菌素对家畜粪腐烂、粪昆虫种群和水生无脊椎动物的影响。

国际化学品管理大会认为：1. 国际合作对就环境持久性制药污染物这一新出现政策问题提高认识和理解及推动行动至关重要；2. 散播关于环境持久性制药污染物的信息和提高相关认识极为重要，改进有关此类化学品的信息的可得性和获取途径是一个优先事项；3. 目前在关于环境持久性制药污染物的接触和影响方面存在知识缺口；4. 决定对环境持久性制药污染物开展合作行动，实现提高政策制定者及其他利益攸关方的认识和理解的总体目标；5. 邀请政府和其他利益攸关方编写及分享信息来填补已确定的知识缺口；6. 请相关国际机构在各自任务范围内，以公开、透明和兼容并包的方式领导和推动关于环境持久性制药污染物的合作行动，并将其作为工作方案的一部分；7. 请所有相关利益攸关方和组织为此类合作行动提供支持，包括自愿提供专门知识和财政及实物资源，以及参与制定和公布相关信息和指导意见；8. 报告关于环境持久性制药污染物的合作行动①。

虽然制药工业总产值只占中国 GDP 的3%，但污染排放总量却占到了6%。恶臭、含大量难降解的化学物质和残留的药物成分的废水以及废渣使制药工业

---

① SAICM/ICCM. 4/7, Nomination for new emerging policy issue: environmentally persistent pharmaceutical pollutants [A/OL]. 联合国正式文件系统，2015-07-27.

成为一个污染很严重的产业。药品是合成化学品，在研制时往往关注其医疗效果，并未设想其会进入环境，而且环境中会同时存在上千种不同的合成化学品，这些化学品或者化学物质间可能还会发生不同的反应，这种后果难以预测和评估，也未给予其充分重视和研究。《制药工业水污染物排放标准》对原料药行业制定了更严格的废水排放标准①。制药污染物的其他方面，如对大气、土壤等方面的污染防治尚缺乏法律依据和排放标准，而且过期药物的环境污染等问题也需要有法可依。虽然目前对环境持久性制药污染物的研究尚不完善，能获得的科学信息和可供决策的信息有限，然而，环境立法应该具有一定的超前性，不能总是等到问题暴露，甚至演变成环境灾害才开始进行立法保护。尤其是化学品，不仅本身有环境危害性，当其在环境中受其他物质的影响再发生氧化、还原等反应，环境污染影响的范围更大，产生的后果更严重，治理的难度就更大。因此，环境持久性制药污染物虽然是新出现的或者说是新近被人们认识到的环境问题，但从风险预防的角度，应纳入化学品环境污染防治立法的监管范围。

（四）本书所指"化学品"

本书的逻辑起点是将化学品视为一种"潜在"的环境污染物，拟解决的是针对化学品所带来的环境污染的法律规制问题，本书的一到三章作为化学品污染防治立法研究的铺垫篇章，四至五章着力于对化学品污染环境立法的实践提供基础性的理论建议和相关的立法构想，因此，"化学品"的概念的清晰界定将有助于本书论述的展开、推进和完成。

本书所讨论的"化学品"以及化学品环境污染防治中的"化学品"，是指一种化学元素或几种化学元素组成的单质或混合物，无论是通过自然来源获得或精炼，或是通过一个化学过程得到的化合物对人类或环境引起严重影响的一类化学物质的总称。如有毒金属，非金属及其化合物，持久性有机化学物，具有致癌性、致突变性、生殖毒性的物质，具有持久性、生物累积性和毒性的物质，农药，环境持久性制药污染物以及其他有科学证据证明会对人类或环境引

---

① 2008 年 8 月 1 日，国家发布实施了《制药工业水污染物排放标准》，经过两年过渡期，2010 年 7 月 1 日全面强制实施这一标准。按照标准要求，原料药行业的废水排放标准更严，企业排水若不达标则面临停产整顿。同时，标准细分为发酵类、化学合成类、提取类、中药类、生物工程类、混装制剂类等 6 类，并分别制定了排放标准。

起严重影响的化学物质等。但化妆品、食品与食品添加剂、化肥、烟草和烟草制品、毒品等除外。这种化学品的定义是概括式、列举式、排除式的定义方法的综合，先给化学品下一个概括性定义，然后通过列举的方法明确概念的范围，并明确将一些物质排除在此概念之外。采取这种方式主要是由于化学品的种类太繁杂，目前立法只能具体规制到那些对环境有危害性的化学品。而对那些环境危害性不大，并且有相应法规调整的化学品则将排除在立法范围之外。这样不仅有利于明确立法中的化学品概念，也有利于明确法律调整对象的范围，有利于法律的实施和监督。

第一章

化学品立法现状

国际社会对化学品的无害化使用给予了关注,《21 世纪议程》提出对化学品环境友好管理的概念,《国际化学品管理战略方针》提出要取得化学品在生命周期内的良性管理。《斯德哥尔摩公约》针对的是持久性化学污染物的防治,《鹿特丹公约》主要是为了促进化学品国际贸易的信息交流,提出了事先知情同意程序。全球统一的化学品分类和标识体系一了化学品危险分类标准和危险公示制度。国外化学品立法具有代表性的是美国 TSCA 和欧盟的 REACH 法规。日本是化学品公害发生最严重的国家,其针对公害防治相关的立法也具有很大的参考借鉴价值。中国目前只有法律位阶较低的化学品管理行政法规和部门规章,规制的对象也仅是某一类或某些方面的化学品,尚未形成系统化的化学品污染防治法律体系。

第一节　国际化学品立法分析

国际化学品相关立法主要还是基于化学品国际贸易安全和化学品环境无害化管理。国际化学品公约在中国都有相应的履约机构。

一、国际立法概述

《21 世纪议程》中的第 19 章标题为《有毒化学品的环境友好管理》,它指出化学品污染可能成为对人类健康、基因结构和生殖造成极大影响的来源。第 19 章尤其强调了发展中国家的特殊要求和面临的问题,并指出许多国家缺乏处理化学品危险的国家系统，大多数国家缺乏收集环境中错误使用和判定有毒化学品影响证据的科学方式。

联合国环境规划署（UNEP）于 1972 年建立①。它成立的目的就在于协调和鼓励联合国系统内环境方面的行动，并向需要援助的国家提供技术和管理方面的援助。环境署技术工业和经济司（技工经司）的任务是鼓励政府、地方当局和工业界的决策者制订和采纳更清洁和更安全的政策战略和做法，有效地利用自然资源，确保对化学品的环境无害管理，减少对人类和环境的污染和风险，使各方能够执行各项公约和国际协定，并合并环境成本。环境署化学品处是该组织内处理与化学品有关活动的中心。环境署政策制订和法律司、环境政策执行司、区域合作司和全球环境基金协调司也推动与化学品有关的活动。环境署还为多边环境协定履行秘书处的职责。环境署理事会在 2002 年 2 月第 SS. VII/3 号决定中发起化学品管理战略方针的制订工作。随后得到了 2002 年 9 月在约翰内斯堡举行的可持续发展问题世界首脑会议的批准。环境署理事会要求在化学品管理战略方针方面（以下简称"化管战略方针"）展开一种公开的、透明的和包容性的制订进程，向所有利害攸关者提供参与实质性工作的机会。环境署政府间化学品安全论坛（以下简称"化安论坛"）举行了推动制订化管战略方针的各次大会。

环境署化学品处为化管战略方针制订进程提供了秘书处，组建了一个由全球环境基金（全环基金）、化安论坛、国际劳工组织（劳工组织）、经济合作与发展组织（经合组织）、开发署、环境署、粮农组织、联合国工业发展组织（工发组织）、联合国训练研究所（训研所）、世界银行和世界卫生组织（卫生组织）等组织组成的化管战略方针指导委员会。联合国环境规划署（UNEP）于 2012 年 9 月 5 日发布化学品领域第一份综合评估报告《全球化学品展望：向化学品无害化管理迈进》。报告宣称，全球化学品的销售在 2050 年前将以每年大约 3%的速度增长，人工合成的化学品正在迅速成为全世界废物流和污染的最主要来源。报告评估了全球化学品趋势对环境和人类健康等方面的影响，同时评估了全球化学品趋势对经济的影响，指出化学品管理不善导致了全球数十亿美

---

① SAICM/PREPCOM. 3/INF/21, Paper submitted by the United Nations Environment Programme（UNEP）on the contribution of UNEP to the implementation and oversight of the strategic approach to international chemicals management（SAICM）[A/OL]. 联合国正式文件系统，2005-07-21.

元的损失。但报告同时指出，在发展、减少贫困和降低对人类健康和环境的危害方面，化学品的生产、使用和处置向可持续方向转变可以带来巨大的经济效益。

自1992年在里约热内卢举行的联合国环境与发展会议上通过了《里约宣言》和《21世纪议程》以来，各国已在改进化学品管理方面开展了许多工作：建立或增强了管制体系；提供了更多的化学品信息和资料，并在国家和国际两级对更多的信息和资料进行了评估；采用了一系列广泛的风险管理措施；同时着手采用和进一步发展了诸如污染物排放登记簿等新型工具；缔结并制定了各项新的国际文书和方案；工业界也已制订并扩大了其推动对化学品实行更好管理的方案。同时目前许多国家都有积极和知情的公众利益宣传运动，旨在提高公众对化学品的意识和促进在此方面采取良好做法①。

关于化学品的国际公约/条约主要目的是化学品贸易交易的便捷、安全，同时化学品的环境危害防治在公约中也有所体现，甚至出现了专门针对持久性有机物污染防治的《斯德哥尔摩公约》。

《斯德哥尔摩公约》的宗旨是保护人类健康和环境免受持久性有机化学物质即POPs的危害。公约首批确认了12种POPs。公约的内容主要包括五方面：控制义务、豁免条款、常规义务、POPs增补程序、基金和技术援助。各缔约国要履行的主要义务包括六方面：（1）禁止和消除有意生产的各类POPs，包括杀虫剂类和工业化学品类。（2）严格控制豁免POPs生产和使用过程的环境污染和健康风险。（3）减少或消除无意产生的副产物POPs。（4）研究、开发和监测。（5）公众宣传和教育。（6）制订POPs控制的国家实施计划②。

为了监督和控制国际贸易中的某些极具危险的化学品和农药的使用，并就这些化学品的特性、安全使用措施等信息进行交流，使各国在国际贸易中承担控制这些化学品的责任和开展合作，根据联合国《经修正的关于化学品国际贸易资料交流的伦敦准则》和《农药的销售与使用国际行为守则》以及《国际化学品贸易道德守则》中规定的原则制定了《鹿特丹公约》。其宗旨是保护包括消

---

① SAICM/ICCM. 1/INF/2, Report of the third session of the Preparatory Committee for the Development of a Strategic Approach to International Chemicals Management [A/OL]. 联合国正式文件系统，2005-12-13.

② 刘建国，等. 中国持久性有机污染物管理法规指南 [M]. 北京：中国环境出版社，2013：1-2.

费者和工人健康在内的人类健康和环境免受国际贸易中某些危险化学品和农药的潜在有害影响。公约的核心内容是要求各缔约方在国际贸易中对受公约管制的化学品执行事前知情同意程序，并进行资料交流。公约并不禁止缔约方对公约管制的化学品进行国际贸易，各缔约方政府自行决定是否对这些化学品采取禁用或严格限用的管制行动①。

表1-1　与化学品有关的国际公约/议定书

年份	公约/议定书名称	内　　容
1987年	《关于消耗臭氧层物质的蒙特利尔议定书》	最初是为了避免工业产品中的氟氯碳化物（CFCS）继续对地球臭氧层造成损害，导致臭氧层恶化
1989年	《控制危险废物越境转移及其处置巴塞尔公约》	宗旨是减少危险废物的产生，提倡就地处理和处置；加强世界各国在控制危险废物越境转移及其处置方面的国际合作，防止危险废物的非法转移；促进对危险废物以对环境无害的方式处置，保护全球环境和人类健康
1990年	《作业场所安全使用化学品公约》（第170号公约）	规定了作业场所使用化学品的分类制度、标签和标志、化学品安全使用说明书、供货人责任、化学品暴露、操作控制以及化学品处置等多项内容，旨在通过立法管理工作场所接触的化学品，加强职业安全的现有立法框架，实现保护环境和公众，尤其是保护工作场所的工人避免化学品有害影响的目标
1992年	《21世纪议程》第19章：有毒化学品的环境友好管理	提出了包括扩展和加快化学品风险评价、统一化学品分类和标识、加强有毒化学品和化学品风险的信息交流、建立风险减低计划、加强国家化学品管理能力和防止有毒和危险化学品的非法国际贸易在内的6项国际化学品管理战略规划。尤其强调了发展中国家的特殊要求和面临的问题，它意识到许多国家缺乏处理化学品危险的国家系统，大多数国家缺乏收集环境中错误使用和判定有毒化学品影响证据的科学方式
1998年	《关于在国际贸易中对某些危险化学品和农药采用预先知情同意程序的鹿特丹公约》（IPC公约）	核心内容是要求各缔约方对某些极危险的化学品和农药的进出口实行预先知情同意（PIC）程序和信息交流。公约的管理对象为禁用或严格限用的化学品以及极危险的农药制剂

①　环境保护部国际合作司．有效监管化学品和农药：《鹿特丹公约》谈判履约历程［M］．北京：中国环境科学出版社，2011：3-7.

续表

年份	公约/议定书名称	内　容
2001 年	《关于持久性有机污染物的斯德哥尔摩公约》（POPs 公约）	旨在限制或消除持久性有机污染物排放，避免人类健康和环境遭受持久性有机污染物的危害
2003 年	"全球统一的化学品分类和标识体系"（GHS）	GHS 建立了一套全球统一的化学品物理、健康和环境危险分类标准，并规定了与危险分类相对应的危险公示体系：标签和安全数据表。旨在对化学品的管理实行协调统一的全球行动
2006 年	国际化学品管理战略方针（SAICM）	SAICM 的总体目标是取得化学品在生命周期内的良性管理。到 2020 年，化学品的使用和生产方式改革能够将其对人类健康和环境的不利影响降至最低
2010 年	《巴塞尔公约》《鹿特丹公约》和《斯德哥尔摩公约》在印度尼西亚巴厘岛召开了三个公约的第一次特别缔约方大会	会议通过了一个一揽子协调增效决议，包括三个公约的联合活动和服务、预算周期的统一、联合审计、联合管理和审核安排等。环境署管理的三个公约秘书处合而为一，成立了联合秘书处，粮农组织的管理《鹿特丹公约》有关工作的秘书处仍独立存在
2012 年	联合国环境规划署《全球化学品展望：向化学品无害化管理迈进》	作为化学品领域迄今为止的第一份综合评估报告，该份报告主要介绍了有害化学品所造成的经济负担

二、《国际化学品管理战略方针》

《国际化学品管理战略方针》① 的独特之处是在各部门及各利益攸关方之间架起桥梁，针对所有农业和工业产品的整个生命周期开展工作。国际化学品管

---

① 2006 年 2 月国际化学品管理大会的会议成果旨在推动实现千年发展目标，即至 2020 年，化学品将以最大限度减少其对人类健康和环境的影响的方式加以使用。化管大会通过了《国际化学品管理战略方针》。该方针由以下三项文件组成，即《关于国际化学品管理的迪拜宣言》《总体政策战略》和《全球行动计划》。化管战略方针的各项文件，除其他事项外，囊括以下诸项内容：需要与目标、辅助性财务机制、原则与方针以及实施活动。推动获得关于化学品对健康和环境的危险的充分的科学知识，并向所有利益攸关者提供。

理大会的职能之一就是在遇到新出现的政策问题时，提请各方注意并呼吁采取合适的行动予以应对；同时，促成就合作行动的优先事项达成共识。并提出了一项新出现的化学品环境新政策问题①。组成"不限成员名额工作组"就新出现的政策问题开展工作：审查每一项新出现的政策问题已取得的进展，包括是否正以合适的方式实施国际化学品管理大会就各政策问题所呼吁的行动；如有必要，审议就各项新出现的政策问题提出的关于继续采取合作行动的建议；并在管理全氟化学品和过渡到更为安全的替代品方面审查管理全氟化学品和过渡到更为安全的替代品的进展②。

SAICM 不是一个法律意义上的公约。各国政府和其他部门在认识到化学品暴露并积极有效地倡导在化学品生产和使用方面进行改革，力求将这些影响降至最低，在此基础上出台了这项全球的政治承诺。SAICM 的总体目标是："取得化学品在生命周期内的良性管理。到 2020 年，化学品的使用和生产方式改革能够将其对人类健康和环境的不利影响降至最低。"SAICM 的范围最终包括了化学品安全的所有环境、经济、社会、健康和劳工方面，它是一个有着广泛范围、颇具野心的全球努力。通过实行 SAICM，世界社会正式地意识到，由于化学品暴露造成的对人类健康和环境的影响已经成为一个严重的全球问题，需要采取紧急行动和整体的全球战略。

在 SAICM 的语言中，所有旨在保护人类健康和环境免受化学品暴露的行动称为"风险减少行动"。SAICM 风险减少目标如下：

（1）确保在做出关于化学品的决定时，顾及并努力保护那些特别脆弱或特别易与可能构成风险的化学品发生接触的人类群体、各类生态系统及其不同组成部分。

（2）实施透明的、全面的、高效率的和有效的风险管理战略。它应建立在对健康与环境方面影响的合适的科学理解，以及根据旨在防止污染、减少或消

---

① 如消除含铅油漆全球联盟第三次会议的报告（SAICM/ICCM. 2/INF/9）、关于纳米技术和人造纳米材料的报告（SAICM/ICCM. 2/INF/10）、产品所含化学物质方案提案草案（SAICM/ICCM. 2/INF/11）、建立商业案例来了解产品所含化学物质和供应链（SAICM/ICCM. 2/INF/12）、由工发组织主办的关于电气和电子产品生命周期中的危险物质的专家小组会议报告（SAICM/ICCM. 2/INF/13）、关于电气和电子产品生命周期中危险物质的最佳做法汇编（SAICM/ICCM. 2/INF/14）等。

② SAICM/OEWG. 2/6, Progress on emerging policy issues and other issues of concern [A/OL]. 联合国正式文件系统，2014-10-09.

除风险的合适的社会和经济分析的基础上。这些战略应旨在防止污染、减少和消除风险。

（3）到 2020 年，确保那些对人类健康和环境构成不合理的和无法加以管理的风险的化学品不再予以生产或用于这些用途。

（4）对于无法加以管理的风险评估应优先考虑以下化学品：具持久性、生物累积性和毒性的化学物质（PBTs）；具有非常强持久性和生物累积性的化学物质；致癌物质、突变性和那些影响生殖、内分泌、免疫系统和神经系统的化学物质；持久性有机污染物、汞和其他引起全球关注的化学物质；大量生产和使用的化学物质；广泛并分散使用的化学物质；其他那些国家范围关注的化学物质。

（5）风险减少行动应运用预防性措施，应优先考虑采取各种预防性措施，诸如预防污染的措施等。应发展、促进和支持环境友好和更安全的替代品。这些包括更清洁的生产方式、在知情的前提下取代引起特别关注的化学品以及不使用化学品的替代品。

由于科学研究和商业生产均涉及种类繁多的化学品，尤其是出于商业保密的需要，导致同一种化学品可以有化学名、商品名和编号等几个名字，同种商品不同厂家可能名称也不同，只有通过编号来确定其是哪种化学物质。化学品编号有三种：全国统一货号、全世界统一货号和美国化学工程师协会给出的 CAS 号，比如，一氧化碳的三种编号就依次为 21005、1016、630-08-0①。对此，《国际化学品管理战略方针》大力提倡、推广"全球化学品同一分类和标签制度"（简称 GHS）。GHS 也指由联合国出版的指导各国控制化学品危害和保护人类健康和环境的规范性文件，习惯称之为紫皮书。2002 年联合国可持续发展首脑会议（WSSD）鼓励各国尽快执行 GHS，尽可能在 2008 年使 GHS 在世界各国全面实施。GHS 的目的：（1）通过提供一种都能理解的国际标准分类和公示制度来表述化学品的危害，提高对化学品的识别能力，加强对人类和环境的保护；（2）为没有相关制度的国家提供一种公认的制度框架；（3）减少对化学品的测试和评估；（4）为国际化学品贸易提供方便。

GHS 主要通过统一化学品危险分类标准，形成一套综合性的危险公示制度，标准化了危险公示要素的象形图、信号词、危险性说明和防范说明；统一危险

---

① 孙维生. 常见危险化学品速查手册［M］. 北京：化学工业出版社，2013：2.

公示要素，包括对标签和安全数据的要求；明确定义了化学品的物理危险、健康危害和环境危害，统一了按照物理、健康和环境危险对化学物质和混合物进行分类的标准。GHS 制度虽然不包括确定统一的试验方法或提倡进一步的试验，但却涵盖了所有的化学品。GHS 适用于包括药物、食品添加剂、化妆品、食品中残留杀虫剂等在内的危险化学品，涵盖了生产、储存和运输过程中的分类和标签要求。根据 GHS 分类标准，化学品分类包括物理危险性、健康危险性和环境危险性，其中环境危险性包括生态毒性、持久性（难降解性）和生物蓄积性等。GHS 制度采用两种方式公示化学品的危害信息：（1）标签。（2）安全数据单。化学品危害信息统一公示之安全数据单，即化学品安全数据表（safety data sheet，简称 SDS），包括 16 方面的内容：标志、危害标志、成分构成/成分信息、急救措施、消防措施、意外泄漏措施、搬运和存储、接触控制/人身保护、物理和化学性质、稳定性和反应性、毒理学信息、生态学信息、处置考虑、运输信息、管理信息、其他信息。SDS 是联合国 GHS 公示化学品危险信息的重要手段之一，通过安全数据表，用户可以获取化学物质或混合物的综合信息，以便于采取必要的防护措施保护工作场所中工人的健康和安全，采取措施来保护环境。SDS 已被广泛接受为一种向欧盟境内的物质和混合物用户通报信息的方式，成为欧盟 REACH 法规密不可分的一部分。自 2003 年起，联合国经济社会委员会下 GHS 小组委员会定期每两年对 GHS 制度进行修订和更新，截至 2017 年，GHS 制度有效版本为第 7 次修订版。由于分类标准的统一，GHS 制度实施以后，企业无须为了满足不同输入国化学品危险分类的要求而提供不同的化学品技术报告（危害分类、SDS 及标签），节约了人财物等合规成本。

欧洲经济委员会，与运输或环境领域的化学品安全有关的所有联合国计（规）划署和专门机构，特别是联合国环境规划署、国际海事组织和国际民用航空组织均已采取适当行动，修订或更新本机构的法律文书，实施《全球化学品统一分类和标签制度》，或正在考虑尽快修订其法律文书；国际劳工组织、联合国粮食及农业组织和世界卫生组织也正在采取适当步骤，修改现行的化学品安全建议、守则和准则，使其符合《全球化学品统一分类和标签制度》，特别是在职业卫生和安全、农药管理，以及预防和治疗中毒等领域。澳大利亚（2011年）、巴西（2009 年）、中国（2010 年）、厄瓜多尔（2009 年）、日本（2006年）、毛里求斯（2004 年）、墨西哥（2011 年）、新西兰（2001 年）、韩国

（2006 年）、俄罗斯（2010 年）、塞尔维亚（2010 年）、新加坡（2008 年）、南非（2009 年）、瑞士（2009 年）、泰国（2012 年）、美国（2012 年）、乌拉圭（2009 年）、越南（2009 年）和赞比亚（2013 年），以及欧洲联盟 28 个成员国和欧洲经济区 3 个成员国（2008 年)① 等国家已颁布在除运输以外的一个部门或多个部门执行（或准予适用）《全球统一制度》的国家立法或标准。

表 1-2　欧盟、美国、日本和中国实施 GHS 制度比较

	欧盟	美国	日本	中国
法规	《欧盟物质和混合物分类、标签和包装法规》（1272/2008/EC，CLP）全球第一部基于 GHS 的立法	美国职业安全和健康管理局（OSHA）发布了危害传递标准（HCS-2012）	《化学物质审查和生产控制法》《劳动安全卫生法》和《有毒有害物质控制法》	GB13690—2009 化学品分类和危险公示通则（分类、标签制作和 SDS 编制），GB15258—2009 化学品安全标签编写规定（标签制作），GB/T24774—2009 化学品分类和危险性象形图标识通则（分类），GB/T22234—2008《基于 GHS 的化学品标签规范》（标签制作），GB/T16483—2008 化学品安全技术说明书内容和项目顺序（SDS 编制）
生效日期	2009 年 1 月 20 日正式生效	2012 年 5 月 25 日正式生效	2001 年成立 GHS 实施相关省厅联络委员会	2011 年 GHS 部际联席会议制度正式建立

---

① ST/SG/AC. 10/42, Report of the Committee of Experts on the Transport of Dangerous Goods and on the Globally Harmonized System of Classification and Labelling of Chemicals on its seventh session. Committee of Experts on the Transport of Dangerous Goods and on the Globally Harmonized System of Classification and Labelling of Chemicals，held in Geneva on 12 December 2014, United Nations Secretariat ［A/OL］. 联合国正式文件系统，2015-01-26.

	欧盟	美国	日本	中国
适用范围	CLP 适用于欧共体内供应的所有物质和混合物，不涵盖运输过程的分类和标签要求。医药、兽药、化妆品、食品、饲料、食品调味剂、食品添加剂、饲料添加剂等，按照特定产品法规的分类和标签要求实行	包括除烟草或者烟草制品、药品、食品或饮料、化妆品以外的大部分化学品	日本企业对GHS有充分的认识，且GHS实施已经扩大到受控物质范围以外	主要涉及危险化学品和新化学物质
执行方式	采取"过渡性"执行方式，过渡期一旦结束欧盟各个国家必须严格遵照CLP法规的要求执行，违法者将面临严厉的行政处罚	对企业和经销商规定了不同的实施时间，所有涉及的雇主须完成对员工GHS版SDS、标签的培训	针对标签和安全数据表规定了不同的过渡期	安全标签设置了一年的缓冲期，而SDS未设置缓冲期，为企业准确编写符合GHS要求的SDS加高了门槛

第二节　国外化学品立法

国外化学品管理立法具有代表性的模式就是美国和欧盟。但相对而言，美国的TSCA自制定以来没有大的修改，体现的是"化学品环境无害性推定"的风险管理理念，落后于欧盟REACH法规"化学品环境有害性推定"的风险管理理念。欧盟的环境无害性证明责任是由企业承担，这也有别于美国的立法。因此，其他国家如日本、韩国等大都追随欧盟REACH法规建立本国类似REACH法规的化学品管理立法。

一、美国

"随着环境恶化的影响越来越小，美国民众对环境保护积极的政治支持也日渐式微。如今，美国人对待环境问题可谓'日用而不觉'，美国环境法在重要性方面可能已经成为自身获得成功的牺牲品。""自 20 世纪 90 年代以来的 25 年间，美国国会就再没有制定新的全面的环境法。"①

美国法律体系中有很多法律是与化学品有关的，主要是《职业安全卫生法》（OSHA）、《联邦有害物质管理法》（FHSA）、《有毒物质控制法》（TSCA）、《危险物品运输法》（HMTA）、《有毒物质包装危害预防法》（PPA）、《联邦杀虫剂、杀菌剂和杀鼠剂法》（FIFRA）、《食品、药物和化妆品法》（FDCA）、《消费产品安全法》（CPSA）等。

"二战"以来，大批量的化学品制造业爆炸性增长：从 1930 年到 2001 年，年产量从一百万吨增加到四亿吨。这些人工合成的化学物质已经被开发用于战争目的，但人们对这些化学品对人体健康和环境的影响却知之甚少。然而，在没有进一步的研究或规制下，战后制造业却利用这些化学品而繁荣兴旺起来。1971 年，尼克松总统的环境质量委员会（CEQ）提出制定一部控制有毒物质的联邦法律。CEQ 报告宣称，在其他联邦环境法律监管不足下，需要一个全面的法规识别和控制化学物质的制造、加工、使用、商业分布以及潜在危险。1976年美国出台了针对工业化学品生产、进出口申报以及测试评价的《有毒物质控制法》，即 TSCA②。

作为制定法，TSCA 有别于其他同时期的联邦环境法规，它调节化学品生产的各个阶段，而不只是通过控制排放和污水极限，或排放后的清理。要做到这一点，国会责成环保署确定、调节在美国商业中使用的所有有毒物质。为了识别它们，有毒物质控制法赋予了美国环保局权力，美国环保局有权要求生产和加工企业提供他们所使用的化学品的信息，并通过这些信息筛选商用化学品。根据这些数据，环保局可适用一系列监管工具——从完全禁止到警示标签和记录保存的要求。

鉴于收集商业中使用的化学品数据任务的大小，识别过程分为两种不同的轨道：一种是在 1976 颁布时就在商务应用的化学品，即现有化学品；另一种是

---

① ［美］理查德·拉撒路斯. 环境法的形成［M］. 庄汉，译. 北京：中国社会科学出版社，2017：中文序言第 3 页.

② TSCA 包含了四个章节：第一节，有毒物质控制；第二节，石棉危害应急措施；第三节，消除室内氡污染；第四节，减少铅暴露。自 1976 年颁布实施以来，它的大部分内容都基本保持不变。

新的化学品。对于现有化学品，TSCA 授权环境保护署（EPA）要求测试"发现"它是否归为两类物质：一类是它可能对健康或环境造成不可预测的风险或是大量生产已进入环境或造成重大或实质性人体暴露的；另一类是缺乏足够的数据来合理地确定这些影响可能出现不合理的伤害危险，从而有必要测试来发展这样的数据。因为 1976 年有积压的未经测试的化学品，国会成立了跨部门的测试委员会（ITC）帮助 EPA 设定优先权以及与其他政府部门协调。考虑已经生产和在环境中已发现，在他们的工作场所内外露的人数量，毒理数据和潜在的存在等因素，ITC 建议 EPA 指定化学品优先级列表，并特别关注那些疑似对癌症、基因突变或出生缺陷起作用的化学品。根据 TSCA，一旦 EPA 发现一种化学品具有对人类健康或环境"不合理的危险"，该机构可以对该化学品处以多种规制。

　　TSCA 从一开始就显示其固有的缺陷。首先，TSCA 赋予了新的和现有的化学品"强无罪假定"。根据这一假设，EPA 必须肯定地发现化学品对人类健康或环境显示了不合理的风险。一些政府和非政府组织的研究显示，即使是对已经广泛使用的化学品，证明其危险存在的毒性数据也是缺乏的。其次，在 TSCA 可采取强制性行动之前，需要表明化学品对健康和环境构成不合理的风险。这个标准在现行司法解释下几乎成为遥不可及的。再次，由 EPA 计算任何不合理的风险时必须考虑规制化学品的经济成本，规制对小企业和化工业发展的影响，化学品替代品的社会效益。最后，EPA 还必须证明监管提出的化学品形式是最少烦琐的选项，没有其他的联邦法规可以用来规制此化学品。事实上，早在 1980 年，总审计局（GAO）指出，有毒物质控制法下，无论是公众还是环境都没有得到比没有它之前更好的保护①。

　　正如 CEQ 观察后坦言，控制有毒物质说起来容易做起来难。已经有成千上万种化学品在商业中使用，生产和分发公司又数以千计，组合表现出现代生活对化学品惊人的依赖和面临着行业和政府规制的惊人任务。法律规定了联邦广泛的权力，但指导 EPA 工作的优先顺序却很模糊②。目前对 TSCA 改革的初步

---

① Andrew Liebler, "Better Safe Than Sorry: A Precautionary Toxic Substances Control Act Reform Proposal", 46 Washington University Journal of Law & Policy (2014), p. 333.

② Tracy Bach, "BETTER LIVING THROUGH CHEMICALS (REGULATION)? THE CHEMICAL SAFETY IMPROVEMENT ACT OF 2013 THROUGH AN ENVIRONMENTAL PUBLIC HEALTH LAW LENS", 15 Vermont Journal of Environmental Law Spring (2014), p. 490.

构想在国会有最大政治牵引力的是化工安全改进法案（CSIA）。在许多方面，CSIA 代表产业、环保主义者、消费者保护的倡导者和监管机构等之间的妥协。

美国为了保障民众环境知情权，使民众了解有毒化学物质危害，使有毒物质全部的处理过程透明化，颁布了紧急计划与社区知情权法案（EPCRA 法案）①。该法案要求企业公布相关环境信息的细节内容，向监管当局提供有毒物质排放信息，具体包括紧急与危险化学品目录报告和排放毒性化学品目录（常规）报告，其中的第二个报告又称为有毒物质排放清单（TRI 目录），也要提供其污染物的处理和能源节约的有关数据。该法案的目的在于为美国的中央及地方各级政府和民众提供环境信息，为制定法律规章等提供专业帮助，公开企业有毒物质排放情况，援助社会各界获得环境信息数据。同时为协调公民环境知情权和企业商业秘密之间的矛盾，在 EPCRA 法案中确立了交易秘密制度，要求企业只有通过该制度的相关程序，被 EPA 审查认可为交易秘密，才可以不予公布，即使如此，若对环境有严重损害，依然会向社会或特定申请人公开相关的有毒物质排放清单（TRI）数据。并且企业若拒不提供或提供虚假信息，EPA 有权根据 EPCRA 法案进行处罚，如果多次违反可以对每次违反行为单独进行经济处罚。如果故意提供虚假不实信息情节严重，企业将承担刑事责任。同时 EPA 还要求企业提供环境信息使用规定的排放毒性化学品表格，即 R 表格，而需要提交的 TRI 数据以及环境信息就包含在表格里，而该表格规范了企业提交环境信息的具体内容的标准和数据结构。

表1-3　美国化学品的申报和认证

序号	重要规定	说　明
1	化学品数据申报（CDR）	老物质年产量或进口量如超过 25000 磅（约 11.3 吨）以上，企业需进行 CDR 申报，提交制造场所地址，年生产或进口量，以及可能的暴露信息等已知或合理可查的信息；如果企业的吨位超过 100000 磅，还要提供加工和使用信息。2012 年 CDR 周期为 2012 年 2 月 1 日—2012 年 6 月 30 日，后延期至 8 月 13 日

① 刘为民．信息公开与我国环境执法［J］．天府新论，2013（5）．

序号	重要规定		说　明
2	预生产申报（PMN）		新物质在生产或进口前至少 90 天提交 PMN 申报。TSCA 对新物质的申报要求比现有物质严格很多。申报表内容包括三部分：（1）基本信息：包括申报人信息、物质鉴定信息、生产或进口信息、用途等；（2）人类暴露和环境释放：要求提供申报人或其他人的工业场地的暴露情况和控制水平；（3）附件清单：物化性质清单及其他附件
3	PMN 的豁免情况	研究开发豁免	用于科学研究的少量新物质，企业可申请豁免 PMN 申报
		试销豁免	企业在特定时间内将特定吨位的新物质供应给特定的下游，且此过程不存在不合理的风险，可以申请试销豁免
		低吨位/低释放/低暴露豁免	低于 1 吨/年且低环境释放和低人类暴露的新物质可以申请豁免 PMN。企业应在制造或进口至少 30 天前向 EPA 提交豁免通报
		聚合物豁免	平均分子量≥1000 道尔顿的聚合物、聚酯或符合要求的阳离子聚合物可以在首次生产或进口当年的 1 月 30 日前申请 PMN 豁免申报
4	显著新用途申报（SNUR）		显著新用途适用于老物质。一旦老物质的某项用途被规定为 SUNR，需进行 SNUR 申报，具体流程和要求与 PMN 申报类似
5	测试同意协议和测试规则		EPA 要求物质或混合物的生产商或加工商对有危害风险、暴露风险或物质大吨位生产的化学品进行测试，确定是否对健康或环境有不利影响。测试数据都必须符合美国 GLP 标准
6	进口认证		进口认证要求在产品入关时，进口商要提供积极认证声明（Positive Certification Statement）或者消极认证声明（Negative Certification Statement），海关咨询 EPA 后，确定该产品已经遵守或豁免 TSCA，才会批准入关

资料来源：中国 TBT 研究中心。

美国的化学品管理强调的是政府的责任，因此，虽然从风险预防的理念上来说没有欧盟的先进，但美国化学品的环境风险信息管理还是具有一定的借鉴价值。TSCA "针对的是尚未造成危害的化学品商品，偏重于事前预防，注重于从不同角度和层次收集不同类别的风险防范信息，相互之间进行补充，从整体上构成了防范化学品环境风险的信息和知识网络，为后续有针对性地采取措施和行动，防范可能出现的环境风险提供信息基础"①。

表1-4 美国化学品风险信息管理制度对比

制度名称	预生产申报制度（PMN）	化学品数据报告制度（CDR/IUR）	高产量化学品挑战项目（HPV）	有毒物质排放清单制度（TRI）	风险管理计划制度（RMP）
管理对象	新化学物质	现有化学物质	现有化学物质	现有化学物质	现有化学物质
管理目的	识别新化学物质的危害性和风险并实施合适的管理	2012年IUR更名为CDR。收集现有化学物质的生产量、生产地、生产单位，可汇总得到相同物质的全国产量	收集化学物质的危害信息，以便寻找出具备危害属性的化学物质	通过排放污染物信息公开的方式，以公众监督的压力促使企业减少有毒有害化学物质的排放量	通过强制企业实施综合性的风险管理计划，提高企业处理环境突发事件的能力
信息性质	预测性的估测信息	化学物质的暴露信息，回顾性的事实信息	现有化学物质的固有危害信息	更详细的化学物质暴露信息，回顾性的事实信息	借着化学物质找到需要管理的企业，收集企业防范风险综合性计划信息
更新周期	随时报告	4年或5年	自愿项目	1年	5年
启动限量	10t以上PMN申报，10t以下低量申报	企业年使用、生产/进口量约11t	全国年使用、生产/进口量约450t	企业年排放/生产量约0.2t	生产、使用、储存不同物质有特定阈值
信息输入模式	企业直接向EPA总部提供，各州不直接接收信息	企业直接向EPA总部提供，各州不直接接收信息	企业直接向EPA总部提供，各州不直接接收信息	企业直接向EPA总部提供，同时抄送各州的州紧急响应委员会	企业直接向EPA总部提供，同时抄送各州的州紧急响应委员会

① 聂晶磊，霍立彬. 美国五部化学品环境管理制度比较研究 [J]. 现代化工，2014（1）.

制度名称	预生产申报制度（PMN）	化学品数据报告制度（CDR/IUR）	高产量化学品挑战项目（HPV）	有毒物质排放清单制度（TRI）	风险管理计划制度（RMP）
后续管理	一是企业在90天后即可自行活动。二是EPA与企业协商签署合意令，企业落实针对此物质的风险控制措施。三是EPA单方面认为该物质风险不可控，直接禁止或者限制	EPA将在每轮报告处理结束后，公布每轮的总体报告，前后对比	高产量化学物质信息系统供公众查询	鉴于TRI丰富数据，专门有机构建立网站（如知情权网站和Scorecard网站）对比研究这些数据	RMP更多针对企业的应急管理，要求企业提供应急计划和假设下最坏事件的处理方案，通过周期性的风险管理计划的报告，企业的抗风险能力持续增加

对中国化学品立法的启示：（1）美国高产量化学品挑战项目（HPV）是采取自愿形式，充分体现了企业责任关怀，为企业和社会资源参与化学品环境无害管理提供了路径。但毕竟企业是以盈利为目的的，而化学品危害数据的收集、检验，需要大量的资金和较长的周期，如果没有激励措施，仅仅依靠企业家的道德良心很难持续下去。中国目前企业家的责任关怀制度正在建设中，需要政府的引导、政策的激励来培养企业的社会责任感，这也是实现环境协同共治的需求。（2）中国应借鉴美国的有毒物质排放清单制度（TRI），尽快建立化学品排放转清单制度或排放转登记档案制度，尽快对现有化学物质，尤其是具有持久性、生物蓄积性和毒性的物质；持久性和生物蓄积性极高的物质；具有致癌性或诱变性或可特别对生殖系统、内分泌系统、免疫系统、神经系统产生不利影响的化学品；各种持久性有机污染物；在全球范围内引起关注的汞和其他化学品；大规模生产或使用的化学品；用途极为广泛和普遍的化学品；以及在本国范围内引起关注的其他化学品尽快优先进行评估、登记，建立排放转档案，使公众能够在保护企业商业秘密的基础上尽可能了解化学品的环境信息。（3）美国的风险管理计划制度是针对企业化学品风险应对的制度，为防范化学品环境风险，就需要企业编制应急管理预案，而这必然也使企业不得不对化学品的环境风险信息进行收集和评估，实际上扩大化学品环境风险数据库的数据

来源。而这些数据由于大数据时代的来临，显得更为宝贵，能发挥出更大的潜力，而且这些数据如果共享，能够减少各企业的化学品测试和信息收集的成本，也有利于政府的监管控制，更有利于企业周围社区和居民了解化学品的环境风险信息，因此，是中国化学品污染环境立法应借鉴的制度。

二、欧盟

2006 年 12 月《欧盟化学品注册、评估、授权与限制法规》获得通过，取代了欧盟当时现行的 40 个法规。并且由于美国的 TSCA 自通过以后，基本上无实质性修改，其化学品环境风险管理理念已经远远不能适应化学品管理的需要，因此，欧盟的 REACH 成为引领全球化学品环境风险管理的典范。

REACH 指令主要有注册、评估、授权、限制等几大项内容。它要求凡进口和在欧洲境内生产的化学品必须通过含有这些内容的一套综合性程序。REACH 规定各公司登记其生产或进口的一切化学品，并申请获取对最危险物质的授权批准。这项新制度规定了对化学安全更加谨慎的做法，并将责任交赋给企业，从而整个供应链中所有行为者都有义务确保其经手的化学品物质的安全。但 REACH 法规对化学替代品的规定并不严格，并未确立要求各公司凡存在替代品即用安全化学品取代危险化学品的规定。它虽要求化学生产商"评估"取代有害化学品的替代品，然而即使存在着较安全的替代品，决策者仍须根据"充分控制"的程序加以批准。这被认为是 REACH 法规的一个漏洞，这个漏洞实际上并没有改变现行体制。现行体制非但未能控制最危险的化学品，而且还阻碍了安全、革新产品进入市场，尤其是对低产量化学物质的化学品生产商来讲，按义务须提供的安全资料要求不高。

欧盟 REACH 法规沿用了以前欧盟化学品管理的风格。REACH 法规采取了"化学品有害推定"的风险管理理念，"无数据、无市场"是法规核心的思想。欧盟 REACH 法规实现了化学品法规的单一性，避免了因多种法规带来的管理的重复和混乱。使用统一的方法，在化学品生产、使用、销售等环节来控制现有化学品和新化学物质。并在欧盟范围内建立一套统一的关于化学品登记、评估、批准和限制制度的化学品管理体系，并明确化学品各种利益相关者的责任义务，使企业在遵循同一原则的条件下生产化学品及其含有化学品的产品。由于要监管几乎所有的化学品，造成了化学品监管工作量大，但 REACH 法规达到的方法被广泛认为是成功的。基于该物质的危险性质,从物质对人类健康或环境造成的危险的基础的登记和披露要求反映了一个负担的转变,从政府向制造商移动。用这种方式,REACH 法规具体体现了预防原则①。

而欧盟在 2000 年就为统一规范企业公开环境信息的内容形式以及具体操作流程,建立欧盟污染物排放登记系统(EPER)。根据这个系统的模式,成员国应向欧盟委员会提交污染物排放报告,然后由欧洲环境署(EEA)在欧盟网址上予以公布。在此之后逐步演变成一个全欧盟范围的污染物排放信息公开平台(PRTR 系统)。与其前身相比,新的欧盟 PRTR 系统包含了更多污染物,从 50种扩大到 91 种。增加了申报企业公开环境信息的次数,从三年一次到每一年一次,并划定了更详细合理的申报内容。欧盟各成员国环保部门需要采集该国企业申报和非企业面源的污染物排放与转移信息,然后向欧盟委员会提供报告。欧盟委员会则有义务经由互联网公开该数据库的环境信息。

表 1-5 《化学品注册、评估、授权和限制》实施时间表②

时间	事件
2007 年 6 月 1 日	《化学品注册、评估、授权和限制》正式实施
2008 年 6 月	欧盟化学品管理局成立并开始运行;非分阶段物质开始注册
2008 年 6 月—12 月	分阶段物质预注册
2009 年 1 月	物质信息交换论坛(SIEF)成立
2010 年 11 月 30 日	年产量或进口量 1000t 以上的化学物质;年产量或进口量 1t 以上的根据指令 67/548/EEC 中划分为 1、2 类的 CMR(致癌、突变、有生殖毒性)物质;年产量或进口量 100t 以上根据指令 67/548/EEC 中 N:50-53 划分为导致水生环境长期负面影响的高水生物毒性的物质完成注册
2011 年 6 月	高关注物质开始通报
2013 年 6 月	年产量或进口量 100t 以上的分阶段化学物质完成注册
2018 年 6 月	年产量或进口量 1t 以上的分阶段化学物质完成注册

---

① Tracy Bach, "BETTER LIVING THROUGH CHEMICALS (REGULATION)? THE CHEMICAL SAFETY IMPROVEMENT ACT OF 2013 THROUGH AN ENVIRONMENTAL PUBLIC HEALTH LAW LENS", 15 Vermont Journal of Environmental Law Spring (2014), p. 490.

② 欧洲化学品管控经验(下)[EB/OL]. 易安网, 2012-11-02.

三、其他国家

REACH 法规不仅对纺织业、化工业等产业界产生重要影响，对各国的化学品管理立法也产生了深远的影响。2015 年正式实施的《韩国化学品注册与评估法案》（K-REACH）就极其类似欧盟 REACH。

战后的日本急于发展经济，尤其是化工业，由于过于重视经济的发展，而忽视了环境的保护，造成了日本成为公害最集中的国家（十大公害事件有四个都发生在日本），因此日本对化学品的环境危害也最为重视。1950 年通过了《有毒有害物质控制法》，但这时对化学品的控制主要是对会造成直接接触性损害的化学品的管理。

1968 年多氯联苯引发的米糠油事件使"二战"后确立的防止直接接触化学物质的人体损害管理理念崩溃了。以此引发的管理观念的转变使《化学物质审查和生产控制法》（简称《化审法》，有时也被称为《化控法》）于 1973 年出台，这部法律采取了对新的化学物质事前审查制度，这成为世界首创的化学品管理法律制度。《化审法》规定工业化学品采取风险管理和源头控制，建立新化学物质申报制度，对新化学物质要进行事前审查，对有毒化学品实施优先管理。

美国、欧盟、日本、韩国、加拿大等国对于化学品的管理虽然有差异，但都有一个基本的、综合性的立法，再辅之以其他法规或指令形成完整的化学品管理法律体系。与此相对比，中国目前还没有一部综合性的化学品立法，只有环保部通过的一个办法中对新化学物质采取了风险预防管理，但法律位阶的低下（对新化学物质的管理甚至仅仅是一个管理办法）使其能发挥的法律效果有限，这与中国化学工业生产大国的地位是不相称的，也与化学品管理的国际趋势有差异。

表 1-6　欧盟、美国、日本和中国化学品管理法律法规比较

国别	欧盟 REACH	美国 TSCA	日本《化审法》	中国《新化学物质环境管理办法》
生效时间	2007 年 6 月 1 生效，取代欧盟现行的 40 个法规	1977 年 1 月 1 日生效	1975 年生效 2009 年最新修订	2003 年实施 2009 年修订

国别	欧盟 REACH	美国 TSCA	日本《化审法》	中国《新化学物质环境管理办法》
目标	为了保护人类健康和环境，增加化学品信息的透明度，促进化学工业的革新，使其生产更安全的产品	减少化学物质对人体健康和环境安全的不合理风险	世界上第一个对化学物质引入事前审查制度的法律。防止有可能损害人体健康或者有可能妨害动植物生息和繁殖的化学物质所产生的环境污染	实施对化学品的预防预警与源头控制，降低化学品流通过程对环境和人体健康产生的危害
管理理念	将化学物质危害和风险评估的责任转移到企业身上，要求企业主动提供化学物质的信息	认识、评估化学物质风险的责任主体在于政府，公司只需提供现有的原始数据，并不需要提供评估报告，当然公司也可以自愿提供风险评价的报告	对化学物质实行总括式的管理，要求对所有新化学物质在制造或进口时实行事前审查制度，如果新化学物质没有接受安全性审查，则禁止其在日本国内制造或进口	申报人在办理新化学物质申报手续时，应当如实提交新化学物质危害特性和环境风险的全部已知信息。评审委员会认为现有申报材料不足以对新化学物质的风险做出全面评价结论的，由登记中心书面通知申报人补充申报材料
管理链	不仅对化学品制造商规定了注册要求，同时也对下游用户做了相应的规定，使得化学品在整个上下游的产业链中都能得到有效的监管	没有对下游用户有特别要求，但 TSCA 的管理对象实质上已经包括了加工使用行为和加工使用者	向下游用户转让、提供化学物质的时候，必须提供该化学物质的防止污染的各种措施的信息	登记证持有人负有向登记中心报告或报送新化学物质转移给生产者的情况的义务
申报	按量分级申报，产能低于 1t/a 的非特殊物质，可以直接生产或进口，不需要申报，只有当量超出时，才需要申报，而且不需要停止生产	在生产前和进口前申报，即使量很小，也需要经过小量申报，批准后才能生产或进口	试验研究、试剂（指用于化学方法检测或者定量、物质合成实验或者检测物质的物理特性的化学物质）无害于环境的中间体、一年制造进口总数量在 1 吨以下的化学物质、无害环境的高分子化合物被豁免审查	1 吨以下化学物质豁免常规申报（但需进行简易申报）

续表

国别	欧盟 REACH	美国 TSCA	日本《化审法》	中国《新化学物质环境管理办法》
申报前测试	不再区分新化学物质和现有化学物质，只要化学物质的产能超出1t/a，就需要向欧洲化学品管理局（ECA）注册，提交的数据依据量级有不同，但每个量级都要求提供相应的测试数据和报告，在有些范围也接受定量构效关系（QSAR）数据和类似物数据。对于产能10t/a以上的化学物质，还包括化学物质的风险评价报告	新化学物质申报前，不需要专门为申报开展新化学物质测试，只需要提供现有的所有信息。根据物质生产量大小、中间体、聚合物等情况，公司可以豁免申请，在短期内得到批准或仅需备案。如果超出90天没有得到EPA的回复，则自动认为已经获得批准，可以实施生产或进口活动	制造者、进出口者没有将新化学物质审查以外的试验数据提交的义务	简易申报要提供在中国境内用中国的供试生物完成的生态毒理学特性测试报告。常规申报要提供风险评估报告，包括申报物质危害评估、暴露预测评估和风险控制措施以及环境风险和健康风险评估结论等内容；物理化学性质、毒理学和生态毒理学特性的测试报告或者资料以及有关测试机构的资质证明。依据"申报数量级别越高、测试数据要求越高"的原则，对高进口量或高产量化学物质提出更为严格的数据要求
用途改变申报	用途和用量，任何时候的任何变化均应立即通知ECA，甚至在预见该物质在新用途之前，就应通知ECA	一般不要求化学公司因在用途或用量上的改变通知EPA，除非是EPA已经发布显著新用途规则（SNUR）的化学物质	一般不要求化学公司因在用途或用量上的改变进行申报	登记证持有人发现获准登记新化学物质有新的危害特性时，应当立即向登记中心提交该化学物质危害特性的新信息并接受相关处理；同时还要求危险类新化学物质用途变更时应重新申报的制度

国别	欧盟 REACH	美国 TSCA	日本《化审法》	中国《新化学物质环境管理办法》
管制	REACH 通过授权和限制来管制已经确定为危害的化学物质。高关注化学物质需要得到授权才能生产或使用。当 ECA 认为该物质对环境和健康有不可接受的风险时，可采取限制措施，包括限制对物质的生产、市场化、使用，也包括禁止	对于现有化学物质，只有当 EPA 基于可靠理由发现化学物质对健康和环境有不合理风险时，EPA 才可以运用管理要求来管制这些物质。包括限制和禁止，但要求 EPA 需要考虑以最合理、最轻企业负担的方式实施管理，在制订规则时必须要有持续的证据和相关的记录。基于此复杂程序，EPA 至今只对 6 种现有化学物质发布了管理规则	原则上禁止"第一种特定化学物质"（PBT）的制造、进口。但在代替困难，且不可能造成人或生活环境动植物损害的情况下，可以获得特定用途上的使用许可。制造量、进口量应符合化学物质的需要量，制造设备符合相关技术标准。对"第二种特定化学物质"（具有慢性毒性、在环境中有相当的环境残留）的制造、进口则采取一定的限制措施。其制造量和进口量（预计量和实际量）都必须申报，且不允许超出申报的量。有可能危害人体健康或动植物时，可以命令限制制造量和进口量。还可以对制造者和使用者发布预防污染的技术指南，要求其采取必要的预防措施	环保部对有适当风险控制措施的，予以登记，颁发登记证；对无适当风险控制措施的，不予登记，书面通知申报人并说明理由。环境保护部应当在政府网站上公告予以登记的新化学物质名称、申报人、申报种类和登记新化学物质管理类别等信息
替代物要求	高关注的化学物质的许可申请时，必须提供可能的替代物分析情况	没有特别提到使用替代物或发现安全替代物的要求	没有特别提到使用替代物或发现安全替代物的要求	鼓励环境友好型替代化学物质的研究、生产、进口和加工使用

第三节　中国化学品立法

化学品的生产安全得到立法的充分保证，人类健康安全尤其是化工业从业人员的健康安全也得到了一定的重视。然而对环境安全却没有给予充分的重视。

虽然在《新化学物质环境管理办法》中也体现了比较先进的化学品风险管理理念，但是由于其较低的法律位阶，很难发挥出有效的作用。化学品污染环境防治立法应关注化学品双重属性间的平衡、化学品部门间职能的配置和协调以及化学品科学分类的法律化等问题。

一、与化学品相关法律法规概述

中国化学品相关立法总体来说偏重于化学品的环境管理，对化学品的生产安全比较重视，也关注了化学品职业病的防治，但对于化学品的环境安全，只有法律位阶较低的条例和办法，远远不能满足化学品污染环境防治的法律需求。

（一）相关法律及特点

中国目前尚没有一部有关化学品的立法，关于化学品的管制散见环境保护领域的 11 部法律中。

《环境保护法》仅在第四十八条和第四十九条第二款中提到化学品的监管①。四十八条是一个概括性规定，四十九条针对的是农药和化肥。《大气污染防治法》对有毒有害的气体化学品和粉尘以及运输、装卸、排放、贮存此类化学品有所规定。而可能会对水体造成污染的化学品在《水污染防治法》中有所规定，但其限制的是废水、污水中含有的化学品对水体造成的污染。《固体废物污染环境防治法》在第四章（第五十条至第六十四条）对危险废物②污染环境的防治做了特别的规定。《海洋环境保护法》第三十四条、第三十五条也有相关的化学废液的管制③。《清洁生产促进法》针对以有毒有害为原料或产生有毒有害废弃物的企业要求进行清洁生产审核。《环境影响评价法》也只是规定对环境有影响的企业要进行环评，并没有针对化工企业的特殊要求。《职业病防治法》中对高危、有毒、有害的化学品引发的职业病危险给予了充分重视。《安全生产

---

① 第四十八条：生产、储存、运输、销售、使用、处置化学物品和含有放射性物质的物品，应当遵守国家有关规定，防止污染环境。第四十九条第二款：施用农药、化肥等农业投入品及进行灌溉，应当采取措施，防止重金属和其他有毒有害物质污染环境。

② 危险废物，是指列入国家危险废物名录或者根据国家规定的危险废物鉴别标准和鉴别方法认定的具有危险特性的固体废物。

③ 第三十三条：禁止向海域排放油类、酸液、碱液、剧毒废液和高、中水平放射性废水。严格控制向海域排放含有不易降解的有机物和重金属的废水。第三十五条：含有机物和营养物质的工业废水、生活污水，应当严格控制向海湾、半封闭海及其他自净能力较差的海域排放。

法》和《突发事件应急法》对危险化学品突发事故有所规定。

从这些立法中可以看出我国化学品立法的特点：（1）关于化学品安全生产和突发事件应急的法律规范比较完备，《职业病防治法》也充分保障了化学品从业人员的生命健康。（2）化工生产过程中可能产生的废水、废气以及废渣中的化学品对环境的污染在水污染、大气污染、固体废物污染防治法中有比较细致的规定。（3）清洁生产促进法和循环经济促进法的高污染、高耗能的落后的生产工艺设备淘汰制度促进了绿色化学工艺的采用。

（二）化学品相关法规规章及特点

中国目前针对化学品管理有 9 部行政法规和 34 部部门规章①，总体上形成了一个化学品分类分部门管理的体系。2019 年生态环境部公布了《挥发性有机物无组织排放控制标准》《制药工业大气污染物排放标准》《涂料、油墨及胶粘剂工业大气污染物排放标准》等三项具有强制执行效力的大气排放标准并自 2019 年 7 月 1 日起实施。但其根本性目的是防治大气污染，改善环境空气质量。尤其是首次发布的《挥发性有机物无组织排放控制标准》规定了 VOCs 物料储存无组织排放控制要求、VOCs 物料转移和输送无组织排放控制要求、工艺过程 VOCs 无组织排放控制要求、设备与管线组件 VOCs 泄漏控制要求、敞开液面 VOCs 无组织排放控制要求，以及 VOCs 无组织排放废气收集处理系统要求、企业厂区内及周边污染监控要求，虽然是针对大气污染防治所做的标准制定，依据的上位法也是《中华人民共和国大气污染法》，但对化学品污染防治，尤其是化工企业在生产过程中产生的气体排放的管制具有积极地、可供借鉴的作用。

---

① 我国目前承担有化学品管理职责的政府机构包括国家环境保护主管部门、工业和信息化主管部门、卫生主管部门、农业主管部门、交通运输主管部门、公安机关、安全生产监督管理部门、质量监督检验检疫部门等 10 个国家政府部门。各部门依化学品的不同类型、不同用途或不同生命周期分别对化学品实施管理，在各自职责范围内承担着不同的化学品管理责任。同时也公布了如《化学品首次进口及有毒化学品进出口环境管理规定》《新化学物质环境管理办法》《弃危险化学物品污染环境防治办法》《道路危险货物运输管理规定》《铁路危险货物运输管理规则》等 34 项部门规章。此外，还有《石化和化学工业"十二五"发展规划》《危险化学品安全生产"十二五"规划》《化学品环境风险防控"十二五"规划》等规划。

表 1-7　我国与化学品有关的行政法规

	法规名称	实施时间	目的	适用范围
1	《危险化学品安全管理条例》	2011 年 12 月 1 日	为了加强危险化学品的安全管理，预防和减少危险化学品事故，保障人民群众生命财产安全，保护环境，制定本条例	危险化学品生产、储存、使用、经营和运输的安全管理
2	《安全生产许可证条例》	2004 年 1 月 13 日	为了严格规范安全生产条件，进一步加强安全生产监督管理，防止和减少生产安全事故，根据《中华人民共和国安全生产法》的有关规定，制定本条例	国家对矿山企业、建筑施工企业和危险化学品、烟花爆竹、民用爆破器材生产企业实行安全生产许可制度
3	《中华人民共和国工业产品生产许可证管理条例》	2005 年 9 月 1 日	为了保证直接关系公共安全、人体健康、生命财产安全的重要工业产品的质量安全，贯彻国家产业政策，促进社会主义市场经济健康、协调发展，制定本条例	电力铁塔、桥梁支座、铁路工业产品、水工金属结构、危险化学品及其包装物、容器等影响生产安全、公共安全的产品的企业实行生产许可证制度
4	《中华人民共和国监控化学品管理条例》	1995 年 12 月 27 日	为了加强对监控化学品的管理，保障公民的人身安全和保护环境，制定本条例	在中华人民共和国境内从事监控化学品的生产、经营和使用活动
5	《化妆品卫生监督条例》	1990 年 1 月 1 日	为加强化妆品的卫生监督，保证化妆品的卫生质量和使用安全，保障消费者健康，制定本条例	从事化妆品生产、经营的单位和个人
6	《民用爆炸物品安全管理条例》	2006 年 9 月 1 日	为了加强对民用爆炸物品的安全管理，预防爆炸事故发生，保障公民生命、财产安全和公共安全，制定本条例	民用爆炸物品的生产、销售、购买、进出口、运输、爆破作业和储存以及硝酸铵的销售、购买
7	《中华人民共和国农药管理条例》	1997 年 5 月 8 日	为了加强对农药生产、经营和使用的监督管理，保证农药质量，保护农业、林业生产和生态环境，维护人畜安全，制定本条例	适用于在中华人民共和国境内生产、经营和使用农药的

	法规名称	实施时间	目的	适用范围
8	《使用有毒物品作业场所劳动保护条例》	2005 年 5 月 12 日	为了保证作业场所安全使用有毒物品，预防、控制和消除职业中毒危害，保护劳动者的生命安全、身体健康及其相关权益，根据职业病防治法和其他有关法律、行政法规的规定，制定本条例	作业场所使用有毒物品可能产生职业中毒危害的劳动保护
9	《易制毒化学品管理条例》	2005 年 11 月 1 日	为了加强易制毒化学品管理，规范易制毒化学品的生产、经营、购买、运输和进口、出口行为，防止易制毒化学品被用于制造毒品，维护经济和社会秩序，制定本条例	国家对易制毒化学品的生产、经营、购买、运输和进口、出口实行分类管理和许可制度

从表 1-7 中可以看出中国化学品法规的特点：（1）我国化学品的行政法规已经重视了化学品整个生命周期全过程管理，但主要是为了防治生产安全和保障人民群众生命财产安全，只有《危险化学品安全管理条例》《中华人民共和国监控化学品管理条例》和《中华人民共和国农药管理条例》的立法目的中提到了"保护环境"，然而却是放在立法目的表述的最后部分。可见我国化学品的行政法规受上位法的影响仍然没有关注化学品环境安全。（2）我国化学品的行政法规或者主要是针对某一类化学品，如危险化学品、农药易制毒化学品等；或者主要是针对化学品的某一方面，如安全生产、职业病防治等。缺乏化学品整体的、综合性的行政法规。（3）受行政法规立法级别的限制，其所起到的规制的范围和作用有限。

二、化学品立法存在的问题

从上述立法中可以看出目前中国化学品立法主要存在以下几个问题。

（1）化学品安全主要表现在三方面：生产安全、人类健康安全以及环境安全。化学品的生产安全得到立法的充分保证，人类健康安全尤其是化工业从业人员的健康安全也得到了一定的重视。然而对环境安全却没有给予充分的重视。

水污染防治法、大气污染防治法、海洋环境保护法以及固体废物污染防治法关注的仅仅是化学品在工业生产中的副产品污染，即排放的废水、废气、废渣等带来的环境危害，对化学品本身的环境危害却没有规定。而随着经济社会的发展，不仅原有的化学物质对环境的危害会渐渐显露出来，新的化学物质可能带来的环境危害的"风险"更是无法计算，如果立法没有超前性，没有提前对化学品的环境危害进行预防，其可能带来的不可逆转的危害会使环境治理的难度更大，甚至无法治理。

（2）仅有的对化学品的污染防治也仅仅是对某些方面，如固体废物污染防治法中的危险废物，水污染防治法中的油类、酸液、碱液或者剧毒废液，含有汞、镉、砷、铬、铅、氰化物、黄磷等的可溶性剧毒废渣等某一类化学品进行规制，而化学品种类繁多、危害方式复杂，这种立法显然不能满足化学品污染环境防治的需要。

（3）化学品作为"福利产品"，其社会商品属性决定了其将是工业生产中最活跃的要素，化学品的安全对社会经济安全具有重大影响，而目前的环境污染立法基本上是防治对水、大气等环境要素的污染，因此每一种环境要素立法都不可避免地要对化学品有所规制，这也使得化学品管制显得松散、零乱，相互间缺乏协调。

（4）现行的条例和规章较多，造成目前关于化学物质的立法体系庞杂，但衔接性和可操作性不强。

（5）法律法规中对管制的对象——化学品分类的标准不统一，使得各法律法规中化学品概念出现交叉、混乱。

三、化学品污染环境防治立法要解决的问题

化学品污染环境防治立法要解决的首要问题就是化学品双重属性间的平衡。从根本上解决由于化学品环境属性被忽视而造成的环境污染问题。化学品种类的繁多，数目的庞大也造成化学品管理体制间协调和配合成为立法须重点关注的问题。为了解决好这些问题，就需要将化学品的分类法律化，以寻求恰当的方式、方法来规制化学品。

（一）化学品双重属性间的平衡

化学品中的绝大多数是人们通过艰辛的探索，付出巨大的精力和智慧后才

得以发明制造出来的，发明制造这些化学品的目的就是使用和交换这些产品，以改善人们的生活，增加人类社会的财富，发展社会生产力。但是这些人造的化学品对环境和人体健康的影响我们却是知之甚少，甚至有些是在人们大量使用后才慢慢发现了其对健康和环境的危害性。究其原因，作为一种人工制造物，大自然原先存在的一套循环体系在人工化学品面前失效了，依靠大自然的力量无法将这些化学品重新纳入物质循环体系，大自然只能任其天长地久地永远存在，而束手无策。人类自己制造的化学品还需要依靠人类自身来消除它对环境的危害。从化学品的经济属性看，化学品是一种福利产品；但从化学品的环境属性这个层面上说，化学品就是一种污染物。

1. 化学品的经济属性

英文中的炼金术一词 Alchemy，源于阿拉伯文 Al-Kimya，译为技术，Al 是阿拉伯语中的定冠词，相当于英文中的 The。关于 Kimya，则又有一说，此词源自埃及文的 Khem，译为黑土，是古埃及的称谓。这样一来，炼金术也有了"埃及的技术"之意。而现代英语中的 Chemistry（化学）一词，则又是从炼金术演化而来的。炼金术经过现代科学证明是错误的，但作为近代化学的雏形在化学发展史上起到了一定的积极作用。通过炼金术，人们积累了化学操作的经验，发明了多种实验器具，认识了许多天然矿物。炼金术在欧洲成为近代化学产生和发展的基础。

"炼金术"导致了西方化学的发展，不同于西方追求财富，中国的化学的产生却源于为追求长生不老而兴起的"炼丹术"。不论东西方各自出发点是什么，但追求的都是化学物质带来的物质利益。道尔顿的原子学说使得化学从试验技术变成一门科学，更是带来了西方科学技术的突飞猛进。可以说，就是大量的化学物质被发现、提取或被人工合成出来，为生产力的发展提供了坚实的物质基础，才带来了今天丰富多彩的物质生活。正是由于化学品的这种经济属性，不仅现代社会生活离不开化学品，国民经济的发展更离不开化工产业。化学工业是许多国家的基础产业和支柱产业，在各国的国民经济中都占有重要地位。化工行业在中国国民经济发展中也是起到决定性作用的产业。中国的石化工业不论是产品总量，还是经济增长速度，都属于世界领先的地位①。

---

① 李寿生．"十三五"时期我国石油和化学工业发展战略与创新［R/OL］．国家石油和化工网，2015-04-13．

化学品的经济属性是化学工业得以存在、发展、壮大的根本所在，历来受到各国的重视，而且各国的科技政策也在引导、鼓励科技在化学领域的研发，自由竞争的市场机制更是为新化学品的发明、创造提供了灵活、有效的机制。从人类发展的长期利益来看，化学品所具有的这种经济价值才是化学品能奠定人类经济社会发展的必不可少的物质基础的先决条件，对化学品的规制研究不能忽视化学品所具有的这种经济属性，对化学品污染环境防治立法来说，如何在保证化学品对环境最小影响的前提下，最大限度地发挥化学品的经济性价值是一个必须要面对和解决的问题。也只有这样的化学品污染环境防治的立法才可能获得化工业的认可和支持。获得了广泛认可、尊重的立法才真正具有立法的合法性基础。

2. 化学品的环境属性

在化学品经济属性的刺激下，化工产业得到了快速发展，迅速繁荣起来成为国民经济的支柱性产业。化学品的种类、数目也以几何倍数的方式在增长。然而，随着化学品不加控制的生产、使用之后，越来越多的化学品引发的环境污染事件出现，并开始呈现爆发性趋势。化学品对水、大气、土壤等环境要素的污染也引起人们的重视，尤其是化学品对土壤的污染，甚至可能危及地下水资源的安全，关乎人类未来的生存、发展。化学品经济属性之外的环境属性获得了人们的认知和关注。

化学品虽大多数是人工合成物质，但其还是要参与到自然的物质能量循环系统的，在物质能量循环系统中对整个自然生态系统产生影响。尤其是化学品种类繁多、数量巨大，这种影响已经到了不可忽视的地步，人工化学品已经以一种不甚受欢迎的方式成为自然生态系统中的一部分。因此，将化学品能对自然生态系统发生影响的这种属性称之为化学品的环境属性。对化学品的研究，尤其是化学品污染环境防治的研究，就是侧重于化学品的这种环境属性。

由于发达国家最早经历了工业革命，尤其是公害事件的发生，已经较早地认识到环境污染问题，制定了相应的标准，使得污染比较严重的化工产业在西方发达国家的生存压力愈来愈大，再加上发展中国家劳动力成本低廉，对环境污染的严重性认识不足，发展中国家逐渐成为世界化工产品的生产地，中国化工业以环境为代价换来了巨大的发展①。

化学品环境属性带来的人为环境风险正日益加大。人为制造的风险首先表现为不可计算性,对于人为制造的风险具有不可计算性的原因:一方面,源于人为制造风险的复杂性,如食品中的有毒成分可能源于几十年前除草剂的滥用或几千里外的污染,也可能源于唯利是图商人的不良行为;另一方面,源于不确定性,它破坏了"大数法则"的基础,例如核战争绝对发生的概率很小,但一旦爆发,其毁灭将是彻底的。其次,表现为自反性,即"生产力"的"副作用"。人类在制造"好处"的同时,也不知不觉地制造了"坏处"。最后,表现为公共性,即人为制造风险的影响是超越个体,超越地区的风险,是一种全球性的风险,风险社会指的是世界风险社会。不可计算性、自反性与公共性的相互交织、相互影响,使得当今社会的风险表现得更为复杂②。"悲观主义是早熟,乐观主义是幼稚。伏尔泰说得对:乐观主义者相信我们生活在可能有的最好的世界上,悲观主义者则担心是否真的是这样。这两种人都对世界无所作为——前者是因为没有什么需要做了,后者是因为没有什么能够做了。进化的现实主义者知道,他能够塑造他生活的世界——所以他采取行动。"③

2008 年 7 月,原国家环保总局发布"高污染、高环境风险"产品名录。2009 年 4 月,环境保护部会同国家发展和改革委员会、工业和信息化部等十部委联合发布《关于禁止生产、流通、使用和进出口滴滴涕、氯丹、灭蚁灵及六氯苯的公告》,加速了有毒有害化学品淘汰进程。2009 年 7 月,环境保护部发布《关于加强有毒化学品进出口环境管理登记工作的通知》,加强了有毒化学品登记后的跟踪管理。2010 年,环境保护部开展了沿江沿河环境污染隐患排查整治行动,检查化工石化企业近 1.8 万家。同年,对全国石油加工与炼焦业、化学原料与化学制品制造业、医药制造业等三大重点行业 4 万余家企业开展了环境风险及化学品检查工作,对环境风险源分布、化学物质类型、风险防范基本情

---

① 例如,《化学品环境风险防控"十二五"规划》中指出,中国现有生产使用记录的化学物质 4 万多种,其中三千余种已列入当前《危险化学品名录》,数十种已被相关化学品国际公约列为严格限制和需要逐步淘汰的物质。同时,尚有大量化学物质的危害特性还未明确和掌握。我国化学品环境风险防控面临严峻形势。

② 童星,张海波. 中国转型期的社会风险及识别——理论探讨与经验研究 [M]. 南京:南京大学出版社,2007:13-14.

③ [美] 欧文·拉兹洛. 人类的内在限度:对当今价值、文化和政治的异端的反思 [M]. 黄觉,闵家胤,译. 北京:社会科学文献出版社,2004:224.

况、环境保护敏感目标等进行了分析和研究。2010 年 1 月，环境保护部修订了《新化学物质环境管理办法》，进一步强化了新化学物质环境准入管理。2010 年 10 月，环境保护部会同外交部、国家发展改革委等九部委联合发布《关于加强二噁英污染防治的指导意见》，大力推进二噁英污染防治。通过以外促内，进一步推动了化学品环境管理工作的深入开展。

2011 年 3 月，国务院修订了《危险化学品安全管理条例》，明确了环境保护主管部门负责组织危险化学品的环境危害性鉴定和环境风险程度评估，确定实施重点环境管理的危险化学品，负责危险化学品环境管理登记和新化学物质环境管理登记，依照职责分工调查相关危险化学品环境污染事故和生态破坏事件，负责危险化学品事故现场的应急环境监测。通过制度建设，建立了与国际接轨的新化学物质管理措施，有效遏制了化学品非法贩运，防范了对环境和人体健康具有高风险的化学物质进入市场。2011 年下半年，环境保护部组织开展了化学品环境管理专项检查，对化工园区、化工企业集中区、所有持有危险化学品生产许可证的企业环评及"三同时"管理制度实施情况、污染治理设施建设运营情况、特征污染物排放达标情况、应急预案执行和应急防护措施落实情况等开展检查。

2013 年环境保护部公开发布《化学品环境风险防控"十二五"规划》（以下简称《规划》），指出我国化学品污染防治形势十分严峻，相对于化学品环境管理需求，我国目前存在着化学品生产和使用种类、数量、行业、地域分布信息不清，重大环境风险源种类、数量、规模和分布不清，多数化学物质环境危害性不清，有毒有害化学污染物质的排放数量和污染情况不清，化学物质转移状况不清，受影响的生态物种和人群分布情况不清等多种问题。目前有三千余种化学物质对人体健康和生态环境构成了严重危害，个别地区甚至出现"癌症村"等严重的社会问题。为此，我国将对化学品污染进行全面防治，并根据环境风险来源和风险类型的不同确定三种类型 58 种（类）化学品作为"十二五"期间环境风险的重点防控对象。《规划》提出到 2015 年基本建立化学品环境风险管理制度体系，大幅提升化学品环境风险管理能力，显著提高重点防控行业、重点防控企业和重点防控化学品环境风险防控水平。在重点防控行业方面，《规划》确定"十二五"期间将以石油加工、炼焦及核燃料加工业，化学原料及化学制品制造业，医药制造业，化学纤维制造业，有色金属冶炼和压延加工业，纺织业等六大行业以及煤制油、煤制天然气、煤制烯烃、煤制二甲醚、煤制乙二醇等新型煤化工产业为重点防控行业。对于重点防控区域，将通过严格园区入园标准、加强环境风险基础设施建设、提高区域监管水平、健全园区性管理制度等措施，提高区域范围的风险防范和应急水平，降低环境风险。

表1-8　化学品的环境风险①

问题	表　　现
产业结构和布局不合理，环境污染和风险隐患突出	发达国家已淘汰或限制的部分有毒有害化学品在我国仍有规模化生产和使用，存在部分高环境风险的化学品生产能力向我国进行转移和集中的现象。据2010年环境保护部组织开展的全国石油加工与炼焦业、化学原料与化学制品制造业、医药制造业三大重点行业环境风险及化学品检查工作初步评估，重大环境风险企业数量占调查企业数量的18.3%，较大环境风险企业占22%，环境风险隐患突出
化学品导致的健康和环境风险与日俱增	我国目前仍在生产和使用发达国家已禁止或限制生产使用的部分有毒有害化学品，此类化学品往往具有环境持久性、生物蓄积性、遗传发育毒性和内分泌干扰性等，对人体健康和生态环境构成长期或潜在危害
由危险化学品引起的突发环境事件频发	2008—2011年，环境保护部共接报突发环境事件568起，其中涉及危险化学品287起，占突发环境事件的51%，每年与化学品相关的突发环境事件比例分别为57%、58%、47%、46%
化学品环境管理和风险防控压力持续增加	我国一些河流、湖泊、近海水域及野生动物和人体中已检测出多种化学物质，局部地区持久性有机污染物和内分泌干扰物质浓度高于国际水平，有毒有害化学物质造成多起急性水、大气突发环境事件，多个地方出现饮用水危机，个别地区甚至出现"癌症村"等严重的健康和社会问题。全氟辛烷磺酸盐、溴化阻燃剂等国际公认的持久性有机污染物尚未纳入管理范围。每年约有数千种新化学物质在我国申报生产和进口，对其造成的人体健康和环境安全危害性尚不能完全掌握，环境管理和风险防控面临越来越大的压力与挑战

　　中国政府对化学品本身的污染环境防治经历了从忽视到有所重视到重视的过程，然而总体说来受到的重视程度还是不高，表现在每年的《环境质量状况公报》中对淡水环境、海洋环境、大气环境和声环境设有专章，而仅仅在总论及在其后的污染物排放情况（2012年前则命名为主要污染物总量排放）中会略

---

① 环境保护部. 化学品环境风险防控"十二五"规划［A/OL］. 中华人民共和国生态环境部，2013-02-07.

略提到化学品污染防治状况。如《2013年中国环境状况公报》涉及化学品污染防治的仅仅只有总论中短短几句话，而且其中有部分实际上是固体废弃物污染防治的内容。值得欣慰的就是印发实施了《化学品环境风险防控"十二五"规划》①。然而这种情况也在逐渐改善，《2014年中国环境状况公报》第一章《污染物排放情况》中就对化学品环境管理做了单独说明。并编制完成全国生产化学品环境情况调查报告②。从环境质量报告中化学品污染环境内容逐步增加，首先反映了中国化学品环境污染情况严重，已经到了不能不说的地步。其次，表明中国政府已经注意到中国化学品污染的严重情况，而且正在采取措施来防治化学品污染环境。最后，化学品风险管控的"十二五"规划的出台，表明中国采纳了风险管控的理念来防治化学品污染环境，力图以较高出发点来管控化学品污染环境的风险。

随着化学企业安全生产事故逐渐降低，长出牙齿的环保法正得到有力地执行，化学企业排放废水、废气、废渣等传统的"三废"正得到有效控制，而化学品本身的环境危害也正在被人们所认知，化学品环境安全已经开始纳入人们管控的视野。

（二）化学品部门间职能配置和协调

由于化学品的种类比较多，用途比较广，因此，化学品的管理部门也较多，形成化学品多部门管理的现状。各部门间如果缺乏协调和沟通，可能会造成涉及经济利益时，各部门争先管理，而一旦出现化学品环境问题时，各部门又相互推诿，无人承担责任的局面。对化学品污染环境防治要注重部门间管理职能的配置和协调，明确各部门间的责任。

1. 化学品的多部门管理现状

化学品作为一种活跃生产要素，尤其是中国化工业作为提供化工原料的主要供应地，化学品不仅在国际贸易很频繁，涉及多个部门，而且化学品在国内生产中也发挥着重要作用。由于化学品对人类身体健康、环境安全等都具有重大的影响，各国对化学品的进出口都比较关注，对化学品国际条约的签订、履

---

① 中华人民共和国环境保护部. 2013年中国环境状况公报［A/OL］. 中华人民共和国生态环境部，2014-06-05.

② 中华人民共和国环境保护部. 2014年中国环境状况公报［A/OL］. 中华人民共和国生态环境部，2015-06-05.

约也比较重视。

化学品生产、加工、储存、运输、使用、回收和废物处置等整个生命周期都需要监管，也就是所谓"从摇篮到坟墓"的"全过程管理"。因此，涉及的部门也必然很多①。由于中国目前没有一部化学品环境管理法律，只有针对某一类化学品的行政法规和部门规章，如针对能用作化学武器的《中华人民共和国监控化学品管理条例》等。由于化学品性质复杂，同一化学品可能处于不同部门的监管范围内，这更是使化学品管理不仅涉及的部门较多，而且各部门间的职能重复。

表1-9　各部委对化学品管理的职责划分②

国家发展和改革委	负责制定有利于环境保护的产业政策，包括资源节约和综合利用政策，清洁生产和循环经济政策，限制或淘汰落后的工艺技术、装备和产品的政策，推进可持续发展战略以及部分农药产品生产许可批准文件的审核发放工作
商务部、科技部	负责化学品进出口贸易以及化学品及其污染防治技术研究开发等
外交部	负责化学品的国际谈判及组织履约事项等工作
海关总署	负责受控制危险化学品进出口审核验放工作
环保部	设有固体废物与有毒化学品管理部门专门负责制定与执行固体废物（尤其是危险废物）化学品的环境管理政策、法规、标准，负责实施危险废物经营许可、有毒化学品进出口环境管理登记、新化学物质生产前和进口前申报登记等审批工作
国际合作司	负责环境公约的对外谈判和与外交部联系，对口管理有关化学品环境公约的履约工作
环境监察局	负责指导和协调解决各地方、各部门以及跨地区、跨流域的重大环境问题；组织建立重大环境污染事故和生态破坏事件的应急预案，以及突发性事件的环境应急处理等工作

化学品本身的属性决定了涉及化学品管理的部门必定很多，然而法律间缺乏必要的统一和协调也是造成化学品管理机构职能重复，相互推诿责任，出现

---

① 中央政府涉及化学品安全和环境管理的国务院主要部委有生态环境部安监总局、卫计委、药监局、农业部、质检总局、交通部、铁道部、民航总局、公安部。

② 中国化学品环境管理问题与战略对策课题组报告［R/OL］. 中国网，2008-02-26.

问题时无人负责的主要原因。化学品污染环境防治立法虽然主要着眼点于化学品污染环境的防治，但其法律定位却是化学品规制的基本法，以化学品环境安全来涵盖化学品的生产安全和人体健康安全，因此，在立法中更要注重管理部门间的协调。

2. 管理部门职能间的协调

以天津"8·12"特大仓库爆炸案为例①，该次爆炸造成的生命、财产损失非常严重。事故波及半径 2.5 公里内的公司，这些公司遭到了人员受伤、建筑受损、业务暂停等不同程度的影响。事故发生后，老百姓立刻想到的是环评出了问题，而《中华人民共和国环境影响评价法》中的环评制度只能制约项目的开工和建设方案，对于项目选址的制约力是很微弱的。而且环评制度设立的目的也不是评价事故发生的风险，而是评估建设项目对环境所可能造成的影响。对事故风险的评价通常需要参考安全评价报告②。万科海港城距离爆炸仓库只有 500 米，并不符合《危险化学品企业经营开业条件和技术要求》最低 1000 米的安全距离。小区建造在前，而仓库是后来建造的。而且在爆炸点周围 1 公里范围内，就有 3 个大型居住社区，开发商数据显示，合计入住户数超过 5600 户。而由于环评和安评由不同法律规定，由不同的机构负责审批，造成两者之间没有沟通和交流，多次评估却不能提供全面的环境影响和安全信息，不仅造成评价资源的浪费，而且还存在隐患。事故发生后，却又无法追责，无人承担责任，导致法律实施的困难，影响了法律实施效果和法律的权威性。这种局面的产生固然有法律制度设计之初就存在的制度性漏洞，再追究其背后深层次原因，不难看出，多头管理下部门间管理职能的不明确、不清晰，以及部门利益的博弈造成的管理体制上的欠缺也是形成制度性缺陷的重要原因。

化学品管理职能重复和缺乏协调的问题还存在化学品名录编制工作中。不同的机构都在编制化学品的名录，造成编制资源的巨大浪费，同时还产生名录

---

① 2015 年 8 月 12 日 23：30 左右，位于天津滨海新区塘沽开发区的天津东疆保税港区瑞海国际物流有限公司所属危险品仓库集装箱内的易燃易爆物品连续两次发生爆炸，出事仓库内存放七大类、几十种易燃易爆危险化学品，有气体、液体、固体等化学物质，主要是硝酸铵、硝酸钾、电石等。

② 《中华人民共和国安全生产法》第二十九条规定："矿山、金属冶炼建设项目和用于生产、储存、装卸危险物品的建设项目，应当按照国家有关规定进行安全评价。"第六十二条规定："承担安全评价、认证、检测、检验的机构应当具备国家规定的资质条件，并对其作出的安全评价、认证、检测、检验的结果负责。"

繁多,无所适从的后果,给本已很复杂的化学品管理工作更增加了难度和管理成本。这固然有化学品本身性质较复杂的因素,但是缺乏部门间的沟通和协调机制也是造成这种局面的重要原因。

化学品的特殊性、复杂性和活跃性决定了涉及化学品管理的部门较多,而目前化学品分类的标准不同,名录编制的单位不同,使得化学品管理行政职能部门可能会出现职能交叉和重叠,既造成管理成本的增加,还不利于管理的有效性,更可能造成相互推诿管理责任,造成管理的空白。

为了提高行政效率,避免行政职能的交叉和行政成本的加大,提高行政资源的利用率,由一个部门作为牵头组织,会同其他部门组成化学品污染环境防治管理联席会议将是比较好的选择,能起到规范化学品环境管理秩序的作用。协调机制的建立有利于部门间的合作、交流。定期的协调会议也有利于各部门在建立健全科学的化学品污染环境防治体系,制定并规范监测的统一标准,建立化学品信息档案等方面良性互动,优势互补,促进化学品污染环境防治工作能力不断提高。尤其是对化学品这种复杂的社会福利产品的环境危害的防治,不仅需要生态环境部来进行牵头治理,同时各部委的协同配合也是环境治理效能达成的重要保障机制。

表1-10 化学品名录的编制依据和机构

法律依据	名录名称	牵头部门	参与部门
《危险化学品安全管理条例》	危险化学品目录	安全生产监督管理部门	会同国务院工业和信息化、公安、环境保护、卫生、质量监督检验检疫、交通运输、铁路、民用航空、农业主管部门,根据化学品危险特性的鉴别和分类标准确定、公布,并适时调整
《中华人民共和国监控化学品管理条例》	各类监控化学品的名录	化学工业主管部门提出	报国务院批准后公布
《民用爆炸物品安全管理条例》	民用爆炸物品品名表	国防科技工业主管部门	会同国务院公安部门制订、公布
《易制毒化学品管理条例》	易制毒化学品的分类和品种	公安部门	会同国务院食品药品监督管理部门、安全生产监督管理部门、商务主管部门、卫生主管部门和海关总署提出方案,报国务院批准

（三）化学品科学分类的法律化

化学品自身种类庞杂，性质差异较大。这些化学品按其性质和用途会有不同的分类，而不同的分类间可能会出现交叉，导致管理重复，加大管理成本。因此化学品污染环境防治立法要重视化学品科学分类的法律化。

1. 有毒物

人们往往会认为有毒物①就一定会造成环境危害。从某种意义上讲，对生命体有毒的化学品，不仅危害到人体的健康，同时也危害到环境的健康，加以规制是必要的。但是有毒物由于其毒理作用一般很清楚，也得到人们的广泛认识，其危险性是确定的，是比较好规制的。然而如果以有毒与否来确定化学品污染环境防治立法的化学品范围，却不很恰当。有些无毒化学品对生命体无毒，但是却对环境和生命体有害，比如塑料，动物会因误食而死亡却不是因为被毒死，而是胃部被塑料塞满，无法进食而被饿死。而且无毒的塑料造成的"白色污染"，至今是人们头痛的环境问题。

有毒物往往是职业病防治和生产安全需要关注的化学品。因为其毒性可以伤害化工厂车间内的工作人员，如果出现化学泄漏事故也会危害到附近的居民和家养动物。如著名的1984年印度博帕尔毒气泄漏案，就是因为农药厂的氰化物发生泄漏造成近60万人的直接或间接受害，而博帕尔事件之所以发生是由于管理上的疏忽和人工操作的失误。因此，这些有毒化学品之所以会对人体和环境造成危害，实际是主要源于化学事故的发生。如果严格规范安全操作过程，严防事故的发生，这些有毒化学品本身并不必然就会对人类和环境造成伤害，反而会由于其有用性而造福人类。恰恰是一些无毒物，比如人类经常使用的含磷洗衣粉等造成了水体富营养化，带来了赤潮（水华）等严重的环境问题。也就是说，有毒物本身并不意味着其就会有害于环境和人类健康，无毒物也不必然就是安全无害的，可能恰恰是那些无毒物才是真正损害人类和环境的幕后凶手。因此，仅仅从其化学属性上的毒性有无来划分管控的对象显然是不合适的。

而很多法律往往是以有毒性的化学品作为管制对象，也就是以化学品是否

---

① 当化学品进入机体，蓄积达一定的量后，与机体组织发生生物化学或生物物理学变化，干扰或破坏机体的正常生理功能，引起暂时性或永久性的病理状态，甚至危及生命，该化学品常被称为毒物。工业生产过程中接触到的有毒化学物质被称为工业毒物。

有毒作为管制的依据，从环境安全角度来说，这种化学品毒性分类方法显然不适合作为化学品法律规制的分类方法。

2. 危险化学品

危险化学品①常常被纳入管制的范围。但是"危险"化学品本身是很模糊的概念，其危险性是对谁而言就决定了该概念的外延。一般意义上，危险化学品指的是易燃、易爆类，很容易造成公共安全事件的化学品，而对于环境来说，这些化学品则未必是危险物。换言之，危险化学品只是指具有公共安全的危险性，而未必具有环境安全的危险性。比如氢气，纯净的氢气比较稳定，但一旦氢气中混有了空气，则遇明火极易爆炸，甚至是儿童们玩的氢气球如使用不当也会爆炸伤人。而氢气本身却是无色、无味、无毒的气体，性质比较稳定，只在高温下才具有强还原性，其之所以具有危险性可能就在于其易燃，在有限空间内如果燃烧，产生的大量热量无法及时散出，就会发生爆炸，但其爆炸除了产生巨大的能量外，爆炸反应后的产物是水，对环境没有污染。再比如，过氧化钠，一种强氧化剂，属于危险化学品分类中的第五类氧化剂，过氧化钠极易与空气中的氧气和水发生反应产生大量的热，而引发火灾。但是过氧化钠氧化的最终产物却是纯碱，一种无毒无害的物质。这样的化学品还很多，如果从公共安全角度，这些化学品是货真价实的危险品，但是，从环境安全角度来讲，这些物质对环境却是无害的存在。将这样的物质纳入公共安全监管范围内是合理的，纳入化学品污染环境防治监管范围内则是毫无意义的，甚至会增加环境执法成本。

因此，危险化学品未必就是有毒有害的化学品，也未必都对环境和人体健康造成危害，除非使用不当发生了爆炸等事故。显然，危险化学品的管理未必能满足环境安全的要求。只有将"危险"的内涵扩展到对环境和动植物安全造成影响，而这样实际上又扩大了化学品污染环境防治的监管范围，将一些只是易燃、易爆造成安全事故的化学品纳入了污染防治监管范围。因此，危险化学品的分类法对化学品环境污染防治也不是很恰当。

---

① 根据《常用危险化学品分类及标志》将危险化学品分为八大类，即爆炸品，压缩气体和液化气体，易燃液体，易燃固体、自燃物品和遇湿易燃物，氧化剂和有机过氧化物，毒害品，放射性物品，腐蚀品等，每一类又分为若干项。

3. 立法中的化学品分类

中国目前的行政法规中对化学品的分类是比较混乱的。有从化学物质的自然属性进行分类（自然科学的分类法）将化学品分为危险化学品和安全化学品；有从用途上进行分类的，如农药、化妆品；有从管制上分类的，如监控化学品、民用爆炸物等。而且每一类化学品都由不同的部门牵头来编制化学品名录，不同的目录之间不仅必然存在交叉、重复现象，同时不可避免地还会带来化学品遗漏问题，造成有些化学品处于法律监管之外。显然正是这种分类方法的混乱造成了中国化学品管理部门职能的重复，浪费了行政资源，造成行政责任不明晰，难以追责。

表 1-11 中国化学品分类

法规名称	实施时间	化学品概念	适用范围
《危险化学品安全管理条例》	2011 年 12 月 1 日	危险化学品，是指具有毒害、腐蚀、爆炸、燃烧、助燃等性质，对人体、设施、环境具有危害的剧毒化学品和其他化学品。危险化学品目录，由国务院安全生产监督管理部门会同国务院工业和信息化、公安、环境保护、卫生、质量监督检验检疫、交通运输、铁路、民用航空、农业主管部门，根据化学品危险特性的鉴别和分类标准确定、公布，并适时调整	危险化学品生产、储存、使用、经营和运输的安全管理
《中华人民共和国监控化学品管理条例》	1995 年 12 月 27 日	监控化学品，是指下列各类化学品：第一类，可作为化学武器的化学品；第二类，可作为生产化学武器前体的化学品；第三类，可作为生产化学武器主要原料的化学品；第四类，除炸药和纯碳氢化合物外的特定有机化学品。前款各类监控化学品的名录由国务院化学工业主管部门提出，报国务院批准后公布	在中华人民共和国境内从事监控化学品的生产、经营和使用活动
《化妆品卫生监督条例》	1990 年 1 月 1 日	化妆品，是指以涂擦、喷洒或者其他类似的方法，散布于人体表面任何部位（皮肤、毛发、指甲、口唇等），以达到清洁、消除不良气味、护肤、美容和修饰目的的日用化学工业产品	从事化妆品生产、经营的单位和个人

法规名称	实施时间	化学品概念	适用范围
《民用爆炸物品安全管理条例》	2006 年 9 月 1 日	民用爆炸物品，是指用于非军事目的、列入民用爆炸物品品名表的各类火药、炸药及其制品和雷管、导火索等点火、起爆器材。民用爆炸物品品名表，由国务院国防科技工业主管部门会同国务院公安部门制订、公布	民用爆炸物品的生产、销售、购买、进出口、运输、爆破作业和储存以及硝酸铵的销售、购买
《中华人民共和国农药管理条例》	1997 年 5 月 8 日	农药，是指用于预防、消灭或者控制危害农业、林业的病、虫、草和其他有害生物以及有目的地调节植物、昆虫生长的化学合成或者源于生物、其他天然物质的一种物质或者几种物质的混合物及其制剂	适用于在中华人民共和国境内生产、经营和使用的农药
《使用有毒物品作业场所劳动保护条例》	2005 年 5 月 12 日	按照有毒物品产生的职业中毒危害程度，有毒物品分为一般有毒物品和高毒物品。国家对作业场所使用高毒物品实行特殊管理。一般有毒物品目录、高毒物品目录由国务院卫生行政部门会同有关部门依据国家标准制定、调整并公布	作业场所使用有毒物品可能产生职业中毒危害的劳动保护
《易制毒化学品管理条例》	2005 年 11 月 1 日	易制毒化学品分为三类。第一类是可以用于制毒的主要原料，第二类、第三类是可以用于制毒的化学配剂。易制毒化学品的具体分类和品种，由本条例附表列示	国家对易制毒化学品的生产、经营、购买、运输和进口、出口实行分类管理和许可制度

　　总之，学界以及已有的立法对化学品的概念很有争议，化学品概念的内涵和外延直接决定了法律规制的范围以及法律实施的难度，因此，化学品的法律概念不宜过大也不宜过小。化学品的法律概念界定是需要结合我国法治现状以及经济发展需求和目前环境执法能力等综合因素来加以确定，这也是化学品环境风险规制首先解决的问题。

　　国外立法也有类似我国这样分类的，如韩国就将化学品分为有毒化学品和特殊用途化学品如《药品事务法》。但被视为化学品典范的欧盟 REACH 法规将化学品分为分阶段物质（现有物质）非分阶段物质（新物质），笔者认为这种分类方法有利于克服依据化学物质自然属性分类带来的化学品法律概念的模糊，是可以采用的一种分类。

表 1-12　国外及中国香港地区化学品分类

国别	法规名称	分类	内容
美国	《有毒物质控制法》	现有化学物质以及新化学物质。TSCA 定义的化学物质还包括微生物。但以下类别的化学品属于其他联邦法律管辖，不受 TSCA 监管：烟草和烟草制品、核材料、军火、食品、食品添加剂、药品、化妆品和仅用作农药的物质	这两者的区分主要是通过现有物质（指列在 TSCA 现有化学名录 TSCA Inventory 上的物质）名录来实现，目前名录已收录 83,000 多种现有化学物质，目的是重点加强对新化学物质的管理。如果化学品在 TSCA 产品目录内，这种物质被认为是美国商用"现有"化学物质
欧盟	《化学品的注册、评估、授权和限制》	分阶段物质，又称现有物质；非分阶段物质，又称新物质	现有物质指被欧洲现有商业化学物质目录（EINECS）收录的物质，或者已经在欧盟或 2004 年前同意加入欧盟的国家生产但从 1992 年 6 月 1 日后一次都未投放欧盟市场的化学物质，或"不再是聚合物的聚合物"（No Longer Polymer）。非分阶段物质指不属于分阶段物质定义的所有物质
韩国	《有毒化学品管理法》	将化学品区分为新化学品和现有化学品	对新化学品特别规定有申报评估的要求。韩国所确立的制度体系是化学品的一般管理制度和分类管理制度相结合的模式
日本	《化学物质审查规制法》	几乎所有的化学品，除放射性物质、毒物、麻药等	对化学物质按其难降解性、生物浓度以及对人体的危害等进行分类监管
中国香港地区	《有毒化学品管制条例》	"第 1 类化学品"（Type 1 chemical）指附表 1 第 1 部指明的有毒化学品；"第 2 类化学品"（Type 2 chemical）指附表 2 第 1 部指明的有毒化学品	规管对人类健康或环境有潜在危害性或不良影响而并非除害剂的化学品（包括受《鹿特丹公约》或《斯德哥尔摩公约》规管的该等化学品）的制造、出口、进口和使用

《国际化学品管理战略方针》涵盖所有各类化学品。美国的 TSCA 将烟草和烟草制品、核材料、军火、食品、食品添加剂、药品、化妆品和仅用作农药的物质排除在监管之外。但《巴塞尔公约》《鹿特丹公约》和《斯德哥尔摩公约》涉及的大部分化学品为农药。

可见，化学品的分类比较复杂，尚没有形成统一的分类方法。危险化学品、有毒化学品、民用爆炸物、监控化学品等概念之间还是有交叉，而且这些化学品名录又分别由不同的机构编制，这不仅造成管理成本加大，而且还会造成职能部门职权的交叉，法条之间的衔接困难。为避免基于化学品的复杂性而造成的人为分类的困难，有必要对化学品实行统一分类标签和管理制度，将化学品污染环境防治中的化学品按环境危险性分为生态毒性、持久性（难降解性）和生物蓄积性，由一个部门牵头，协调其他部门统一编写化学品名录。考虑到化学工业仍在迅猛发展，科学技术的更新能力日益强大，新的化学品一定会大量涌现。因此，现有化学品和新化学品的分类方法仍应该适用，这也是各国立法中较普遍使用的方法。

本章小结

对于化学品环境管理，欧盟的 REACH 法规目前得到较多的认可。美国的 TSCA 自制定以来没有做较大的修改，目前在其国内面临要求做较大修改的呼声，甚至有提议以化学品安全法来替代有毒物质控制法。日本受公害影响最严重，其对化学品管理也采取比较积极的态度，日本和韩国都参考了欧盟 REACH 法规建立本国的 REACH 法规。欧盟的 REACH 法规对世界化学业的发展产生了巨大影响。REACH 法规是基于化学品有害推定上的风险管理理念，企业承担化学品环境无害的证明责任，即"无数据、无市场"，而且其管理延伸到下游用户，形成了完整的管理链，这都是值得中国化学品立法借鉴的。然而 REACH 法规管理的范围太广，不仅涵盖了几乎所有的化学品，还涉及产品中的化学品，这是中国目前环境监管水平所无法达到的，中国化学品立法应借鉴国外立法，从单纯注重生产安全立法如《危险化学品安全管理条例》逐步转向化学品环境风险防范，我国目前仅存的含有此理念的《新化学物质环境管理办法》在一定层面在发挥了积极的作用。

目前中国化学品立法的特点和不足主要表现在：（1）对环境安全没有给予充分的重视。化学品的生产安全得到立法的保证，人类健康安全尤其是化工从业人员的健康安全也得到了一定的重视。水污染防治法、大气污染防治法、海洋环境保护法以及固体废物污染环境防治法关注的仅仅是化学品在工业生产中的副产品污染，即排放的废水、废气、废渣等带来的环境危害，对化学品本身的环境危害却没有规定。而随着经济社会的发展，不仅原有的化学物质对环境的危害会渐渐显露出来，新的化学物质可能带来的环境危害的"风险"更是无法计算，如果立法没有超前性，没有提前对化学品的环境危害进行预防，其可能带来的不可逆转的危害会使环境治理的难度更大甚至无法治理。（2）仅有的与化学品有关的污染防治也仅仅是对某些方面，如固废法中的危险废物，水污染防治法中的油类、酸液、碱液或者剧毒废液，含有汞、镉、砷、铬、铅、氰化物、黄磷等的可溶性剧毒废渣等某一类化学品进行规制，而化学品种类繁多、危害方式复杂，这种立法显然不能满足化学品污染环境防治的需要。（3）化学品作为"福利产品"，其社会商品属性决定了其将是工业生产中最活跃的要素，化学品的安全对社会经济安全具有重大影响，而目前的环境污染防治立法基本上是防治水、大气等环境要素的污染，因此每一种环境要素立法都不可避免的要对化学品有所规制，这也使得化学品管制显得松散、零乱，相互间缺乏协调。现行的条例和规章较多，造成目前关于化学物质的立法体系庞杂，但衔接性和可操作性不强。中国缺乏一部综合性的化学品规制基本法。

在制定化学品规制的综合性立法时要注意以下几个方面。

第一，要注重化学品的环境属性，加强化学品环境安全监管。正是化学品具有的经济属性使化工业成为各国经济发展的支柱性产业，中国化工产业正在迅猛发展，为中国经济发展做出了巨大贡献，但也应该看到化工业的发展也带来了巨大的环境问题。不管是从促进中国化工业的国际贸易角度，还是从保护环境的角度，都应强调在重视化学品的经济属性时，不可忽视甚至应更重视其环境属性，化学品安全对国家环境安全至关重要。而这一点却长期被忽视或没有得到应有的重视，化工业向环境友好型企业转型已迫在眉睫。

第二，要注意化学品行政管理部门间的协调。正是由于化学品是活跃的生产、生活要素，在国际贸易也非常活跃，所以涉及的管理部门较多，又因为中国缺乏一部化学品管理的法律，只有针对某一类化学品的行政法规或部门规章，这使得管理部门职能间出现重复、部门间缺乏协调机制，不仅加大了管理成本，管理效率低下，还造成管理责任相互推诿，无人负责的局面。

第三，建立符合污染防治监管的化学品分类方法。化学品本身的性质比较复杂，为了研究化学物质的方便，从自然科学角度对化学物质进行了很多种分类，如将其分为有毒物和无毒物，危险化学品和安全化学品，有机化学品和无机化学品等，但这种自然科学的分类是无法满足化学品污染环境防治的需求。为了与全球化学品管理一致，应该尽快在中国实施和完善"全球统一的化学品分类和标识制度"（GHS），将化学品分为物理危险性、健康危险性和环境危险性三类，其中环境危险性分为生态毒性、持久性（难降解性）和生物蓄积性等种类，并由一个部门牵头，协调其他部门统一编写化学品名录。考虑到化学工业仍在迅猛发展，科学技术的更新能力日益强大，新的化学品一定会大量涌现。因此，现有化学品和新化学品的分类方法仍应该适用。

概言之，较以往只关注化学品作为福利产品的经济属性的法律规制，对于化学品的环境属性的法律规制越来越受到重视，化学品给环境带来的风险不论是在国际层面还是各国内国法层面都受到了一定的重视，化学品风险管理理念正逐步在国际和国内立法中得到贯彻和体现。鉴于化学品本身种类的繁多、性质的复杂和应用的广泛性，单纯的依赖某一个部门进行全面的管理显然不具有可操作性，多部门管理的局面还将长期存在，但为了避免多部门管理带来的管理职能的交叉、重复以及部门利益博弈导致的管理空白，有必要基于化学品环境安全管理理念建立部门间协同管理机制，通过对化学品分类的法律化，形成一套有效衔接的运行机制。

第二章

化学品污染环境防治立法的理论基础

化学品对环境可能造成的危害具有不确定性，化学品带来的环境风险问题已成为不容忽视的客观存在。而环境问题的系统性、复杂性也需要多元主体共同参与、协同治理。化学品的风险预防和化学品污染环境的协同治理是化学品污染环境防治立法的两大支柱性理论。绿色化学所倡导的原子经济性等理念为化学品的污染防治提供了科技支撑，发挥科学技术对环境保护的积极作用，依靠科技走可持续发展道路，使科学技术成为环境保护的生产力、助推力，从这个层面上将绿色化学理论作为化学品污染环境防治的立法理论基础应当是恰当的和必要的。鉴于化学品事故的多发性和事故对环境带来的危害性，化学品污染环境防治立法中也要体现化学品应急处理。

第一节　绿色化学理论

绿色化学是将化学品环境无害化利用引入化学学科而形成一种理论。它是从化学品的研发、生产、回收利用等层面来降低化学品以及化工业对环境和人体健康可能带来的影响，为化学品源头治理提供了科学上的可能性。绿色化学理念是绿色化学环境友好性的概括和总结，集中体现了绿色化学理论的精髓和实质。

一、科学技术的基础支撑作用

唐纳德·沃斯特①认为，自然是一个受到文化塑造的经济体系——自然经济体系②。既然自然是一个经济体系，那么从生态学的观点看，人类就仅仅是这个经济体系中的一个经济单元或者一个链节，离开这个经济体系，人类这个经济单元就不复存在，而人类这个经济单元若想在自然经济体系中生存下去，必然要像其他种属一样去追求自身的利益，因此，人类对经济价值的追求就具有了正当性基础。在人类从猿到人的生物进化过程中，人类逐渐形成一种对自然的行为模式，这种模式是建立在动物性的本能上，也就是依靠自然的馈赠而生存，自然对于人类来说就是一个财富宝库，人类自身生产力的高低直接决定了人类从自然中获取的物质和利益的多寡。这种动物性的行为模式就决定了人类最初的自然观，这种自然观中没有"度"的概念，没有"控制"的概念，只有"放任"。为了更多地从自然获取惠益，人类必须发展自己的生产力，增强自身征服自然、改造自然的能力，而科学技术作为第一生产力在人类征服、改造自然中扮演了重要角色，起到了无可替代的作用。

有学者认为环境问题的根源就在于科学技术的发展③。科学技术发展的一个明显特征就是专业化分工。专业化引导人们将精力集中于解决一个很狭小的范围内的问题，因为只有集中精力于狭小范围内探索的专家才更能够发展出最有力的技术以服务人类。强调一时一地的问题并对每一个问题依次寻求出统一的技术解决，是专门化的一种思维模式。这种思维模式的缺陷在于缺乏一种整体性的思考方式，引导他们思考的就只有如何高效率地解决具体的单个问题，其他的因素被排除在审视范围以外。这样发展的结果往往会在新科技的应用过程中给生态系统造成不可逆转的损害。例如，美国市场的乙醇基本上是在国内由玉米生产出来的，支持向乙醇提供补贴者认为乙醇是一种再生性能源，使用

---

① 唐纳德·沃斯特，美国当代著名的环境史学家，1941 年出生于美国加州，曾经担任过美国环境史学会主席（1981—1983）。

② ［美］唐纳德·沃斯特. 自然的经济体系——生态思想史［M］. 侯文蕙，译. 北京：商务印书馆，1999.

③ "科技决定论仍然是社会进步的主导理论，工程师对科学技术发展的基本理念是：只要不违背物理世界规律，可以为满足人类欲望利用科技设计和制造出一切。在这样的哲学指导思想基础上推行科技决定论，哪能不造成生态环境的严重破坏！"参见余谋昌，王耀先. 环境伦理学［M］. 北京：高等教育出版社，2004：305.

越多的乙醇对石油的依赖就越小，这有助于国家安全、空气质量改善，有助于缓解全球气候变暖。而实际上美国国会技术评估办公室 1990 年总结：由于当前的玉米种植方法中使用了大量的石油以提供肥料、收割、运输等方面的服务，石油从一头被投入农业中去，而从另一端生产出的乙醇仅够替代先期投入的石油。而更糟糕的是当前玉米的种植方法对环境是有害的，如土壤侵蚀、化肥和农药使用造成的水污染等环境问题。乙醇替代石油表面看起来似乎是解决了不过分依赖于化石燃料的问题，可实际的效果却是用一种污染替代了另一种污染，因此这种专门化的思维必须摒弃，而代之以整体性的思维方式，而绿色化学理论就是一种整体性思维的体现，即不仅仅考虑化学产品自身的环境无害化，更追求在原料的选择、制造工艺的设计以及工业废弃物的产生等全生命周期内的整体性研发及生产理念。

科学技术本身是中性的，要使科学技术达致造福人类之目的，除了建立一套满足其自身认知规律的方法体系外，一套指引、指导、规制其发展的法律规范体系的构建已经引起立法界的关注，第八届全国人民代表大会常务委员会于1993 年 7 月 2 日通过了具有科技领域基本法性质的《中华人民共和国科学技术进步法》（以下简称《科技进步法》），2007 年 12 月 29 日，第十届全国人民代表大会常务委员会第三十一次会议审议通过修订后的《科技进步法》，该法于2008 年 7 月 1 日起正式实施。同时 1996 年 5 月 15 日通过《中华人民共和国促进科技成果转化法》作为《科技进步法》的配套性立法。

在科学技术法制定过程中曾提出三种方案：第一种方案是制定《科学技术基本法》或称《科学技术法》，即主要借鉴日本《科学技术基本法（草案）》（日本自 20 世纪 60 年代末便提议并着手草拟该草案，但迟于 1995 年才正式颁行）的立法思路，在法律中主要确立科学技术在现代化建设中的战略地位以及国家发展科学技术的体制和大政方针。然后再在这一立法的基础上制定一系列法律，确定科技现代化所需的法律制度与具体规范，以构成相对独立的立法体系。

第二个方案是制定《科学技术振兴法》或称《科学技术促进法》，即借鉴美国等国的做法，在法律中针对我国科技体制改革和科技发展中主要的现存问题，规定切实可行的法律措施，以求立竿见影，施行有力，避免虚、空、软的原则性规定而不能立即解决现存问题。同时，将科技体制改革过程中出台的政策以法律形式固定下来，以法律之力加以推行。

第三种方案，即全面借鉴外国立法的成熟经验，结合我国的具体情况，草拟一部《科学技术进步法》草案。这一立法在法律地位和作用上应当是我国科技领域的基本法律，成为其他科技立法的依据。在立法草案中，要求做到既有纲领性，又具有可操作性；既要有高度，又要有可实施的力度；既具有中国特色，又具有国际可比性；既要将近些年来实践证明是成功的有关科技体制改革和对外开放的经验以及科技发展的方针政策以法律形式肯定下来，又要充分反映时代要求，解决当前和今后较长时期内所面临的主要矛盾和实际问题，为继续深化改革、扩大开放、加速发展、优化环境、拓宽道路以促进科技进步指明方向。

经过反复调查、研究、比较和筛选，起草小组采纳了第三种方案。不论采取了何种方案，《中华人民共和国科学技术进步法》都是以科学技术为经济建设和社会发展服务为立法目的，鼓励创新。虽经多次修改，《中华人民共和国科学技术进步法》的立法目的仍然是"为了促进科学技术进步，发挥科学技术第一生产力的作用，促进科学技术成果向现实生产力转化，推动科学技术为经济建设和社会发展服务，根据宪法，制定本法"。立法目的反映了立法者对该部法律所要导致的社会效果的一种期待或愿望，同时也反映出立法者所持有的立法理念和利益保护的倾向性。"科学技术是第一生产力"这一明确的表述隐含着立法者以自然为改造、利用的对象的倾向性，是一种传统的伦理观、发展观的体现。

科技的发展使人类的生产力水平大大提高，但科技革命也使得能源的消耗、废物的排放远远超出了自然界的自净能力和可更新能力，生态系统的平衡被打破，环境问题产生。换言之，自工业革命以来，科学技术的发展在推动着人类社会进步的同时也造成了严重的环境危机。

然而科学技术是人类文明的动力源泉，为了保护环境，我们是否必须将发展的动力关闭呢？而环境保护实践又恰恰证明正是科学技术在环境领域的发展才带来了环境改善的效果。而且科技乐观主义将环境问题的解决寄希望于科学技术的进步①。显然是科学技术的滥用才造成了环境问题的出现，环境问题的出现很大程度上是人们对科学技术的不当使用造成的，或者换言之，环境问题一定程度上是没有将环境保护的理念渗透进整个科学技术研究应用过程中而造成的恶果。

科学技术活动是人类为探索自然界未知领域而进行的一项专门活动，是认识、发展、改善人类自身的一种必需的活动，是不可能也不应该终止的一项活动，而且它还将吸引越来越多的人投入这项活动中去。这不仅是社会、国家的需要，也是实现人类自身价值，探求其他生命体、非生命体的内在价值的一种需求，更是科学技术自身的价值所在。离开科学来维持我们文明的希望是不存在的②。

尽管在解决环境问题上的"科技乐观主义"受到学者们的质疑，但科技在解决环境问题中所起到的作用却是不可否认的。因此，《中华人民共和国科学技术进步法》仍然在强调科技对经济社会发展的重要性，强调科技是经济社会发展的原动力，并在法律制度的设计中鼓励和奖励科技工作者的研究和技术成果的转让，努力促进科学技术的发展和进步，使科学技术的发展更好地为社会进步做贡献③。

化学品污染环境的防治是离不开自然科学技术的支撑的，因为大多数的化学污染物是人工制造的，自然无法降解的，只能依靠人类技术进步来加以消解。由于人类对化学品的严重依赖性，也只有依赖技术的进步用绿色、无污染的化学品替代有环境危害性的化学品。

---

① 美国社会学博士迈克尔·G.泽伊预言我们正在亲历历史上的一个决定性的时刻——大工业时代之始。人类在时间、空间、数量、质量、尺度、规模六个不同方面扩大自己的优势地位。在这个时代人类将最终战胜在整个人类生存史上对其进行无情冲击的强制力量。人类控制与引导自然及自身能力的增强，将成为大工业时代的主要特征。没有一个其他物种有能力实现人类所完成的技术奇迹和科学突破。人类将运用技术手段来改进环境。曹明德.生态法新探［M］.北京：人民出版社，2007：31-36.
② ［美］诺曼·列维特.被困的普罗米修斯［M］.戴建平，译.南京：南京大学出版社，2003：30.
③ 《中华人民共和国科学技术进步法》的立法目的仍然是"为了促进科学技术进步，发挥科学技术第一生产力的作用，促进科学技术成果向现实生产力转化，推动科学技术为经济建设和社会发展服务"。

二、科学技术的生态化

科学技术对人类生存发展的重要性是不言而喻的，"科学是如此深刻地与我们的社会和经济结构连在一起，以至于离开科学来维持我们文明的任何希望都是不存在的。尽管有人认为，科学主张必须变得不那么绝对，并且它的智力行为要更加谦恭一点，但是，绝大多数类似的言辞完全忽略了如下一个事实，即如果不能在那些从事科学的人心中鼓舞起极端的热爱和巨大的热情，那么科学就不能前进"①。因此，科技立法要通过各种激励性规范来充分调动科学工作者对自己从事事业的积极性、主动性。但是同时环境危机的出现也给人类一个警示，"在北美和欧洲，对技术革新的影响的普遍担忧已经助长了某些对科学内容和方法的奇异的和令人困惑的批评。引发了各种各样所谓的'后现代主义者'或'社会建构主义者'，这些批判者声称过于强调科学的思维是有害于社会。这种抱怨声并不是人们所熟悉的把科学的成果应用于破坏性技术的批判，而是攻击科学完全是一种意识形态上的歪曲"②。科技发展的自由固然不应是无限的，然而对科技发展的破坏性要有一种正确的态度，对科技发展要有一种理性的批判。

因此，科学技术法生态化的关键就是"鼓励科学技术创新"和"避免科学技术对环境重大损害"之间的平衡，换言之，是在鼓起科学家的研究狂热的同时给这种科学狂热以理性的约束。

法所规制的是人的行为，因此，科技法所规制的并不是科学本身，而是对从事科学的专业工作人员的研发行为的规范，也就是对人们探索自然规律的行为模式的设立，因此科学是没有国界的、没有价值观的、没有道德义务的。然而科学家作为人类群体中专门从事这种职业活动的群体，虽有其特殊性，但毕竟也是人类社会成员中的一部分，因此必然对整个人类社会的生存、发展负有道德上的义务，因此，他们的活动就不应该是脱离法的调整范围之外的无约束的活动。

---

① ［美］诺曼·列维特. 被困的普罗米修斯［M］. 戴建平，译. 南京：南京大学出版社，2003：30.
② ［美］诺里塔·克瑞杰. 沙滩上的房子——后现代主义者的科学神话曝光［M］. 蔡仲，译. 南京：南京大学出版社，2003：中文版序言 1.

环境伦理将人类的道德义务扩展到除人类以外的动物、植物、非生命体甚至是自然，虽然环境伦理学自它诞生之日起就受到广泛的质疑，但不可否认的事实是，环境伦理学对提高人类的环境保护意识是发挥了一定的积极作用。然而将环境伦理的道德义务搬到科技立法中显然也是不合适的。科学技术的研究路径就是将自然存在物包括人类自身当作研究对象，过高的道德要求将会导致科学研究的无法进展，因此科技立法不应当要求科技工作者承担过多的道德义务，他们所承担的道德义务仅仅是不危害到人类的生存繁衍。当某些科学研究或技术应用可能会危及人类自身安全的时候，科学家的研究自由就应当受到限制。当然这种道德义务是一种最低层次的要求，是基于目前我国的社会生活水平所做的一种选择，毕竟国家整体实力的提高是更迫切的一种利益需要。随着人民物质生活水平的提高，温饱问题的解决，环境要求的提高，科学工作者的道德义务就应是在不损害人类自身安全的同时保证人民生活、生产的环境安全。

谨慎原则应成为科技法的基本原则。谨慎性原则或谨慎行事原则是20世纪80年代才进入国际环境法领域的新概念，它是国际社会针对某些存在科学不确定性的环境问题而提出的一项战略性原则。不少环境科学研究的成果表明，一些环境问题的危害可能是潜在的，如气候变化和臭氧层破坏，其后果和长期影响在现有的科学技术条件下往往难以预测。针对不确定性对环境决策的困扰，谨慎性原则要求，即使在存在科学不确定情况下，也应当在有关的环境损害和风险在没有出现之前就采取一定的措施。

谨慎性原则已经被越来越多的国际组织所推荐，并在近年来的国际环境公约中得到采纳。例如，国际社会在20世纪80年代中期制定《保护臭氧层维也纳公约》时，人们对臭氧层破坏与人类健康关系的认识仍有很多争论。即使在今天，很多科学家认为气候变化与人类活动的关系仍然存在科学上的不确定性，但这种不确定性并没有妨碍国际社会在里约环境与发展大会上签署《气候变化框架公约》，并在后来达成更具可操作性的《京都议定书》等一系列气候议定书。另外，近年来国际社会签订的《生物安全公约》《持久性有机污染物公约》等，也都包含了有关谨慎性原则的内容。可以预见，随着人类对环境问题认识的不断深化，谨慎性原则将在国际环境法的制定和实施中得到更广泛的应用。

谨慎原则不应仅限于国际环境法，科技立法中也应体现谨慎原则，有些对环境有重大影响的科学研究或技术推广，必须抱小心谨慎的态度，因为这样的危害具有不可逆转性，人类在打开"潘多拉盒子"时不能仅仅依靠的是一种盲目的乐观。谨慎原则给科技工作者提出的要求是：对未来必须抱小心谨慎的态度，科学技术的利用对人类有重大影响时必须做出有效的周密计划和安排；遇有严重或不可逆转损害的威胁时，即使缺乏科学上充分确实的证据，也应当采取符合成本效益的措施防止环境恶化，或者放弃该科技的发展、利用。

环境危机的出现部分原因就在于，社会以令人眩晕的速度发明着各种各样的新技术，并且在人们还远未洞悉其有可能潜在地威胁到全球系统或人类自身系统之前，就急匆匆地在全球范围内布置并使用这些新技术。科学技术的发展需要鼓起科技工作者对科技的狂热，然而环境危机的出现又要求科技工作者持一种谨慎的、理性的态度，这两者之间的冲突在某种意义上说是尖锐的、对立的，从这个意义上说，科学技术的生态化将是一个沉重的命题，但却是不可回避的命题。

三、绿色化学的理念

化学品可以通过挥发、扩散、混合、沉降、凝聚、吸附、溶解、沉淀、水解、配合、氧化、还原、光化学反应等多种反应或途径实现在环境中的迁移和转化，不仅可以在单一环境要素中迁移转化，也可以超越圈界实现多介质迁移转化。此外，多种化学物质同时暴露在环境中会发生联合作用而造成复合污染的不利后果。

例如，全氟辛烷磺酸（PFOS）及其相关物质具有耐热和耐酸等特性且具有疏水性和疏油性（排斥水和脂肪）。出于这一原因，它们被广泛应用于聚合物、表面活性剂、润滑剂、农药、纺织涂层、不粘涂料、防污处理、食品包装、泡沫灭火材料等消费产品和工业生产工艺之中。1951—2004 年间，全氟辛酸和全氟辛酸铵的全球总产量为 3600~5700 吨。全氟辛烷磺酸是源于人类活动的合成物质，并非自然存在。因此可以得出结论，全氟辛烷磺酸及其前体在环境中出现是人类活动的结果，而在远离可能来源的边远地区发现的全氟辛烷磺酸则是通过远距离环境迁移到达那里的。与全氟辛烷磺酸有关的物质可以降解成全氟辛烷磺酸，全氟辛烷磺酸本身在所有介质中都具有很强的持久性，可在哺乳动物和食鱼鸟类中进行生物蓄积和生物放大。并且全氟辛烷磺酸前体有可能加剧全氟辛烷磺酸在环境中的整体存在，全氟辛烷磺酸及其前体可能对环境造成即时或长期的有害影响。根据现有数据，可以认为全氟辛酸、全氟辛酸盐和全氟辛酸相关物质符合《斯德哥尔摩公约》附件 D 中列出的关于持久性、生物累积性、远距离环境迁移和不利影响的筛选标准。2000 年 3M 公司生产的全氟辛烷磺酸和与全氟辛烷磺酸有关物质的全球产量约为 3700 吨。2000 年 3M 公司自愿淘汰全氟辛烷磺酸的生产，这带动了全氟辛烷磺酸物质使用的减少。这不仅是因为这些物质不易获得（3M 公司拥有当时世界上最大的全氟辛烷磺酸物质生产能力），还因为相关工业部门采取行动减少公司对这些物质的依赖①。

　　由全氟辛烷磺酸的例子可以看出化学品对环境具有很大的影响确实是事实，但通过技术的创新完全可以发明替代产品，甚至可以通过产品设计在开始就避免环境有害物质的产生。换言之，如果理念先进，设计得当，化学也可以绿色。

　　绿色化学理念是一种全新的理念，它不同于过去化学品单纯地为了追求创新或者获得经济利益的最大化，而是将环境保护的理念融入化学研究、研发、化工生产工艺技术、流程的设计以及化学副产品的处理，在化学品的整个化学生命周期中都强调环境的无害性。对于化学品这样一种活跃的生产、生活要素，源头治理是其根本路径，尤其是在化学品研发以及化工生产工艺、设备的设计制造阶段就考虑到化学品可能带来的环境风险而预先加以防范将会起到事半功倍的效果。绿色化学理念也体现了清洁生产和循环经济的需求，已经得到人们越来越多的认可。

---

① UNEP/POPS/POPRC.11/5, Proposal to list pentadecafluorooctanoic acid（CAS No：335-67-1, PFOA, perfluorooctanoic acid），its salts and PFOA-related compounds in Annexes A, B and/or C to the Stockholm Convention on Persistent Organic Pollutants［A/OL］. 联合国正式文件系统, 2015-06-09; UNEP/FAO/RC/COP.6/10/Add.1, Draft decision guidance document on perfluorooctane sulfonic acid, perfluorooctanesulfonates, perfluorooctanesulfonamides and perfluorooctanesulfonyls［A/OL］. 联合国正式文件系统, 2012-09-03; UNEP/POPS/POPRC.2/11, Draft risk profile：perfluorooctane sulfonate（PFOS）［A/OL］. 联合国正式文件系统, 2006-07-27.

表 2-1　绿色化学理念

核心	绿色化学的主要特点	绿色化学的 12 条原则
利用化学原理从源头消除污染	绿色化学又被称为环境友好化学 1. 充分利用资源和能源，采用无毒、无害的原料； 2. 在无毒、无害的条件下进行反应，以减少废物向环境排放； 3. 提高原子的利用率，力图使所有作为原料的原子都被产品所消纳，实现"零排放"； 4. 生产出有利于环境保护、社区安全和人体健康的环境友好的产品	（1）防止污染优于污染形成后处理。 （2）设计合成方法时应最大限度地使所用的全部原料均转化到最终产品中。 （3）尽可能使反应中使用和生成的物质对人类和环境无毒或毒性很小。 （4）设计化学产品时应尽量保持其功效而降低其毒性。 （5）尽量不用辅助剂，需要使用时应采用无毒物质。 （6）能量使用应最小，并应考虑其对环境和经济的影响，合成方法应在常温、常压下操作。 （7）最大限度地使用可更新原料。 （8）尽量避免不必要的衍生步骤。 （9）催化试剂优于化学计量试剂。 （10）化学品应设计成使用后易降解为无害物质的类型。 （11）分析方法应能真正实现在线监测，在有害物质形成前加以控制。 （12）化工生产过程中各种物质的选择与使用，应使化学事故的隐患最小

　　绿色化学理念核心思想主要表现在：一是绿色化学追求原子经济性，即尽可能使原料里的所有元素全部转化到所需产品中，不造成原子的浪费，根据原子经济性理论甚至产物中产生无害的物质如 H_2O、O_2 等，因为是不需要的产物也是一种不经济性行为，显然，原子经济性能够保证工业废弃物的不产生或少产生。二是绿色化学还追求过程的无害化，其中间产物、中间试剂也尽可能是无毒无害，这样可以保证化工厂整体废弃物排放的无害化、减量化。三是绿色化学更追求整体设计的简洁，也就是用最短的工业流程、最少的试剂产生最多的产品。化学品的生产尤其是有机化学品生产，反应时间长、反应复杂、副反应多，产量低。而中间环节越多，产生的副产品就越多，产品的产率就越少。缩短工艺流程，减少中间反应，不仅可以最有效地减少有害物质的产生、排放，对环境的损害也相对最低。从这个层面上说绿色化学实质上还是化学工业本身规律的体现。四是绿色化学追求工艺、设备的先进性。绿色化学摈弃了过去那种高能耗、高排放的粗放性的生产方式，更注重化学工艺的精细化程度，对生产中的能耗以及污染物的排放都提出了较高的标准，只有先进的生产工艺和设备才能满足精细化的生产。

　　总之，绿色化学是人们认识到化学品以及化工厂对环境和人体健康产生的不利影响后所做出的一种积极的、有效的应对，因此在化学品污染环境防治立法中必须体现绿色化学的理念，发挥科学技术对环境保护的积极作用，依靠科技走可持续发展道路。在化学品污染环境防治立法中应对化学科技人员以及化工企业的绿色化学工艺、技术的创新设计相应的奖励、刺激制度，以鼓励科技工作者对化学品污染防治产品、技术、工艺设备等的研发，使科学技术成为环境保护的生产力、助推力。从这个层面上将绿色化学理论作为化学品污染环境防治的立法理论基础应当是恰当的和必要的。

第二节　风险理论

化学品污染不同于传统的污染，不适于"浓度控制""总量控制"等传统的污染防治手段。化学品的环境危害具有不确定性和难以计算性，是一种环境风险。风险理论为化学品环境风险的预防提供了社会学的理论支撑。

一、风险社会理论

自乌尔里希·贝克风险理论提出后[1]，风险已从一种社会学局部领域内的概念上升为刻画现代社会特征的术语[2]。风险概念的提出与后现代主义对科学技术的反思密不可分[3]。正是在现代化进程中人为的因素，尤其是科技发展带来了巨大的社会变革，造成不确定性的增加，使得人们去反思现代化，并形成后现代主义，风险理论也因此成为研究的热点问题而广受关注。吉登斯将风险分为外部风险（如地震、洪水等）和人为制造的风险（如核泄漏、全球气候变化等）。风险在现代社会之前主要指的就是外部的风险，由于人类在自然面前的渺小、无助，对事件的发生结果无法主宰，因此将这种外部的、不确定的后果

---

[1] 核技术的风险引发德国学者乌尔里希·贝克（Ulrich Beck）的思考，其在著作《风险社会》中第一次提出"风险社会"概念，并在随后的《世界风险社会》《反思现代化》等著作中提出和完善了风险社会理论。贝克所说的风险，指称的是完全逃离人类感知能力的放射性、空气、水和食物中的毒素和污染物，以及相伴随的短期的和长期的对植物、动物和人的影响。它们引致系统的、常常是不可逆的伤害，而且这些伤害一般是不可见的。

[2] 成伯清. "风险社会"视角下的社会问题 [J]. 南京大学学报（哲学·人文学科·社会科学），2007（2）.

[3] [德] 乌尔里希·贝克. 风险社会 [M]. 何博闻，译. 江苏：译林出版社，2004：20-21.

称之为风险，也是人们所主要担心的。而在现代社会里，我们担心更多的则是来自我们自己人为制造的风险。

贝克的风险理论一经提出就受到了很大的关注，当然也不乏质疑之声，主要集中在以下几个方面。

有学者认为，贝克提出的是一种煽动性理论，他认为人们的思想和行为的目的不再是积累财富，而是规避风险，富裕的目标让位于安全目标。然而风险规避代替财富分配成为组织社会的中轴规则，必须满足两个条件：第一，必须缓解物质需要；第二，风险增多必定引起更大的不安全性。这些趋势表明贝克的风险社会理论在时间上局限于"二战"以后的时期，在空间上局限于（西）德国和斯堪的纳维亚。风险社会看来是一种反常状态而不是社会变化的终结状态①。

有批评者说这些理论过于理性，过于个人化，还说它们过于宽泛，没有充分注意阶层、性别、民族和国籍对于建构不同的风险经历、塑造主体性和个人生活集会所起的作用②。

有学者认为风险社会理论与其说是提出了一种新型的社会学理论，倒不如说它从特定角度提出并深化了当代社会的现实危机，但由于该理论过分强调将风险视为现代社会的基本特征，既没有最终正确揭示风险根源，也未提出有效化解风险的对策③。

有学者认为，在特定的启蒙时期或转型期提倡用较为先进的理念或制度来引领国家或社会的价值变迁与制度更新是具有重要证成价值的，然而对这种呼吁必须保持谨慎的克制，尤其是随着时间的迁移和时代的不断进步，必须在西化的浪潮之中寻求一种基于本土价值理念的合理反思，这种反思对于一国社会科学的独立性和自足性有着极其重要的意义。基于此，在对风险社会理论加以法理学解读的同时，必须认真地对待这一理论产生的特定场域背景：吉登斯语境中的第一次现代性向第二次现代性转变的过程以及贝克意义上的由工业社会向风险社会的过渡。无论是第一次现代性还是工业社会的概念，在我国的社会

---

① ［美］布伦特·K，马歇尔. 全球化、环境退化与贝克的风险社会 ［J］. 周战超，编译. 马克思主义与现实（双月刊），2005（5）.

② ［英］彼得·泰勒-顾柏，［德］詹斯·O. 金. 社会科学中的风险研究 ［M］. 黄觉，译. 北京：中国劳动社会保障出版社，2010：216.

③ 童星，曹海林. 2007—2010 年国内风险社会研究述评 ［J］. 江苏大学学报（社科版），2012（1）.

体系或学术话语中都没有严格意义上的存在或对应①。

贝克在回应人们对风险社会的质疑时认为：全球风险是否也具有一种启蒙的功能（enlightenment function）？全球风险的一个主要效应就是它创造了一个"共同世界"（common world），一个我们无论如何都只能共同分享的世界，一个没有"外部"、没有"出口"、没有"他者"的世界。世界风险社会迫使我们承认世界的多样性，而这种多样性则会为国家观（national outlook）所忽视。全球风险开启了一个道德和政治的空间，它可以孕育一种超越国家边界和冲突的公民责任文化。因此，公众对风险的认知迫使那些原本并不想与其他人发生任何关系的人进行沟通。这种认知把义务和代价强加给了那些抗拒它们的人，甚至法律也常常给予这些人以支持。换言之，大规模的风险突破了文化、语言、宗教和体制的自足性，就如同突破了国内和国际的政治议程一样；它们颠覆了国内和国际政治议程的先后顺序，并且在各种阵营、党派和争吵不休的国家之间创造了行动的语境，而这些阵营、党派和国家原本并不相互了解，而且还彼此拒绝和对抗②。

笔者比较赞同这种观点，即"风险"概念的提出是为了揭示问题，运用风险的概念是为了反思，对风险的分析在于提出一种新的现代性，强调自反性，风险通常意味着结构性批判③。因此，笔者认为风险社会理论的价值不在于其正确性与否，而在于该理论给人们提供了一种反思性的视野，以及一种全球沟通的共同语境。因此，从其诞生之日起，风险社会理论就成为一种不可忽视的社会存在而影响到社会科学的方方面面，法学概莫能外。

贝克的理论认为现代化颠覆了其自身的基础。他指出了两大主要变化：第一，工业现代化产生了出乎意料，有违初衷的副作用。风险与人们的阶级划分几乎没有关系，风险对每个人都是公平的，与人的财富多少，地位高低没有关系。风险面前人人平等。第二，原本由社会阶层划分导致的社会不平等，现在变成原子态个体间的不平等④。个体间的差异性成为社会不平等的主要因素。

---

① 杨春福. 风险社会的法理解读［J］. 法制与社会发展（双月刊），2011（6）.
② 贝克，邓正来，沈国麟. 风险社会与中国——与德国社会学家乌尔里希·贝克的对话［J］. 社会学研究，2010（5）.
③ 童星，张海波，等. 中国转型期的社会风险及识别——理论探讨与经验研究［M］. 南京：南京大学出版社，2007：21.
④ ［英］彼得·泰勒-顾柏，［德］詹斯·O. 金. 社会科学中的风险研究［M］. 黄觉，译. 北京：中国劳动社会保障出版社，2010：33-34.

风险社会理论提供了一种反思性的认知以及个体化的风险社会的理念。如何在不确定性面前接受风险、阐明风险和采取措施也被认为是一种特别的优势。

贝克的风险理论是西方视野下的福利国家现代化进程中产生的反思性理论，带有明显的西方中心的价值观和认识论的烙印，目前中国的现代化进程虽然取得了丰硕的成果，然而却始终处于发展进程中，积累财富，增加国民收入，使社会进入小康社会仍然是国家和民众努力的方向和决定社会组织的重要逻辑和准则，因此，断言中国已进入风险社会，照搬风险社会理论将其作为社会资源分配的逻辑和准则可能会对中国现代化进程产生负效应。然而却也不能因此而忽视风险社会理论的价值，中国正可以借鉴风险社会理论来规避现代化进程中可能存在的不良影响。

从某种意义上说，风险社会理论是从特定角度阐释了当代社会的危机问题①，风险通常意味着结构性批判②。该理论给人们提供了一种反思性的视野，在生态环境不断恶化、人为制造的风险日益增加的当下，它为全球治理提供了一种沟通的共同语境。因此，从其诞生之日起，风险社会理论就成为一种不可忽视的社会存在而影响到社会的方方面面。随着经济的全球化和科学技术迅猛的发展，科学技术本身的不确定性日益为人们所感知。然而科学是靠不确定性而繁荣的③。科技的不确定性是无法克服的，而不确定性却产生了风险，从这个意义上说风险不仅是不可克服的，而且必然表现出日益增加的趋势。

二、风险社会的特点

风险社会的一个突出特点是高度不确定性。这种不确定性主要表现在风险发生的不确定性和风险发生后果的不可计算性。现代社会的风险主要类型有：（1）由于科学技术的局限性而不能准确预见其可能带来的后果，如目前还被质疑存在安全疑问的粮食转基因技术；（2）风险的发生本身是小概率事件，如核泄漏事故的发生、恐怖袭击事件导致的飞机失事等；（3）突破了人类伦理道德

---

① 童星，曹海林.2007—2010年国内风险社会研究述评［J］.江苏大学学报（社科版），2012（1）.
② 童星，张海波，等.中国转型期的社会风险及识别——理论探讨与经验研究［M］.南京：南京大学出版社，2007：21.
③ ［美］亨利·N.波拉克.不确定的科学与不确定的世界［M］.李萍萍，译.上海：上海科技教育出版社，2005：6.

底线带来的社会风险，如人体干细胞培植技术、安乐死等引发的风险。风险的不可计算性主要是由于风险可能引发的不仅是经济损失、环境的损害，甚至会影响整个社会政治经济发展方向。典型的例子就是日本福岛核泄漏事件。2011年3月11日，日本本州岛附近海域发生里氏9.0级地震，随后引发海啸。地震和海啸造成福岛第一核电站严重损坏，引发"福岛核泄漏事件"。福岛核泄漏不仅造成日本经济的重大损失，而且核辐射持久性损害了该地区的生态环境，尤其是核污水对周边海洋国家也带来威胁。不仅如此，福岛核电站泄漏也给全球核电产业带来了毁灭性打击。日本随即宣布终止14个新建核电站计划。以德国为代表的过去坚定挺核的国家也开始对核电说"不"。但是，放弃核电意味着要使用热电，这又将造成在短期内煤炭、石油等传统能源使用量增长，将会对整个世界的化石能源市场造成更大的压力，同时对新能源的开发尤其是核能的开发利用也会带来重大的影响，这对于应对气候变化也是极其不利的。

科学技术的发展拓展了人类的生存空间和发展空间，人类对自然探索的广度和深度都远超过以前的时代，而且人类生存条件的改善使得生命的价值获得前所未有的提升，人类对风险的感知能力和敏感程度也越来越强，尤其是在目前快速发展的中国表现得尤其突出，对健康良好的生活环境的追求和舒适美好的生活质量追求使得现代社会的公众对风险的容忍度越来越低，潜在的风险也是公众所无法忍受的，很多环境突发事件就是由一些潜在的风险所引发。环境风险引发的社会环境公共事件将成为今后社会矛盾冲突的重要内容。

风险社会的另一个突出特点是恐惧的普遍性。风险社会理论的提出本就源于核危害给人们带来的恐惧。公众的恐惧，即使是对一种潜在危险的恐惧，也会像投入河中的石子产生涟漪一样，以大规模连锁反应的形式扩大化，导致额外损害的发生。恐惧也是一种真实的社会成本，而且它可能导致其他社会成本。即使是毫无根据的恐惧的减少也是一种社会收益。

美国9·11事件中公众的恐慌对政府造成的压力使得政府采取了过度的反应，增大了社会成本和政府的行政成本，同时也对美国政府的国内外政府策产生了重大的影响就是一个鲜活的恐惧影响政府决策、增加社会成本的例证。

三、风险理论对法学的影响

作为社会学科的分支之一的法学学科，也不可避免地引发了风险社会理论带来的现代性反思，而让人意想不到地是这种反思性却在谦抑性的刑法领域首先展开并初步形成具有一定影响力的风险刑法理论。

（一）风险社会理论对谦抑的传统刑法学的影响

笔者将刑法学界对风险社会理论接受程度的不同所形成的学说划分为三个流派：以厦门大学陈晓明教授为代表的激进派，以清华大学张明楷教授为代表的保守派，以中国人民大学高铭暄教授为代表的融合派①。

陈晓明教授认为，"风险社会"宣告了一个新时代的来临。风险社会是现代性的更高阶段，即反思现代性阶段，因此，风险社会也为我们提供了一个对传统刑法的基本范畴从根本上进行反思的机会。在风险社会的逻辑支配下，一种新的刑事法律体系和一种新的刑法理论应当而且必须建立，风险社会呼唤并促成风险刑法的诞生。以风险为核心的适应风险社会需要的新的刑法范式必须应运而生。这一刑法范式主要是从社会安全的角度出发，关注现实中的风险行为，确立风险犯在刑法中的中心地位。与传统刑法相比，其主要变化在于：1. 法益抽象化，不再预设法益的特定内容，不再以具体客体对象存在为前提，仅仅以一般危险性和预防必要性作为划定可罚性的界限，并以义务违反取代法益侵害作为处罚的基础。2. 行为拟制化，风险刑法的立法意旨就是将社会已形成共识的典型行为视为一种当然可能会造成实害的行为，通过事前的判断直接将该类行为拟制为风险行为。这实际上意味着刑法评价或非难的对象从行为的结果转为行为本身，即以行为不法作为刑事不法的核心。3. 刑罚前置化，行为本身被认为可罚，而不是行为所引起的结果被认为可罚。4. 罪责功能化，风险刑法将罪责的意涵从"可非难性"转换为"预防必要性"，归责的过程不再是将特定后果通过归因归咎于行为人的过程，而是为了分配责任的需要而进行归责的过程。因此，行为人无须知道损害，也无须建立起因果关系，只要是自己的风险决定违反刑法的风险规制，即应负起刑法上的法律责任。5. 预防积极化，风险刑法的预防观念发生改变，从传统刑法的消极一般预防转为积极一般预防，反映了纯粹预防取向的刑法思维。因此，风险刑法关注的是行为人是否违反规范，而非实害的制造，由此而导致形式犯罪（仅违反法律规范，而不在意具体法益的

---

① 笔者所谓的激进、保守、融合毫无褒贬之意，只是以其对风险社会理论的接受程度进行的一种划分，因为风险社会理论本身尚存很大争议，所以笔者这种划分绝无冒犯学界前辈之意。

损害以及是否存在主观过错）的大量出现。陈晓明教授也指出了刑法应对风险的内在风险：风险刑法难以划定明确的处罚界限；风险刑法违反刑法谦抑的价值取向；风险刑法的罪责伦理陷入困境；风险刑法与传统刑法基本原则产生冲突①。

张明楷教授认为让人们认为所谓的人为制造的风险增加的原因在于：第一，人类社会经历了无数次洪水、风暴、地震、瘟疫等灾难，人们对来自自然界的外部危险早有认识而现在才进一步认识到人为制造风险的危害。但这并不意味着外部危险已经消失。换言之，这只是意味着人们认识的更全面、所担心的风险更宽泛，而不是标志着外部风险所占的主导地位已经被制造出来的风险所取代。第二，社会大众所感知的风险并不是源于事件的直接实际后果，而是源于心理、社会、文化、体制、媒体宣传等诸多因素。第三，人们的生存离不开大自然，在没有发生自然灾害的时候，人们常认为大自然在本质上是友善的。特别是当工业社会使自然环境受到破坏后，人们对大自然更加抱有好感。此外，即使发生自然灾害，人们也不可能对大自然表示愤慨，于是，对自然的风险和灾难只能接受、容忍。但是，人们难以接受、容忍人为的风险和损害。人为的风险总是被媒体夸大，这样做要么可以满足人们愤慨、仇恨心理，要么可以提醒人们防范人为的风险。第四，人们在感知人为的风险时忽略了概率。第五，人们更愿意容忍熟悉的风险而不是不熟悉的风险，即使它们在统计上相等。第六，人们觉得现代社会风险越来越多还因为其越来越脆弱。第七，人们之所以认为科学技术带来了许多风险，是因为其忽略了科学技术对降低风险所起的作用。基于以上理由，将"风险社会"当作一种真实状态，要求刑法对这种所谓的真实状态做出反应就存在疑问。"风险社会"并不一定是社会的真实状态，而是文化或治理的产物，不应将"风险社会"当作刑法必须做出反应的社会真实背景；刑法不应当盲目增加抽象危险犯，更不能设立过失危险犯；即使当今社会存在大量风险，需要以刑法规制，也是因为风险是对法益侵害的危险性，刑法规制的目的依然是为了保护法益，在"风险社会"更应当坚持结果无价值论，在刑事责任之根据问题上，既不能采取严格责任，也不能主张责任的客观化，而应当恪守责任主义②。

---

① 陈晓明. 风险社会之刑法应对 [J]. 法学研究, 2009 (6).
② 张明楷. 风险社会若干刑法理论问题反思 [J]. 法商研究, 2011 (5).

高铭暄教授认为，目前，我国刑法学界形成的关于风险社会刑法立法比较一致的合理原则是：现代刑法面对危及社会安全的风险行为应当有积极的反应，必须进行自身调整，包括定罪标准、归责原则、刑罚功能等，即在社会整体的变迁过程中重新定位科技进步、文明发展与刑事立法的协调互动关系，并经由这样的调整，使得刑法立法一方面坚持传统刑法的基本品质，另一方面又眷顾社会发展，在体现刑法惩罚害恶、恢复公平正义的同时，发挥现代刑法维护社会安全秩序的控制目的。从我国刑事立法的轨迹中可以总结出刑法应对风险社会的总体趋势。（1）立法体现了惩治犯罪、保障社会安全的旨趣。（2）为应对风险社会的不安全因素，不断创设新的犯罪种类。例如，2011年2月25日全国人大常委会通过的《刑法修正案（八）》第22条规定，在《刑法》第133条后增加一条，作为第133条之一："在道路上醉酒驾驶机动车的，情节恶劣的，或者在道路上醉酒驾驶机动车的，处拘役，并处罚金。"即增加了醉酒驾车、飙车等危险驾驶的犯罪。而到目前为止，《刑法修正案（八）》也是最能体现刑事立法应对风险社会旨趣的立法。（3）犯罪标准前移，将危险犯改为行为犯、将实害犯改为危险犯。《刑法修正案（八）》第46条规定，将《刑法》第338条修改为："违反国家规定，排放倾倒或者处置有放射性的废物、含传染病病原体的废物、有毒物质或者其他有害物质，严重污染环境的，处3年以下有期徒刑或者拘役，并处或者单处罚金；后果特别严重的，处3年以上7年以下有期徒刑，并处罚金。"与原条文相比，《刑法修正案（八）》着重修改了该罪犯罪构成的结果要件，即将原来的"造成重大环境污染事故，致使公私财产遭受重大损失或者人身伤亡的严重后果的"改为"严重污染环境"的。由此可见，《刑法修正案（八）》通过改变重大环境污染事故罪的结果要件，从而将该罪由实害犯变为危险犯降低了入罪门槛，增强了可操作性。（4）扩张或者缩减构成要件要素，使得刑事规制的视野更加广阔。例如，2001年8月31日全国人大常委会通过的《刑法修正案（二）》将《刑法》第342条非法占用耕地罪修改为非法占用农用地罪，弥补了刑法对毁林开垦和乱占滥用林地、草地等危害行为无法规制的缺陷，更好地体现了刑法对土地和森林等资源的保护。2001年12月29日全国人大常委会通过的《刑法修正案（三）》将刑法第114条、第115条中投毒罪修改扩充为投放危险物质罪（投放毒害性、放射性、传染病病原体等物质罪），同时删去了第114条原列举的破坏对象，即工厂、矿场、油田、港口、河流、仓库、住宅、森林、农场、谷场、重要管道、公共建筑物或者其他公私财产，从而使与投毒行为危害相当的其他投放危险物质的行为也受到刑法的制裁①。

不管是激进的、保守的抑或是融合的，都反映出作为一个传统的、成熟的、谦抑的部门法，刑法学界对"风险社会"理论的一种积极的回应态度，这本身就是一种反思性的表现，也恰恰是风险社会理论对制度建构所要求的。不管争论的结果如何，争论本身必然会促进刑法学的发展。

（二）风险社会理论对新兴的环境法学带来的影响

环境法学界对风险社会理论的回应主要还限于预防原则的讨论②。

张梓太教授认为，应对风险社会背景下与环境有关的风险，环境法应有所作为，它的作用之一就是要防止某种不确定的不安全转变为现实威胁。环境法预防原则与对安全追求的社会价值体系具有一致性。但是，我国现行环境法预防为主原则在风险社会的语境中受到挑战，预防为主原则应有所突破并进行重构。首先，预防为主原则应该调整为预防原则③。其次，预防原则的拓展，应拓展到风险防范原则。风险预防原则在许多国际环境法文件中得到确认。在风险社会的大背景下，面对越来越多的不确定性，环境法的思维应有所转变。预防原则除对确定性的损害有所应对之外，对科学不确定也应有所反应。在内容上预防原则应增加风险防范的内容。当然这种对预防原则内容的拓展并非要求

---

① 高铭暄. 风险社会中刑事立法正当性理论研究［J］. 法学论坛，2011（4）.

② 王小刚：《追寻中国环境法律发展之心理论——以反身法、审议民主和风险社会为理论视角》（2008 年），郭红欣：《论风险社会下环境法的发展》（2007 年）也都对风险社会理论有所讨论。

③ 预防性原则作为一项法律原则最初规定于联邦德国的预防性规则，这项规则的要点是为了防止环境破坏，社会应该未雨绸缪，在潜在危险行为发生之前做出详细计划。1976年，联邦德国议会通过清洁空气法将预防原则作为一项基本原则。这些原则要求政策制定者考虑科学不确定性问题。但是关于不可逆的环境损害问题，要考虑风险防范措施。联邦德国在处理酸雨、全球气候变暖、北部海域污染等问题时经常提到这个原则。通过在这些领域适用风险预防措施来确立这个原则的合法性。预防原则有两层含义：一是运用已有的知识和经验，对开发和利用环境行为带来的可能的环境危害事件之前采取措施以避免危害的产生；二是在科学不确定的条件下，基于现实的科学知识去评价环境风险，即对开发和利用环境行为可能带来的尚未明确或者无法具体明确的环境危害进行事前预测、分析和评价，促进开发决策避免这种可能造成的环境危害及其风险的出现。张梓太教授认为，对预防原则的第一层含义目前学界达成了共识，但对第二层含义学者们的观点各异。预防为主原则指的是预防为主、防治结合、综合治理的简称。张梓太，王岚. 论风险社会语境下的环境法预防原则［J］. 社会科学，2012（6）.

从一个极端走向另一个极端，因此在对风险预防的表述上应用"弱势形式"而非"强势形式"。国际上关于这一原则的定义有不下二十种，最为谨慎且弱势的形式的提议，就是缺乏科学不确定性不能成为放弃或延迟规制的理由。正如《里约宣言》第15条原则规定：在可能出现严重的，或者不可逆转的环境损害的情况下，不得以缺乏科学确定性为理由而延迟采取符合成本效益的措施防止环境恶化。在风险社会的大背景下这种弱势形式的风险预防原则应该被预防原则所确认①。

凯斯·R. 孙坦斯（Cass R. Sunstein，更多被译为桑斯坦）将影响人们对风险的认知概括为五个方面：1. 获取性启发（或译为有效启发），如果能回忆起它曾经发生过，人们就易于认为某事件更可能发生。比如曾经发生的核事故，以及事故发生时的显著性使得人们对核能产生强烈的不信任，而忽视了核事故发生概率非常小的事实。此外，人们认为熟悉的风险比不熟悉的风险更严重。获取性启发可能会导致过分恐惧或忽视危险的严重错误。2. 概率忽视，当强烈的情绪介入时，人们往往会对小概率的风险过分担心。3. 只看见危险，没看见收益，公众的注意力集中在某个风险所带来的损失，而不重视对此风险管制所引起的收益丧失。4. 直觉毒理学，人们经常依靠自己的直感，灵机一动就做出了决策，这种决策模式主要有三点：（1）认为风险是"全有或全无"的事情。某物要么完全安全要么完全危险，没有中间的状态。（2）坚信自然是仁慈的，人类干预可能导致危险。（3）会赞同"零风险"观点，认为完全消灭风险不仅是可能的也是适当的。5. 系统性忽视，很多时候人们忽略了一次性干预的系统性风险②。

社会连锁效应和群体极化作用会强化这五种风险认知因素。如果人们对某件事情一无所知而仅凭道听途说形成自己的看法，那么就会产生信息连锁效益。当成百、上千、上万的人仅仅因为别人也这么想而接受某一观点时，这一系列影响就会导致社会连锁效应。仅仅是为了赢得社会的赞同和避免反对，即使是最自信的人有时候也会为了建立或者保持自己的声誉而调整自己的说法，甚至选择保持沉默，这就是声誉连锁反应。这种效应能够使公众要求对风险采取规

① 张梓太，王岚. 论风险社会语境下的环境法预防原则 [J]. 社会科学，2012（6）.
② ［美］凯斯·R. 孙坦斯. 风险与理性——安全、法律及环境 [M]. 师帅，译. 北京：中国政法大学出版社，2005：41-64. ［美］凯斯·R. 桑坦斯. 恐惧的规则——超越预防原则 [M]. 王爱民，译. 北京：北京大学出版社，2011.

制措施，即使相关的风险很小。立法者甚至比普通公众更容易受到声誉压力的影响。群体极化是连锁效应进程的关键，它是指人们经过商讨从而使自己的想法更加极端化的过程。一知半解的人们互相交流会使认识极端化，由此产生的"野火一般的恐惧"会导致政府在小问题上浪费很多资源。而在当今互联网发达的通讯时代，这种群体极化造成的连锁反应所产生的能量是不能被忽视的。

实际上，风险社会理论的提出就源于核危害给人们带来的恐惧，可以说，风险社会理论与环境法学研究有一种天然的联系。因为，很多生态环境的损害越来越具有不可确定性、复杂性，表现出一种风险灾害的趋势，如何回应这种风险，如何建构回应的原则、制度等，应该是环境法学界关注的热点。而从目前环境法学界的研究来看远未表现出刑法学界的热情，这是值得深思的一种现象。

四、风险理论对化学品立法的影响

有学者认为现代风险社会中潜在风险与危机增多，人为造成的风险与公共危机增多，失控的风险和危机增多①。对于外部风险人们只能采取紧急应对和有限的提前预防，但是，对于人为的风险，人们提前参与预防甚至能够避免灾难的发生。因此，如何恰当应对风险带来的恐惧和控制人为风险应是化学品污染环境防治立法的主要内容。

桑斯坦认为，资源是有限的，如果我们在高度推测性危害上花费巨额资源，这是在不明智地分配这些资源。就如同个人一样，社会和政府不可能对所有的风险都做出反应，这样不仅花费的成本太高，也不具有现实的可能性。政府只能选取一些风险采取防范的措施。政府是否对风险做出回应取决于恐惧的程度和回应的成本。而且恐惧本身就是一个独立的事项，可能代表高额的成本，并会导致相关的重大成本的出现。如果风险带来的恐惧成本很高，政府就应当合理地采取措施，减少风险②。

在美国，对是否将规制措施的选择建立在成本收益分析基础上的激烈讨论已经以成本收益分析法的支持者的实质性胜利而告终。成本收益分析方法反对

---

① 丁烈云，等. 中国转型期的社会风险及公共危机管理研究［M］. 北京：经济科学出版社，2012：364.

② ［美］凯斯·R. 桑斯坦. 恐惧的规则——超越预防原则［M］. 王爱民，译. 北京：北京大学出版社，2011：22，30.

的并不是"规制"本身，而是毫无信息情况下的盲目行动。它能将责任和深思熟虑很好地结合起来。实际上各方已经形成了支持这种基本方法的三点共识：首先，应当努力评估风险的规模，它不应关注统计上很小的风险。其次，必须考察风险规制措施本身带来的成本和附带的危害。最后，应当对任何被建议采取的措施都准备替代方案，包括探究能达到同样基本目标而又较少干扰性的替代方案。

在风险管理中应用成本收益规制工具的难点就在于人的生命价值的恰当衡量。过高地衡量人的生命价值可能导致对微小的风险采取过度的反应，尤其是在发展中国家，应恰当地定义人的生命价值，使其适应国家的经济发展状况。不能盲目地以发达国家的水平来过高衡量我国人民的生命价值；也不能漠视我国经济的快速增加，仍以贫穷国家的水准来衡量我国人民的生命价值。这样才能保证本身就有限的社会财富得到合理、恰当地使用，使资源配置达到最优。

风险控制机制的三个层次：（1）预防风险的发生。以"谨慎起步"，尽可能避免在环境风险上犯错误。尤其是新技术带来的产品无法被自然环境消纳，由"自然最知"到"自然不知"的环境问题更需要谨慎行事。（2）减轻风险带来的利益损害。人的意识的能动性能协助我们实现对不可预见的后果加以控制，运用技术和制度，完善奖励机制，建立责任和赔偿机制，动员社会力量，加强多层次合作，把风险带来的利益损害尽可能控制在最小范围。（3）挖掘伴随风险的利益增进机遇。环境风险带来了利益损害，然而也预示着利益增进的机遇和希望。从积极角度看，风险社会也是从传统和自然中脱离出的，人们的选择余地不断扩大的社会。例如，在生物技术上过分强调零风险会将生物技术带来的利益收益扼杀。零风险目标的设定是不合实际的①。

化学品环境污染是一种人为因素导致的风险，属于内部性风险，而且其环境危害具有不确定性，完全可以使用风险社会中的风险控制机制来应对化学品环境污染。因此，将风险社会理论作为化学品污染环境防治立法的理论基础是符合化学品污染特征的。

---

① 钭晓东. 论环境法功能之进化 [M]. 北京：科学出版社，2008：220-222.

第三节 多元协同治理理论

环境治理的模式正在发生转型，即由传统的政府"一元治理"转向政府主导，多元主体共同参与的社会共治模式。多元协同治理理论为治理主体的多元化提供了理论支撑。

一、"一元治理"模式

保护环境被确定为基本国策①直接决定了中国环境治理的模式。而基于国策机制下的环境治理模式只能是以政府为治理主体的"一元治理"模式。在环境保护初期采取"国策机制"是具有其历史必然性和合理性的。首先，环境问题在环境保护初期虽然存在但远没有现在这么严重和突出，主要表现为工厂内部工人职业病的产生和工厂周边环境的恶化，一般的污染仅仅被当作了公共卫生事件，普通民众并没有认识到环境问题的存在以及环境治理的必要性和紧迫性。因此，在当时的历史环境下，环境治理依靠政府就是唯一的选项，将环境保护作为基本国策是一种明智的选择。其次，环境治理初期，环境法律制度尚不完善，甚至在某些领域还是空白，环境治理只能是一种政策治理，将环境保护从一般政策上升为国策有助于提升环境保护的重要性和紧迫性，为环境保护工作的有效开展提供了一种政策性依据。最后，政策比法律具有更大的适用性和灵活性，将环境保护作为基本国策不仅可以充分发挥政策机制的优势，突出环境保护的特殊地位，同时有利于及时对不恰当的环境政策进行调整，而当政策实施成熟时，再将其从政策治理转向法律治理，避免了法律法规的频繁调整

---

① 基本国策有三项说、四项说、五项说、六项说、七项说、九项说、不确定说等。计划生育，保护环境，对外开放，耕地保护，长治久安，水土保持，一国两制，和平统一，男女平等，保护/节约资源等都曾被认为是我国的基本国策。学者们对何为基本国策的不同看法主要基于：某些政策虽然也曾被某些政策文本宣示为基本国策，但由于这些政策文本效力等级并不高而且没有得到持续性宣示，因此不能算作我国的基本国策。有人认为只有以法律形式、以党的报告或文件形式、以政府工作报告形式和以计划纲要等四种形式确定的基本国策才能作为真正的基本国策。参见田平．我国基本国策的内容及渊源［J］．十堰职业技术学院学报，2008（4）。但不管采取何种看法，保护环境被认为是我国基本国策在学界尚无疑义。

对法律权威性可能带来的影响。

国策机制下的"一元治理"表现为行政主导下的"命令-控制"模式,究其原因就在于,按照经济学理性经济人假设,理性经济人追求的是经济利益最大化,而环境要素的公共物品属性,必然会造成理性经济人最大限度地使用环境公共物品来追求自身利益的最大化,必将造成"公地悲剧"。从这个意义上说,遵循经济规律的经济主体似乎天然的不具备环境保护的先验的德性。因此只能依靠权威部门的强制手段来保证环境保护目标的实现。这种逻辑在环境保护初期是合理的也是合适的,然而随着环境问题与人们日常生活的相关性日益增加,密不可分,环境问题已受到公众的普遍关注,中国政府也将环境问题视为重要的民生问题的情况下,这种模式显然不再能满足环境治理的需要,尤其是中国市场经济日益成熟、环境法制日益健全的情况下,其弊端就显现无疑。

首先,政府作为唯一的环境治理主体,对环境治理采取了包揽一切的做法,造成大量的行政许可、行政审批,这不仅加重了政府的行政负担,浪费大量的公共行政资源,造成行政效率的低下;同时还加大审批、许可的监管难度,造成监管不到位,这不仅会为贪污腐败创造空间,也会造成政府公信力的下降。

其次,政府作为唯一的环境治理主体,加重了政府的环境责任。尤其是环境突发事件发生时,将会使政府成为责任的唯一承担者,造成政府与民众的矛盾冲突和尖锐对立,损害了政府的形象,不利于社会的和谐,也是对良好社会秩序的冲撞。

再次,政府作为唯一的环境治理主体,抑制了市场主体的活性,不利于市场机制作用的发挥,不利于环境治理产业化的形成。当然行政主导的"命令-控制"手段的环境治理中也包含有经济刺激机制,但是却与真正的市场主体参与环境治理尚有很大的差距。

最后,政府为环境治理的唯一主体,会造成企业、公众等环境治理参与意识的淡薄。过多的行政干预管理导致了公众的依赖心理。尤其是在环保问题上,将环境保护的责任完全归于政府,公众参与环境保护的意识、能力都很弱①。

良好的治理是使公共利益最大化的管理过程,随着中国经济社会的发展,中国环境治理模式也必将发生转型以配合和适应经济社会的转型。

环境治理初期"国策机制"下"一元治理"模式也带来了立法困境,政府

---

① 周珂. 基本国策与社会生态运动的比较研究 [J]. 北京城市学院学报,2014(1).

环境责任不完善是诸多问题之一。主要表现为：重政府环境职权轻政府环境职责、重政府环境管理轻政府环境服务、重行政相对人的环境责任轻政府的环境责任①。环境行政管制模式的环境立法在实施中也暴露出明显的缺陷和不足。首先，权力寻租或政府环境公共决策被利益集团挟持等是行政管制固有的缺陷。政府机构的臃肿，政府间部门沟通的缺乏以及部门间利益的争夺而导致的政府失灵使环境行政命令–控制型管制难以独自完成环境污染防治的历史使命。其次，行政管制模式过分依赖工具理性，忽视管制过程的价值理性，可能造成两者间的扭曲和异化②。最后，将环境污染治理责任完全归于政府，过多的依赖于行政干预和控制，典型表现就是环境治理"军令状"，这样可能会导致环境污染治理第三方、社会公众等其他群体对环境治理的参与不足。

概言之，"一元治理"模式下的环境立法模式是一种基于"命令–控制"环境行政管制立法模式，这种模式是符合环境治理初期的立法要求的，而且由于环境保护涉及的是社会公共利益的保护，政府还必须在环境治理中发挥举足轻重的关键性作用，因此，行政管制手段还将在环境立法模式中发挥重要作用。但随着社会经济的转型，"一元治理"模式日益暴露出其局限性和不足，环境治理模式也必将随着转型。

二、环境多元治理主体的生成

协同治理是否能够实施还依赖于多元治理主体是否具有生成的可能性和现实性。只有治理主体的多元化具有了形成的条件，产生一定的规模化和独立性，才能保障多元协同治理主体的完整性，促进协同治理的形成和深化。目前我国环境治理体系的逐步形成和持续推进已经形成了环境治理的多元性主体。

第一，环境治理的市场主体已经形成。中国由"计划经济"向"市场经济"的转型催生出环境治理中的市场主体。建国初期，中国经济采取了苏联模式的"计划经济"，在当时具有其历史合理性和优越性，然而随着改革开放，

---

① 张建伟. 论环境立法存在的问题及其克服 [J]. 中国地质大学学报（社会科学版），2008（2）.

② 柯坚. 我国《环境保护法》修订的法治时空观 [J]. 华东政法大学学报，2014（3）.

"计划经济"模式对经济的制约日益显现，经济模式的转型势在必行①。党自十四大以来，历届党代会都强调市场在资源配置中的重要性。从十四大的市场在资源配置中"基础性作用"到十八大的"决定性作用"表述的递进，可以明显地看出，党对市场经济的认可程度逐渐提高，市场经济正在中国逐步的发展和壮大。市场主体的培育和崛起已经成为现实。

环境问题实质上就是资源配置问题，环境自然资源作为一种重要的生产、生活资料，其配置的合理与否将直接决定中国经济社会的健康发展程度，因此，在环境自然资源的配置中也应避免由政府统一配置的"计划经济"，而应该让市场发挥决定性作用。实践已经表明，随着中国经济体系由"计划经济"向"市场经济"转变，环境治理的产业化发展已经成为一种现实，大量的企业、公司不仅应该而且已经在从事环境治理服务，环境治理中的市场主体参与已成为一种必然。中国共产党十八届三中全会也明确提出要"建立吸引社会资本投入生态环境保护的市场化机制，推行环境污染第三方治理"②，就是将市场主体和市场机制引入环境治理。

第二，环境治理的社会主体已经形成。中国社会由"熟人社会"向"市民社会"的转型催生出环境治理的社会主体。20世纪40年代费孝通先生在《乡土中国》一书中提出熟人社会的概念，用以描绘中国传统的"家庭本位"的乡土社会人际关系的结构特征。中国封建社会以自给自足的生产方式为特点的小农经济决定了人们的绝大部分活动都限制依托于血缘和地缘纽带建构起的熟人社会。在熟人社会每个社会成员隶属于特定的家庭、家族、宗族群体。熟人社会具有祖祖辈辈"生于斯死于斯"的时间稳定性和社会关系流动性极低的空间

---

① 《中共中央关于全面深化改革重大问题的决定》认为经济体制改革是全面深化改革的重点，其核心问题是处理好政府和市场的关系，使市场在资源配置中起决定性作用和更好地发挥政府作用。

② 所谓工业污染采用第三方治理的模式，即排污企业以合同的形式通过付费将产生的污染交由专业化环保公司治理。一方面排污企业由于采用专业化治理降低了治理成本，提高了达标排放率；一方面政府执法部门由于监管对象集中可控而降低了执法成本。通过市场机制引入专业化第三方，可以使排污企业从自身并不擅长的污染治理工作中解放出来，集中力量投入到激烈的市场竞争中去。同时，也带动环境服务业、保险业、金融业的发展，促进环境科技进步，提高经济增长质量和持续发展能力，形成国民经济新的增长点。

稳定性①。新中国成立后，农村人民公社和城市单位的存在也并没有打破这种熟人社会格局。

　　人民公社制度正式解体使得农村出现明显的社会分化。随着农村责任承包制的发展和农业机械化程度的提高，农村劳动力出现剩余，农村剩余劳动力以农民工的形式进入城市劳动力市场，参与城市化建设。原有的城乡二元分立的刚性社会结构被打破，农民工大量涌入城市，不仅造成城市结构的变化，也对以宗法社会为传统的农村结构造成了巨大的冲击，整个社会流动加强。以单位、村落为核心的熟人社会逐步向强调原子态个体权利的市民社会转化②。公有企事业单位经济改革也打破了城市的铁饭碗，下海潮的涌现已经将单位的篱笆冲破，户籍制度的放开，人口大量的流动使中国持续数千年的血缘和地缘纽带建构起的熟人社会受到了前所未有的冲击。

　　中国四十多年的改革开放实质上也是中国的市场化改革，是从计划经济向市场经济的转变和改革。这场改革无论从哪个角度分析和评估都不可否认一个事实：以经济利益差异为基础的经济分层正在形成。在市场化进程中国家权力也在一定程度上向社会和市场让渡，个人权利为中心的市民社会也在法制化进程中形成。"市民社会的出现意味着中国社会转型进入了一个新的阶段。"③

　　熟人社会的基本单位是家庭，是没有个人概念的，更谈不上个人权利的保护。而市民社会的基本单位是原子态的个人④。市民社会意味着"法治社会"，强调对个人权利的保护。环境问题的日益突出，使作为一种基本人权和发展权的"环境权"概念日渐被人们所认知和接受，原住民、土著和相关社区等社会主体参与到环境治理不仅是其基本权利更是国家的基本义务。

　　第三，环境治理主体多元化的特征。随着中国改革开放的进程，社会结构发生了变化，环境治理主体也呈现出多元化。多元化的治理相较于传统的"一元治理"发生质的变化。首先，"一元治理"是一种线性治理，而环境治理主体

① 王德福. 论熟人社会的交往逻辑［J］. 云南师范大学学报（哲学社会科学版），2013（3）.

② 龚长宇. 陌生人社会志愿行动的价值基础［J］. 伦理学研究，2014（4）.

③ 王新生. 当代中国的社会转型与公平正义的市民社会根基［J］. 马克思主义与现实（双月刊），2008（5）.

④ 胡健，董春诗. 市民社会的概念与特征［J］. 西北大学学报（哲学社会科学版），2005（2）.

的多元化将使环境治理由线性治理变成一种立体的、网络状的治理模式。能有效克服"政府失灵""市场失灵"以及"社会利益集团的权力寻租",同时有利于培育目前中国尚薄弱的市场机制和社会力量。因此,"一元治理"到"多元治理"不仅仅是简单地增加了治理主体的数目,而是通过政府主体、市场主体、社会主体三者的参与来弥补各自的不足,充分发挥各自的优势,相互配合达到环境的良治。其次,明确环境治理的多元主体有利于明确环境治理责任的承担主体,改变由政府独自承担治理责任,企业尽可能规避环境治理法律责任的承担,公众等社会主体漠视自身的环境责任的环境治理困局。最后,环境责任承担主体的明确有利于环境治理的法治化,通过法律制度设计明确各治理主体所应承担的权力、权利及其义务,利用责任追究制度来倒逼治理主体主动地、积极地行使环境治理的权利(权力)承担环境治理的责任,实现环境法治。

三、环境多元主体协同治理模式

中国治理变革的轨迹也是从一元治理到多元治理①。中国几千年中央集权的历史传统造成中国社会的政府始终处于一种强势地位,社会力量的培养始终未受到重视,社会治理力量也相当薄弱。新中国成立后的民主协商制度和统一战线政策虽然也培养了一定的社会治理力量,但总体来说,仍然表现为"强政府、弱社会"的特点。党提出的政府管理行政体制改革的核心就是转变政府的行政职能,变管理型政府为服务型政府。这意味着国家主动释放出市场和公共领域两大领域②。国家政府、市场主体和社会主体成为经济社会发展的三个并行不悖的主体。这些表明中国正在从"强政府、弱社会"向"小政府、大社会"转型。随着市场机制的成熟、社会治理力量的发展、壮大,政府、市场、社会的协同治理将成为一种必然的选择。中国环境治理模式的转型不仅表现为治理主体的多元参与,同时也体现在治理行动中的多元主体相互配合。

协同即"各自相互配合或甲方协助乙方做某件事"③。环境治理行为的协同意味着政府主体、市场主体、社会主体三者都要参与到环境治理的全过程,并

---

① 俞可平. 中国治理变迁 30 年(1978—2008)[J]. 吉林大学社会科学学报, 2008 (3).

② 张健. 从管理走向治理:当代中国行政范式转换问题研究 [J]. 浙江社会科学, 2006 (4).

③ 中国社会科学院语言研究所词典编辑室. 现代汉语词典 [M]. 北京:商务印书馆, 2006:1506.

且在全过程中均相互配合。多元环境治理主体协同行动在应对气候变化方面表现得尤为明显。为应对全球气候变暖，各国政府均提出要转变经济发展模式，这无疑是发挥着最主要的作用。随着"低碳经济""低碳生活""低碳社会""低碳城市""低碳超市""低碳校园""低碳交通""低碳社区"等"低碳"话语的出现，标志着在环境治理过程中政府、民间组织、企业、个人等都在积极行为，成为当事人、参与者、奉献者和受益者。

　　然而在中国目前转型期，市场机制和社会力量尚不足时，三个治理主体之间尚不可能具有平等的治理地位，政府在整个环境治理中仍将发挥主导性地位，市场主体和社会主体应在环境治理全过程中配合政府的环境治理。这也意味着，中国环境治理虽然由"一元治理"向"多元治理"转型，治理主体呈现出多元性特点，然而政府在环境治理中仍将继续发挥着关键性作用。首先，在环境治理中政府要起主导作用。环境作为公共利益，环境保护具有一定的公益性，维护公共利益是政府的一项基本职能。而且政府的行政管理职能以及行政规制手段的使用能更好地从宏观上管控环境治理。尤其是在中国中央集权统治的历史传统下，政府治理的力量仍将是环境治理的主力。其次，企业要积极努力，履行企业的社会责任。企业的环境保护意识将决定着环境治理的效果。作为最大的环境污染的排放者和受益者，从某种意义上讲，企业最应该承担环境污染治理的责任和义务。最后，环境治理离不开社会的参与。尤其是个人自觉的环保意识能促使环境保护非政府组织（绿色 NGO）的发展，绿色 NGO 通过直接参与环境治理或者通过环境公益诉讼促使政府、企业承担环境治理责任等方式来行使其环境权利、承担起环境治理义务，绿色 NGO 将在环境治理中起到越来越重要的作用。

　　多元协同治理需要有相应的程序机制来保证各治理主体能够参与到环境治理中，并且有程序性机制保证其环境治理的权力、权利的行使和义务的承担。同时，多元协同治理还必须有相应的实体性机制，明确其环境治理的权力、权利、义务和责任的内容，以及相应的救济机制和责任追究机制。因此，多元环境治理是程序性机制和实体性机制的融合。环境污染损害的预防、预警、应急、治理以及事后评估和责任追究等各个阶段都需要有相应的程序性机制和实体性机制的配套，这也是环境治理制度设计的基本思路。

　　《中华人民共和国环境保护法》第六条就体现了国家、企业和个人环保公共治理的新理念和新机制①。即国家、企业、个人三者都有环境保护的义务，而三者之间的协同配合体现了协商民主的基本要求。而 2014 年的《北京市大气污染防治条例》则先于环保法的修改率先在其第二章提出"共同防治"②。在大气污染的公共治理中成功地应用了环境协商民主机制。北京的大气条例中构建的体制中不仅包含了政府、公民社会，而且还赋予了单位治理责任，并结合大气的流动性特点提出了区域联动的工作机制。从内容上看，大气污染的共同防治比西方学者提出的公共治理三边互动机制（政府、市场与公民社会）更丰富了，成为五位一体的更宏大的系统。

四、多元协同治理模式对化学品污染环境防治立法的影响

化学品的利益攸关方包括企业、政府、政府间机构、回收者、废物管理行动方、非政府组织及消费者群体③。从环境公平看，这些利益相关者都应承担起化学品污染环境治理的责任和义务。

首先，化学品管理中政府除了要发挥重要的主导作用，同时还要在政府引导下充分调动企业的积极性。充分体现这一转变的就是化学品管理中的自愿协议制度（Voluntary Agreement，简称 VAs），20 世纪 90 年代以来，政府与化学品产业界之间旨在实施化学品风险评价与风险管理的自愿协议在发达国家广泛开展，成为各国实施化学品环境管理政策的一项重要手段。

其次，化学品管理中，企业不应仅仅是被动的受管理者，也应发挥重要的作用，充分参与到环境管理的事务中。生产地板和运动场地面产品的 Tarkett 公司首席执行官 Michel Giannuzzi 先生认为，化学品健全管理有良好的商机。他说，在这个激动人心的时代，商界领袖可以将创新和创意用于应对重大挑战。挑战之一是产品对地球及人类健康与福祉的影响。这意味着开发安全的化学品是全

---

① 新修订的《中华人民共和国环境保护法》第六条规定："一切单位和个人都有保护环境的义务。地方各级人民政府应当对本行政区域的环境质量负责。企业事业单位和其他生产经营者应当防止、减少环境污染和生态破坏，对所造成的损害依法承担责任。公民应当增强环境保护意识，采取低碳、节俭的生活方式，自觉履行环境保护义务。"

② 北京的大气条例中对共同防治的定义为："防治大气污染应当建立健全政府主导、区域联动、单位施治、全民参与、社会监督的工作机制。"

③ SAICM/ICCM. 4/10, Chemicals in products programme. International Conference on Chemicals Management Fourth session [A/OL]. 联合国正式文件系统，2015-09-23.

世界制造商的重要议题，也是消费者的重大关切①。如 1985 年加拿大化学生产者协会（CCPA）首次发起的"责任关怀"（Responsible Care，简称 RC）行动就是化学工业界的自发性行为规范。

最后，社会和公众的有效监督也是化学品污染环境防治行政有效管理的保障。对于化学品，受限于专业知识，普通民众很难判断其是否有环境损害性。政府有责任公开化学品的信息，以便于社会和公众对化学品污染防治进行监督。

第四节　化学品事故应急管理理论

化学品事故并不鲜见，近的就有我们记忆犹新的天津 2015 年 8 月 12 日的滨海新区危险品仓库爆炸案等②。国家安全监管总局办公厅关于化工安全生产形势的通报③显示：2017 年上半年全国共发生化工事故 113 起、死亡 135 人，同比增加 8 起、27 人，分别上升 7.6%、25.0%。其中，发生较大事故 8 起、死亡 28 人，同比增加 3 起、12 人，分别上升 60%、75%；发生重大事故 1 起、10 人，同比增加 1 起、10 人。上半年化工事故总量、较大事故、重大事故全部上升，化工安全生产形势严峻。从事故类型分布看，爆炸、中毒和窒息、火灾等危险化学品事故起数、死亡人数分别占化工事故总起数、死亡总人数的 43.9%、55.0%；高处坠落、物体打击、机械伤害、车辆伤害等非危险化学品事故分别占化工事故总起数、死亡总人数的 56.1%、45.0%，化工企业非危险化学品事故占化工事故总起数已达一半以上。危险化学品事故和非危险化学品事故均多发频发。

危险化学品事故的特点：（1）突发性。事故发生前往往并没有先兆，突然

---

① SAICM/ICCM. 4/L. 1/Add. 1, Draft report of the International Conference on Chemicals Management on the work of its fourth session ［A/OL］. 联合国正式文件系统，2015-10-01.

② 如 2005 年 11 月 13 日，中石油吉林石化分公司双苯厂发生爆炸事故，共造成 6 人死亡、六十多人受伤，紧急疏散群众一万多人。爆炸造成约 100t 苯类物质流入松花江，造成了松花江及其下游水体严重污染，沿岸数百万居民的生活受到影响。2010 年 10 月 4 日，匈牙利铝生产贸易公司的一处尾矿库溃坝，百万立方米的红色污泥（氧化铝生产过程中的有毒废料）席卷了工厂周边的三个村庄，造成 8 人死亡、上百人受伤，其中受污染程度最重的一条河流生态系统已遭受毁灭性打击，预计需要数年才能恢复。

③ 国家安全监管总局办公厅关于今年上半年 化工安全生产形势的通报 ［R/OL］. 化学品法规研究中心，2017-07-29.

发生，如果没有应急预案，很难有恰当的应对。（2）复杂性。事故发生机理往往非常复杂，许多着火、爆炸事故并不是单纯由泄漏的物质引发，而是经过一些化学反应引发，原因很复杂，并具有相当的隐蔽性。（3）严重性。一些化工厂，由于生产工艺的连续性，装置布置紧密，会在短时间发生厂毁人亡的恶性爆炸。比如天津"8·12"仓库爆炸案就先后发生两次爆炸，不仅造成重大的经济损失，还会对人员造成重大伤亡。（4）持久性。事故造成的后果往往很长时间内都得不到恢复，有时还会造成难以清除的后果，尤其是对环境造成的破坏，有时需要几十年的时间进行治理。（5）社会性。事故对受害者、亲历者造成的伤害甚至不亚于战争留下的创伤，在很长时间内难以消除痛苦和恐怖。甚至一些危险化学品的泄漏事故还可能对子孙后代造成严重的生理影响①。

化学品引发的事故自化学品规模化生产、储运、使用开始就不鲜见，化学品的应急处理就成为化学品立法中不可回避的重要问题。《危险化学品安全管理条例》中就对事故应急救援做了专章规定。

在化学品事故应急处理上，政府无疑起到了关键性的作用，承担着无可替代的责任。政府处置得当不仅会使企业更积极地投入到事故处理中，有效制止事故的恶化，而且政府的应急应对能抚平公众的恐惧心态，防止恐惧蔓延引发次生灾害。例如，天津危险品仓库爆炸案发生后，政府积极组织各部门参与救助和环境监测，同时将环境监测数据和处理数据即时公布，使各种谣言迅速平息，整体社会秩序稳定，救灾工作有序、高效的展开。

突发事件②具有突发性、公共性、复杂性、高危性等特征。突发环境事件应对应包括事前预防、事中处置和事后恢复重建等阶段的全过程管理。

一、事前的预防常态化合作机制

化学品种类繁多，性质复杂，尤其是有些化学品在储存或使用时会有特殊的要求，有些化学品相互混合可能会引发爆炸事件或产生有毒有害的物质，有些化学反应控制不当会产生意想不到的连锁反应，有些化学物质的泄漏会带来

---

① 邵辉，葛秀坤，赵庆贤. 危险化学品生产风险辨识与控制 [M]. 北京：石油工业出版社，2011：5-6.

② 2007 年的《中华人民共和国突发事件应对法》第三条规定：本法所称突发事件，是指突然发生，造成或者可能造成严重社会危害，需要采取应急处置措施予以应对的自然灾害、事故灾难、公共卫生事件和社会安全事件。

灾难性后果，因此，对于化学品不仅要注重对生产人员进行化学安全生产知识的培训，更要对事故发生的防范形成一套常态化的机制，依赖机制的有效运行将可能发生事故的漏洞提前予以杜绝。这一套事前预防机制不仅要依赖于企业的自觉性，更依赖于政府、企业间的协同合作机制，通过政府安全主管部门牵头，企业自觉实施和环境监察部门的监督形成常态化的合作工作机制。具体可采取的常态化合作机制建议包括以下四个方面：

建立应急处置联席会议制度机制。化学品环境事故在中国目前呈现多发状态，虽然化学事故发生的原因可能各有不同，但在事故中暴露出的化学管理安全漏洞还是有共同性问题，在应急处置中采取的措施也具有可借鉴性。建立应急处置联席会议制度机制一方面可以建立一个化学安全事故处理经验交流的平台，另一方面可以建立应急事故预防方案共享交流平台。环境应急联席会议可以定期召开，总结前阶段的工作情况，协调做法；通报相关重大政策和工作信息，研究各相关单位合作事项和应对重大突发事件工作部署；对突发事件应急处置工作进行联合监督检查。必要时各合作单位可协商临时召开。

建立信息共享平台机制。依托国家、省级有关部门及地方环境监测机构建立监测网络，形成由监测站、航空和卫星遥感等观测点组成的立体监测监视体系。在内部，不断加强环境灾害和污染信息收集和风险评估；在外部加强与各合作单位的配合，及时通报信息。

建立技术交流与培训合作机制。利用各合作单位应急处置设备和技术优势，积极开展学术交流活动，提高人员素质和水平；针对突发事件发生的新形式，制定和完善应急处置预案和应急处置技术方案，使应急处置工作更加及时、科学、有效。

建立应急处置联合演练、联合执法机制。化学品应急处理不能忽视企业的责任，化工企业应制定应急预案，化学生产企业对化学事故制定应急预案是法律法规对化工企业安全生产所设定的义务性要求。但是化学品环境安全事件除了影响到化工企业内部，还会波及化工企业周围的村庄、社区和其他单位，尤其是为了防止城市密集区的环境污染，大量化工企业外迁而聚集到化工园区，因此，事故应急预案的具体实施效果需要多单位配合协同演练以检验其可行性。为检验和提高应急处置水平，化工企业除了向周边单位通报其应急预案外，每年应与各合作单位定期开展突发事件应急处置演练和联合执法行动，锻炼和提高处置突发事件的协同作战能力。化工企业的应急预案也应告知其周围社区居民，还应与社区居民定期举行应急演练。由于化学品的特殊性，其消防有特殊要求，例如天津危险品仓库爆炸案中由于仓库中储存有钠，钠与水会发生剧烈的化学反应，产生大量的热，同时放出的氢气也具有可燃性，可以说钠着火用水灭，甚至比火上浇油后果更严重，正确的做法是用沙盖灭。客观说，天津爆炸案最初采取的消防措施的不当也是事故后果扩大化的原因之一。因此，在化工企业集中的化工园区和大量贮存化学品的仓库等地方应配备具有化学消防专业知识的消防队伍。

例如，2019 年江苏响水天嘉宜化工有限公司"3·21"特别重大爆炸事故就充分暴露出事前预防不到位所产生的危害性后果。江苏省盐城市响水县陈家港镇的江苏天嘉宜化工有限公司于 2007 年 4 月成立，占地面积约 220 亩，主要生产化学原料和化学制品，经营范围包括间羟基苯甲酸、苯甲醚等。2019 年 3 月 21 日下午 14 时 48 分左右，江苏天嘉宜化工有限公司发生爆炸事故，已造成死亡 44 人，危重 32 人，重伤 58 人，还有部分群众受轻伤。国务院调查组认定江苏响水"3·21"特别重大爆炸事故是一起长期违法贮存危险废物导致自燃进而引发爆炸的特别重大生产安全责任事故。事故调查组查明，事故的直接原因是天嘉宜公司旧固废库内长期违法贮存的硝化废料持续积热升温导致自燃，燃烧引发爆炸。事故调查组认定，天嘉宜公司无视国家环境保护和安全生产法律法规，刻意瞒报、违法贮存、违法处置硝化废料，安全环保管理混乱，日常检查弄虚作假，固废仓库等工程未批先建。相关环评、安评等中介服务机构严重违法违规，出具虚假失实评价报告。事故调查组同时认定，江苏省各级应急管理部门履行安全生产综合监管职责不到位，生态环境部门未认真履行危险废物监管职责，工信、市场监管、规划、住建和消防等部门也不同程度存在违规行为。响水县和生态化工园区招商引资安全环保把关不严，对天嘉宜公司长期存在的重大风险隐患视而不见，复产把关流于形式。江苏省、盐城市未认真落实地方党政领导干部安全生产责任制，重大安全风险排查管控不全面、不深入、不扎实。事故调查组在调查中发现的违法违纪违规问题线索已移交有关方面查处，对发现的安全生产突出问题已移交有关部门和地方处理①。

---

① 新华社. 江苏响水天嘉宜化工有限公司"3·21"特别重大爆炸事故调查报告公布 [EB/OL]. 中国政府网，2019-11-15.

二、事中危机化解机制

事前的预防是基于防止事故发生而建立的机制，化学品事故具有突发性特点，微小的疏忽或大意就可能导致事故的发生。而事故一旦发生往往表现为一种剧烈的、不断扩张的趋势，例如天津港事故就连续发生了两次爆炸。事故发生中采取的措施直接决定了损害后果的大小以及社会影响。而化学品事故越是处理得得当及时，越能将环境损害降低到最小。这也是化学品污染环境防治立法中为什么要重视化学品事故的事中化解机制的原因所在。

当环境突发事件已经发生时，对其的应急管理就不再是一种常态化的管理，而适用紧急管理机制，这是一种非常规的手段。中央政府与地方政府结合，建立高效运转的指挥保障系统。省级政府与市级政府结合，形成团结协作的整体合力。

化学品环境突发事件应急以"属地原则"为主，主要是有利于地方政府发挥地方优势，恰当地应对事故。尤其是化学品事故，由于化学品本身的多部门管理导致管理机构的庞大，可能会造成当化学品事故发生时，相关部门都插手事故的应急处理，但是如果立法没有明确的应急管理权力分配，则可能造成仅仅依靠行政应急权力使某些部门的垂直领导架空环境事件突发地政府的应急指挥权。这有可能会更有利化学品环境事故的处置，但也有可能妨碍化学品应急的处置。尤其是，特别重大环境突发事件往往依赖中央应急主体集权式应急，整个地方行政应急权力得不到充分发挥。这些都不利于化学品环境事故的及时、有效的应对。此外，横向权力部门之间的协调配合也缺乏明确规定。这些问题都是化学品污染环境防治立法需要考虑的问题，并在立法中加以明确规定。

对于化学品事故来说，由于其不仅自身的危险性大，而且还会对周边社区和自然环境造成极大的损害，恰当的事中危机化解机制能有效地降低损害的后果，将损害降低到最低。这就需要中央和地方合理分配权力，中央既要从全局宏观指导化学品事故的应急，又不能过于干涉地方政府对化学品事故的应急处置权，地方政府在充分行使自己的应急权的基础上，要善于调动和发挥其他部门和机构的力量，协助自己做好应急工作。各部门之间也要做好相应的配合。因此应该在立法中明确中央、地方以及各部门权力的分配以及相互间的协调配合的机制。

例如，面对 2019 年江苏响水天嘉宜化工有限公司"3·21"特别重大爆炸事故，江苏省依据"属地管辖"原则主要做了六个方面工作：一是立即开展现场救援，全力组织灭火和人员搜救。二是紧急救治受伤人员。三是妥善疏散安置群众，为防止次生事故，组织逐户排查，将附近千名群众疏散到安全区域。四是全面开展环境监测，密切跟踪空气质量和水环境质量。五是开展事故善后工作，及时安抚亡人家属和事故受伤群众的情绪。六是及时汇总发布信息，回应社会关切①。

三、事后恢复重建机制

环境突发事件及早发现，应对措施得当，有利于防止环境突发事件对环境造成的损害或者使损害降到最低水平，这就使得在环境应急管理中往往比较重视预防预警以及事故的应急处理，而忽视了突发事故后处理阶段的工作。实际上，环境突发事件事后处理，有利于及时查找出事件发生的原因或规律；有利于及时发现和总结应急处理中出现的问题和经验；更重要的是环境突发事件对环境的损害是一个持续的过程，甚至这个过程要持续相当长的一段时间，事后处理的得当有助于将无形的生态环境的损害降到最低限度，从这个意义上说，环境突发事件后处理阶段其重要性与前两阶段相比毫不逊色。而且这一阶段不仅需要突发事件发生地政府的管理，其他政府部门的配合也显得极为重要。

环境突发事件带来的人力、物力等有形的财产损失很容易被人们察觉，也容易评估损害。然而环境突发事件最重要的影响是对生态环境的损坏，而这种损害具有无形性，它的损害只能被人们慢慢察觉，而且它的影响具有持久性。及时、准确地评估环境生态损害有利于人民认识到问题的严重性，提前介入，减缓损害的不利后果。应该充分利用部门间合作，通过信息的共享、技术资源的配合，开发出一整套生态评估的制度、方法，为保护我国的环境提供数据支撑。

《中华人民共和国突发事件应对法》第五章"事后恢复和重建"包括58—62 条五个条款，但政府间的职责界定不清，仅规定受突发事件影响地区的人民政府应当及时组织和协调各有关部门恢复社会治安秩序，尽快修复被损坏的公

---

① 国际在线．关于江苏响水"3.21"爆炸事故的情况通报［EB/OL］．百家号，2019-03-22.

共设施等。对如何防止政府在应急管理中损害公共利益以及对政府不恰当行使应急行政权力所造成的损害缺乏追究机制和损害补偿机制。对突发事件后处理阶段政府间的合作机制没有规定，没有明确中央政府与突发事件发生地政府之间、其他政府与突发事件发生地政府之间的责任分担原则和办法以及程序性规则。这种立法现状显然不能满足环境突发事件后处理的需要。环境突发事件事后恢复重建直接关系到环境资源的可持续利用，环境突发事件本身是对环境的一种毁灭性破坏，只有高度重视事后的恢复和重建才能减缓、减低这种损害造成的巨大后果，保证生态环境的良好、健康。

如 2015 年天津市滨海新区天津港瑞海公司危险品仓库火灾爆炸事故发生后，在清理现场及周边的同时，针对土壤、水质、空气的监测一直在持续；距离核心爆炸区最近的海港城三千多户业主中，近十分之一的业主最终选择修缮房屋，重回海港城；政府回购了上千套受损房屋并全部修缮完毕。当年 9 月，滨海新区就发布消息，将在天津港"812"爆炸事故点建起一个占地面积 24 公顷的海港生态公园，同时还将建设幼儿园、小学等配套设施，以满足居民生活需求。规划方案还向社会公示，广泛征集意见。事故一周年时，天津市相关部门和滨海新区发布数据：周边土壤质量达到相关标准；50 个点位水监测结果未现超标；环境空气质量保持在事故发生前水平。事故两年后，海港生态公园基本建成。

本章小结

科学技术活动是人类为探索自然界未知领域而进行的一项专门活动，是认识、发展、改善人类自身的一种必需的活动，是不可能也不应该终止的一项活动，而且它还将吸引越来越多的人投入到这项活动中去。这不仅是社会、国家的需要，也是实现人类自身价值，探求其他生命体、非生命体的内在价值的一种需求，更是科学技术自身的价值所在。化学品作为一种科学技术的产品，科技理念决定了科技产品，只有环境友好型的科技理念才能发明创造出环境友好型的科技产品。化学品污染环境的防治是离不开自然科学技术的支撑的，因为大多数的化学污染物是人工制造的，自然无法降解的，只能依靠人类技术进步来加以消解。由于人类对化学品的严重依赖性，也只有依赖技术的进步用绿色、无污染的化学品替代有环境危害性的化学品。绿色化学为从源头上治理化学品环境污染提供了自然科学基础。绿色化学理念核心思想主要表现在：一是绿色化学追求原子经济性，即尽可能使原料里的所有元素全部转化到所需产品中，不造成原子的浪费。二是绿色化学还追求过程的无害化，其中间产物、中间试剂也尽可能无毒无害，这样可以保证化工厂整体废弃物的排放的无害化、减量化。三是绿色化学更追求整体设计的简洁，也就是用最短的工业流程、最少的试剂产生最多的产品。四是绿色化学追求工艺、设备的先进性。绿色化学摈弃了过去那种高能耗、高排放的粗放性的生产方式，更注重化学工艺的精细化程度，对生产中的能耗以及污染物的排放都提出了较高的标准，只有先进的生产工艺和设备才能满足精细化的生产。

社会科学中的风险理论为应对化学品的不确定性的风险提供了理论指导。贝克的理论认为现代化颠覆了其自身的基础。他指出了两大主要变化。第一，工业现代化产生了出乎意料，有违初衷的副作用。风险与人们的阶级划分几乎没有关系，风险对每个人都是公平的，与人的财富多少，地位高低没有关系。风险面前人人平等。第二，原本由社会阶层划分导致的社会不平等，现在变成原子态个体间的不平等。风险社会的两个突出特点是高度不确定性和恐惧的普遍性。自风险社会理论提出，虽然受到广泛的关注，引发了后现代性反思性研究，但针对风险理论的质疑也一直未停止。但不可否认，风险社会理论为社会治理提出了新的视角。现在尚未能断言中国已经入风险社会，但内在性风险，也就是人类自身决策性以及生产活动带来的风险正越来越被人们所认知和重视。随着经济的全球化和科学技术的迅猛发展，科学技术本身的不确定性日益为人们所感知。然而科学的繁荣恰恰依靠的就是这种不确定性，因此，科技的不确定性是无法克服的，而不确定性却产生了风险，从这个意义上说风险不仅是不可克服的，而且必然表现出日益增加的趋势。中国的现代化进程更增加了人为的环境风险，而中国环境治理的主要责任主体是政府，而风险社会具有的高度不确定性和恐惧的普遍性，增加了政府行政的不确定性，这意味着政府行政正由确定性行政转向不确定行政，因此，政府对风险的监管职能得到了强化。政府首要的任务是通过成本收益规制工具来决定何种风险将纳入风险防治的范畴内，政府承担着最终的风险决策责任，保证本身就有限的社会财富得到合理恰当地使用，使资源配置达到最优。政府在风险管理中的职责是确定风险评估主体以及对风险评估主体的评估行为进行监管。政府必须以强有力手段监管风险信息的公开、公布。而企业则负有公开相应风险信息的责任。《环境保护法》第五十三条就规定："公民、法人和其他组织依法享有获取环境信息、参与和监督环境保护的权利。各级人民政府环境保护主管部门和其他负有环境保护监督管理职责的部门，应当依法公开环境信息、完善公众参与程序，为公民、法人和其他组织参与和监督环境保护提供便利。"风险社会的驱动力用一句话来概括就是"我害怕！"，恐惧的普遍性和风险的不确定性是风险社会的最大特征，针对化学品来说，由于其跟人们的日常生活具有密切相关性，其可能的潜在风险会带来更大的恐惧，会造成更大的社会不安定性，因此，提前对化学品的环境安全风险进行评估，尽量全面、准确地公开化学品的环境信息显得尤为重要。在现代社会里，我们担心更多是来自我们自己人为制造的风险。对于外部风险人们只能采取紧急应对和有限的提前预防，但是，对于人为的风险，人们提前参与预防甚至能够避免灾难的发生。因此，如何恰当应对风险带来的恐惧和控制人为风险应是化学品污染环境防治立法的主要内容。

经济学认为最大限度地使用环境公共物品来追求自身利益的最大化是符合理性经济人假设的，但可能会造成"公地悲剧"。从这个意义上说，遵循经济规律的经济主体似乎天然的不具备环境保护的先验的德性，只能依靠权威部门的强制手段来保证环境保护目标的实现，因此，环境保护依赖行政主导下的"命令-控制"模式具有天然的合理性。"一元治理"下"命令-控制"环境行政管制立法模式也是符合环境治理初期的立法要求的，而且由于环境保护涉及的是社会公共利益的保护，政府还必须在环境治理中发挥举足轻重的关键性作用，因此，行政管制手段还将在环境立法模式中发挥重要作用。但随着社会经济的转型，"一元治理"模式日益暴露出其局限性和不足：（1）政府对环境治理采取了包揽一切的做法，大量的行政许可、行政审批不仅加重了政府的行政负担，浪费大量的公共行政资源，造成行政效率的低下；同时还加大审批、许可的监管难度，造成监管不到位，这不仅会为贪污腐败造成空间，也会造成政府公信力的下降。（2）加重了政府的环境责任。尤其是环境突发事件发生时，将会使政府成为责任的唯一承担者，造成政府与民众的矛盾冲突和尖锐对立，损害了政府的形象，不利于社会的和谐，也是对良好社会秩序的冲撞。（3）抑制了市场主体的活性，不利于市场机制作用的发挥，不利于环境治理产业化的形成。（4）过分的行政管理造成企业、公众等环境治理参与意识的淡薄。

随着市场机制的成熟、社会治理力量的发展、壮大，政府、市场、社会的协同治理将成为一种必然的选择。中国环境治理正由"一元治理"向"多元治理"转型，治理主体呈现出多元性特点，然而政府在环境治理中仍将继续发挥着关键性作用。欧盟 REACH 法规就明确了主管当局、化学品生产厂家和进口商、下游用户等各种利益相关者的责任义务，将过去由政府和相关管理机构确认一种化学物质是否有害，改为要求生产者自己提出无害的证据，并承担检测费用，这样把减少化学品危害风险的义务更多地放到产业界。美国《有毒物质控制法》（TSCA）的管理体制对于公司而言相对宽松，认识、评估化学物质风险的责任主体在于政府，论证化学品安全的责任在执法者一方。现有化学品制造商没有被要求搜集用来评估潜在风险的毒性和暴露数据，美国环境保护署只能用现有的冗长机制向业界索要更多数据，这使业界广泛使用的化学品数据不完整，很多相关人士认为 TSCA 已经过时需要修订。中国环境治理模式的转型不仅表现为治理主体的多元参与，同时也体现在治理行动中的多元主体相互配合。随着治理现代化的发展，对社会公共问题采取多元协同治理的理念逐渐成为共识。政府、企业、社会团体和公众应协同治理化学品环境污染问题，在治理中各主体相应责任的承担、权利和义务的分配的理论基础就是公共治理。

化学品污染环境防治立法不可忽视的问题就是化学品环境突发事件的应急处置，毕竟有些化学品性质具有不稳定性，有些化工流程中采用的化学反应条件对温度、压力等有特殊的要求，稍有疏忽可能就酿成灾难。而化学品的应急处理理论为化学品事故的应对提供了理论支撑。探讨这些理论对化学品污染环境防治立法实践不仅是重要的，也是必需的。

第三章

化学品污染环境防治立法的正当性、
科学性和伦理观

　　环境保护运动在中国不是源于一种自发的，从下而上的民众需求，而是国家强制推行的一种国策，是一种自上而下的模式。因此，环境立法更需要证明立法的合宪性和合理性。化学品作为社会产品、福利产品，可能通过污染自然而反过来报复人类，因此，有必要通过管制人类的这种改造行为而避免环境资源受到损害。新常态下，经济发展模式的转型下企业的发展转型升级以及中国化工企业国际贸易竞争力的培养都需要化工企业的绿色化，供给侧结构性改革为化学品污染环境防治法提供了契机。

第一节　化学品污染环境防治立法的合法性

　　法治即良法之治，法律必须获得遵守才能取得良好的实施效果，而要想让民众遵守法律首先就要让民众接受和认可法律。

一、立法是对利益博弈结果的确认

　　立法的合法性之"法"不仅是通常所指的"法律"，而更多地是指实在法的道义基础，它侧重于指人们内心的价值观念，特别是其中的道德观念和政治社会理想。法的合法性就是指立法的正当性、道德权威性。立法的合法性是法的可信仰性的前提。法律一经被制定就希望能很好地被社会主体遵行，社会主体自觉遵循法律的前提是内心对法律的信仰，只有在内心信仰的基础上，社会主体才会在行为上自觉遵守法律。而要使社会主体信仰法律并自觉遵行法律，

115

则必须让社会主体产生这样的内心确信：他所遵循的法律一定是合法的①。

从自由资本主义转入国家干预主义以后，国家对社会生活的干预程度与范围使自发模式的制度变迁已经越来越少见，活动的空间越来越受到限制。西方国家应该说都大量地采用着变法模式对社会生活进行调节。如果立法不能反映市场规律，或者立法超越或滞后于社会生活的发展程度，就会使文本形式的法律与市场所需求的法律间出现错位与脱节，甚至立法还以扭曲的方式反映市场的客观要求，从而阻碍或停滞经济社会的发展。这就是变法模式下立法活动所具有的固有风险②。换言之，立法是具有风险的。哈耶克就认为，立法即审慎地制定法律，是具有最严重后果的人类发明之一，其深远的影响甚至超过了火和火药的发明③。因此，立法的合法性论证是必要的，不可或缺的。

在市场经济条件下，利益是一种稀缺的社会资源。现代立法一般被认为是立法者通过一定的程序、方法和手段就各种利益冲突与妥协的博弈达成利益均衡的结果。立法作为一种具有权威性的公共选择，其最基本的功能就是协调各利益主体的利益诉求，构建宪政框架之内的法律秩序。这也是所有立法者进行立法活动的原动力与最终目的。换言之，立法就是对利益冲突的协调和利益关系的调整，就是国家对各种利益群体博弈结果的认可。

环境立法过程中需要公民个人或者利益群体代表在不同阶段以不同方式参与，其不仅是保障环境立法的科学性、民主性的前提，而且也是民主的应有之义。在 19 世纪 60 年代以前，人们还没有认识到环境要素具有极其重要的生态价值，仅仅认识到环境要素的经济价值。在市场机制下，作为理性经济人的企业最大限度地利用环境要素来追求自身经济利益的最大化，政府对企业利用环境资源追求自身经济利益最大化的行为也持一种放任的态度。这直接导致"公地悲剧"的发生。环境要素的非排他性使用，决定了环境要素是一种公共产品，

---

① 严存生. 法的合法性问题研究 [J]. 法律科学，2002（3）.

② 全球现代化进程的历史事实说明，现代化可以分为两种实现途径：一是通过传统社会内部自发的因素实现现代化，一是在外部的压力下通过变革实现现代化。用制度变迁的理论解释，前者属于诱致性变迁，以响应获利机会而自发形成的社会秩序实现社会变革，可以称之为"自发模式"；后者属于强制性变迁，以法律规定强制实现社会变革，可以称之为"变法模式"。参见周汉华. 变法模式与中国立法法 [J]. 中国社会科学，2000（1）.

③ ［英］弗里德里希·冯·哈耶克. 法律、立法与自由（第1卷）［M］. 邓正来，张守东，李静冰，译. 北京：中国大百科全书出版社，2000：113.

为了防止搭便车现象的出现，需要对环境要素采取特殊的保护。美国学者萨克斯提出了"环境公共财产论"，他认为鉴于空气、水、阳光等环境要素对于人类生活是不可或缺的，应该摒弃将环境要素作为自由财产的传统观点，而将环境资源视为全体公民的公共财产。为了合理利用和保护这些公共财产，民众将其委托给国家，由国家加以管理。国家作为全体共有人的委托代理人，必须对全体公民负责，为了全体公民的利益，应当对环境资源予以保护，不得滥用委托权。将环境资源的所有权委托给国家，并不意味着对这些权利的放弃，而是为了更好地行使这些权利。环境资源的公共属性决定了与环境相关的行政立法会涉及公民私人利益和环境公共利益间的冲突，公民私人利益应服从于环境公共利益，这也是符合公平原则的。

对于化学品的影响，且不说离我们年代较远的重大化学品事故，如印度博帕尔事件、意大利塞维索化学污染事故、莱茵河污染事件，等等。就以离我们最近的天津港"812"特别重大火灾爆炸事故为例。事故期间，由于担心化学品爆炸物以及泄漏的化学品可能对空气、水等环境质量造成危害而导致的恐慌给人们生产、生活带来了巨大的影响。人们担心这些化学品渗透污染地下水资源、土壤资源，而且这种损害更难检测、修复。可以说，此次事故中，不仅化学品直接的环境危害性受到人们的关注，而且化学品带来的环境次生灾害也受到人们的广泛关注，此次事故外在表象为一次安全事故，其实质是对化学品的环境风险没有给予充分的认识所产生的恶果。化学品环境安全问题以一种惨烈的形式进入到人们的视野，引发人们反思。

二、化学品立法是对环境诉求的满足

人们对环境诉求的提升为化学品污染环境防治立法打下坚实的思想基础。对化学品环境有害性的认识是一个渐进的过程。最初人们对化学品是完全信任、依赖的，典型的表现就是农药、塑料等的滥用，然后人们逐渐认识到化学品的环境有害性，对化工生产开始加以规制，其表现在职业病防治和化工生产中废水、废气、废渣的污染防治。随着环保事业的发展，环保教育的展开，人们的环保理念逐渐获得了提升，认识到生态环境保护与人类自身活动息息相关，人类的生活方式、生产方式、消费方式都会影响到环境因子的变化。人类看待化学品也从对人是否有毒有害而扩展到对环境是否有毒有害。环境科学的发展使人们确确实实地认识到化学品正在危害着我们的环境，对化学品污染环境防治进行立法是可以获得民众的支持的。

随着经济社会的发展，人们在解决了最初的温饱问题后，对健康、良好的环境需求也逐渐扩大，化学品作为一种人工制造物对环境的影响已经获得各国的重视。经济发展模式也从过去的以牺牲环境为代价的粗放模式转化成绿色发展模式。在这种经济发展氛围下，绿色化工已成为一种必然的趋势。而对化学品污染环境防治进行立法，实际上为企业转型增加了一种法律强制力，加快了落后企业的淘汰进程，提升了化工企业的整体竞争水平，反过来更加促进经济社会的发展，有助于绿色经济模式转型的成功。因此，对化学品污染环境防治进行立法可以获得政府和企业的支持。

法律必须获得遵守才能取得良好的实施效果，而要想让民众遵守法律首先就要让民众接受和认可法律。实际上，中国对单个化学品的立法是有先例的。2007年12月，国务院办公厅下发了《国务院办公厅关于限制生产销售使用塑料购物袋的通知》（俗称限塑令），明确规定了塑料购物袋有偿使用制度以防治塑料袋造成的"白色污染"。从限塑令我们可以看出，如果公众对化学品的环境危害有了足够的认知是会认可和接受化学品污染环境防治立法的。

第二节　化学品污染环境防治立法的合理性

对化学品污染环境防治立法的必要性、可能性和可行性论证是获得立法支持和公众认可的必经途径。化学品污染环境立法必要性的论证还是要从化学品自身的特点、化学品污染的特点以及中国国情出发来进行分析和论证。

一、化学品污染环境防治立法的必要性

化学品污染环境防治立法的必要性解决的是为什么要进行该项立法的问题。立法就是社会关系的调整，但是调整社会关系的手段很多，如利用道德的、教育的、经济的手段等，而法律是一种最具强制力的调整社会关系的手段，因此需要考虑用法律的手段来调整这种社会关系是不是恰当，有没有迫切性。这就是对化学品污染环境防治立法必要性的论证必须要回答的问题。

化学品尽管可能会对环境产生污染，但是其绝不同于一般"污染物"，一般"污染物"是工农业和社会生活而产生的废弃物，是一种"副产品"，是人们所极力避免生产制造出来的物质，而且自然的自净能力有限，这些废弃物如果任由生产者排放会超出环境容量，当然会污染我们周围的环境。因此，针对这类物质，我们需要管制的是排放行为，通过控制排放的浓度和数量而达到防治污染的目的。而工业化学品却被当作"福利产品"和"社会性商品"①，是人们极力追求的人工制造物，甚至需要经过艰辛的探索、试验才能获得的物质。显然对这类物质的污染防治需要的是一种不同于其他废物污染防治的法律规制。

（一）化学品污染环境防治的特殊性

对污染物的防治一般采取针对"点源"或"面源"的污染控制，主要是通过制订环境标准和监测排放浓度进行控制，达到污染物"减量化"的目的。通过排污许可、浓度控制和总量控制以及排污费（税）等法律、经济等手段来防治其对环境的污染。随着清洁生产和循环经济理念的推广和相关的立法，一般污染物的防治通过淘汰落后工艺等方式逐渐从"末端治理"走向"源头控制""全过程控制"的防治路径。

然而，化学品污染具有其他污染不具有的特点。首先，化学品并不是一种废弃物，而是人类生产、生活离不开的物质，对化学品的污染防治不能采取"减量化"的手段和方式。其次，化学品对环境的污染并不必然的与浓度有关，有些化学品仅仅微量就足以导致危害后果的发生，因此，"浓度控制"的防治手段不适用于化学品污染环境防治。最后，化工厂为了降低生产成本，往往采取联合生产的方式，也就是一个化工厂的产品可能是另一个化工厂的原料，同时为了尽可能降低运输成本，防范长途运输化学品带来的风险，化工厂往往会集中成化工业园区，这是符合化工业发展规律的，因此，"总量控制"的防治手段也不适用于化学品污染环境防治。

概言之，化学品污染环境防治不同于其他污染物的防治，只能采取"源头控制"。浓度控制或总量控制对化学品污染环境防治几乎不起作用，有些化学品仅仅是微量的存在也会对环境发生不可逆转的危害，而且化学品污染的末端治理不仅消耗大量的社会资本，而且成效甚微。例如被人们深恶痛绝的"白色污

---

① 刘建国. 化学品环境管理：风险管理与公共治理 [M]. 北京：中国环境科学出版社，2008：4，16.

染"，从石油或煤炭中提取的化学石油产品——塑料的发明曾被认为是人类 20 世纪的一大杰作，然而，离塑料的发明不过百年，其环境危害性就显露出来，并成为环境治理的难题。这样的例子比比皆是。

因此，不同于一般污染物防治由"末端治理"向"源头控制"防治路径，化学品污染防治必须是"源头控制"。

（二）化学品环境安全的需求

当环境安全被纳入国家安全的范畴内，化学品环境安全方面的立法不足就成为不容忽视和回避的问题。化学品作为一种最活跃的生产资料，将影响到社会生产、生活的方方面面，而作为一种人类刻意追求的生产产品，其不可避免地成为人类干预自然的工具和手段，由此引发的环境风险日益被人类所认知，尤其是现代科技的发展，这种风险有日益增高的趋势。我国经济社会的发展状况以及人们对健康安全环境的需求使得化学品污染环境防治立法成为必然趋势。现有的法规和规章所规制的范围和起到的作用有限，无法保障化学品环境安全。化学品作为一种活跃的生产要素使得人们无法离开化学品，对于舒适生活的追求以及材料科学的发展，促使人们还会不断地制造出新的化学品，而化学品对自然来说越来越陌生，生态环境的安全也日益受到化学品的威胁。当生态安全被提高到事关国家安全的高度时，化学品的安全对社会经济安全就具有了重大影响。而我国目前现有的化学品立法显然已经不能满足化学品环境安全的需要。保证化学品环境安全需要有一部化学品污染环境防治的法律。

（三）经济可持续发展的要求

由于化学品的独特属性，使得其与经济发展密切相关。当经济不发达，温饱问题是首要问题时，环境问题尚不能进入法律规制的视野，牺牲环境换取发展成为普遍的做法。当环境遭到巨大破坏时，人们首先规制的也必然是直接污染环境的工业废水、废气、废渣。只有当经济发展到一定阶段，人们物质生活得到一定的满足，开始追求健康、美好的环境权利的时候，才会对环境保护提出更高的要求，才可能愿意牺牲一定的经济发展速度来改善环境。随着环境保护的广度和深度地推进，越来越多的环境污染物将纳入环境立法的规制范围内，不仅看得见的污染要防治，看不见，感知不到的污染物的污染也成为防治的对象。在这种环境诉求下，化学品污染环境防治立法将会获得越来越多的支持。

国际化学品管理战略方针中各国政府同意应将提高化学品安全视为可持续

发展议程的必要元素。那些由于化学品暴露而导致的疾病和行为紊乱不仅对人类造成伤害，而且也阻碍了经济生产力，给国家的健康和教育系统带来了额外的负担。一个国家在化学品管理方面能力的不足会阻碍经济发展和减少贫穷的行为。只有经济社会发展达到一定阶段后，才可能产生化学品污染环境防治的立法需要。

中国经济正在实现软着陆，经济"新常态"①已经逐步被系统化并成为治国理念和决策依据。环境保护与经济社会发展历来具有密切关联性，两者之间始终存在着相互影响、相互制约的作用。环境保护法实质上是在可持续发展的理念上寻求经济利益和环境公共利益的最佳平衡，寻求生态环境容量许可下的经济社会的繁荣发展，达到人与自然的和谐。经济"新常态"是符合可持续发展理念的，其努力消解环境保护与经济发展的矛盾和冲突，最大限度地寻求两者的融合。

"新常态"下我国经济转型升级表现在四个方面：不再追求高速度发展经济，经济增长速度降缓；不再单纯追求增长方式数量扩张，要求增长要有质量；创新成为经济发展的驱动力，而不再依赖投资驱动；区间调控成为宏观政策的主要内容，而不再是刺激增长点。这种经济发展转型无疑缓解了地方政府在GDP至上时期面临的经济发展压力，而正是这种"唯GDP"和"速度情结"导致政府在遇到经济发展与环境保护相冲突的问题时，环保让位于发展，使得地方保护主义有机可乘，造成环境污染防治立法不断，而环境污染却越治越严重的后果。因此，只有将政府从"经济发展速度"的紧箍咒中解脱出来，才能真正使环境保护优先于经济发展的理念落到实处。

经济"新常态"的提出为企业提供了一个创新发展、转型升级的良好的经济环境，也为化学品污染环境防治立法提供良好的氛围。经济"新常态"实际上是过去那种只重视经济增长速度，只关注发展的规模数量，忽视了发展质量

① 2014年5月习近平考察河南时提出"新常态"，11月习近平在亚太经合组织（APEC）工商领导人峰会上首次系统阐述"新常态"，12月中央经济工作会议从消费、投资、出口和国际收支、生产能力和产业组织方式、生产要素相对优势、市场竞争特点、资源环境约束、经济风险积累和化解、资源配置模式和宏观调控方式九方面全面阐释中国经济"新常态"。新常态下，经济增长速度将由高速增长转为中高速增长，经济发展方式将从规模速度型粗放增长转向质量效率型集约增长，经济结构将从增量扩能为主向调整存量、做优增量并举的方向调整，经济发展动力将从传统增长点转向新的增长点，整个经济将向形态更高级、分工更复杂、结构更合理的阶段演化。

121

的经济社会发展观的转型升级。这种发展观的转变有助于各级政府将更大的行政资源投入到环境治理，将环境治理向纵深推进。随着环境治理力度加大，化学品自身的"环境风险"逐渐会进入到政府环境治理的视野内，化学品污染环境防治立法势所必然。随着"依法治国"理念的实施，化学品污染环境防治立法也终将会纳入立法规划中。

（四）与国际贸易接轨的需要

普雷维什提出"中心-外围"理论①。该理论认为，发达国家主导的世界经济体系将国际劳动分工分成了两个部分：一个部分是首先取得技术进步的国家，也就是发达国家，依靠他们的技术优势，成为世界经济体系的"大的工业中心"；另一个部分处于落后地位的国家，也就是发展中国家，则沦为"为大的工业中心生产粮食和原材料"的外围。

普雷维什认为，外围国家必须改变那种以低廉的、技术含量差的初级产品出口为核心的发展模式，要走科技创新的路子，增强本国工业的竞争力，通过实行进口替代战略来实现工业化，推动本国工业化进程。为了促进"外围"国家的经济社会的发展，"中心"国也应该放宽对"外围"国家的限制，采取减少对其产品的进口歧视等措施，为"外围"国家工业品在世界市场上的竞争提供平等的机会②。而对于化工业来说，"中心-外围"体系在目前的世界经济格局中仍然是存在的。

中国的发展中国家的地位决定了中国目前尚属于外围国家。中国石化工业产品整体结构不健康，产品的科技含量不高，以传统产品为主，而且产品环境损害大，能耗大，产量过剩。科技含量较高的化学品还需从国外进口。2009年我国化工新材料自给率仅为56%。石油和化学工业规划院副院长白颐认为，20世纪后期建成的一批规模较小的企业是我国石油和化学工业平均水平不高的重要原因之一③。中国化工业的这种产业结构不仅污染严重、危害环境，而且对

① 1949年5月，被誉为"发展中国家的理论代表"的劳尔·普雷维什（Raul Prebisch，1901—1986）在向联合国拉丁美洲和加勒比经济委员会递交的报告《拉丁美洲的经济发展及其主要问题》中提出了代表发展中国家利益的保护贸易理论——"中心-外围"理论。

② 何春艳. 基于博弈论的我国稀土出口政策研究 [D]. 北京：中国地质大学，2013：36-37.

③ 刘方斌. 淘汰落后的决心不动摇 [EB/OL]. 中国化工报，2011-12-06.

全球气候也会产生不利影响。不论从应对气候变化，还是保护环境，抑或是为中国化工产业自身的良性发展，化工企业的经济转型都迫在眉睫。不能在满足于成为世界低廉的工业品的加工厂，这种生产所消耗大量宝贵的自然环境资源是不可再生的，其所包含的价值也是难以用金钱衡量的。

实际上，欧盟的 REACH 法规对化学品管理提高了门槛，中国化工出口面临巨大的压力，这种贸易壁垒还波及含有化学品商品的纺织业、服装业等产业。而 REACH 法规的目的之一就是加强欧盟化工业的竞争能力，通过注册、管制加大技术落后企业的生产成本。因此，从化学品国际贸易方面，中国化学品如果还想保持其化工业的发展势头也必须发展环境友好型化工产品。

不管是"中心－外围"理论还是"比较优势陷阱"实质上都强调发展的质量，而不是数量的增长；强调科技创新，减少对他国的技术依赖。世界工业强国比较强调高端的化学品的生产和研发，即具有较高的科技含量和自主产权，以此为核心形成企业的竞争优势。并注重于培养一批具有国际竞争力的企业集团，形成规模经营。注重对企业研发的资金投资，通过一流的技术和人才形成自己的产品品牌。尤其是发达国家的化工业顺应人们的化学品无害的需求，比较注重化学品的环境安全性，更是对发展中国家的化工品带来了极大的冲击和挑战。中国化工工业要想处于领先地位，就必须减少环境污染型、生产工艺落后、能耗大的化工企业数目，要发展科技创新，研发对环境有危害，致畸、致癌等化学品的替代品，走化学工业高品质、高科技的发展道路。

新企业进入某一市场需要具备一定的基本要素，还会遇到某些困难和障碍，这就是所谓的"进入壁垒"。当一个产业的在位企业不能赚取到正常利润，且决定退出时所承担的成本就是"退出壁垒"。环境规制能激励企业进行差异化的技术创新，使其产品具有异质性。环境规制强令重污染企业退出市场机制，使现有企业的退出壁垒降低，甚至为零，迫使企业进行技术创新①。只有重视化学品环境安全，提高化学品无害化的识别、鉴定和生产，提高化工企业的"进入壁垒"，降低其"退出壁垒"，才能真正淘汰那些重污染、产能落后、技术水平低下的小型化学企业，使中国化工企业走上健康、良性的发展道路。

国际贸易是带动中国整个化工业发展的重要动力。中国由于化学品相关立法位阶低，实施的效果不好，造成中国大多数化工企业对化学品的环境安全根

---

① 江珂. 中国环境规制对技术创新的影响 [M]. 北京：知识产权出版社，2015：52-54.

本不加重视，大量进入欧盟市场的化工产品因违反 REACH 法规而被欧盟海关滞留港口。自《欧盟物质和混合物分类、标签和包装法规》（CLP 法规）执行后，进入欧盟市场流通的化学品如未根据法规要求更新安全数据表和分类标签，也遭遇了货物滞港、退货、罚款等。中国化学品工业正面临"出不去，进得来"的发展困境，因此，中国化工业与国际化学贸易接轨需要化学品污染环境防治立法。而且在这种情况下，企业从自身利益出发，也会有化学品污染环境防治立法的愿望，这不仅是立法能获得化工业支持的基础，也是保障法律能获得良好的遵守，取得较好的实施效果的前提。毕竟化工企业在化学品的生产、使用中占了绝对优势的地位，只有他们的积极参与和支持，才能真正形成化学品污染环境治理的新局面。

二、化学品污染环境防治立法的可能性

化学品污染环境防治立法具有宪法和法律依据，而且国际、国外的相关化学品立法为中国化学品污染环境防治立法提供了可供参考的制度供给。大数据时代的到来也解决了化学品管制需要庞大的数据库支撑的难题，云计算为探索化学品与环境污染的相关性提供了技术可能性，中国已实行的"限塑令"以及新物质管理办法等实践也说明了化学品污染环境防治立法具有可行性。

（一）化学品污染环境防治立法的宪法及法律依据

中国历史上也有环境和资源保护的内容和措施，但那是基于朴素的自然观基础上的行为。真正有意识地对环境进行专门化的保护是始于1972年中国代表团参加了斯德哥尔摩人类环境会议之后，对于环境保护的重要性有了更深层次的认知后所采取的措施、方法和手段。最初环境保护是被作为基本国策提出。这是一种自上而下的模式，也就是国家和政府首先认识到环境保护的重要性，然后通过国家意志来推行环境保护政策。最初表现为一系列的方针、办法、政策等规范性文件，直到1979年环境保护法草案才出台。也就是说，环境保护运动在中国不是源于一种自发的，从下而上的民众需求，而是国家强制推行的一种国策机制。由此也决定了环境立法天然的缺失立法的群众基础，因此，环境立法更需要证明立法的合宪性和合理性。

宪法二十六条"国家保护和改善生活环境和生态环境，防治污染和其他公害"就是环境保护法律制定的宪法基础。对环境和人类健康有害的化学品应当被视为环境污染物，应当加以预防，尤其是世界八大公害①与化学品都有着千丝万缕的联系，有些本身就是化学品引起的公害事件。因此，对具有环境污染物特性的化学品进行污染防治立法，是符合宪法的合宪性行为。

被视为环境保护基本法的《中华人民共和国环境保护法》第四十八条"生产、储存、运输、销售、使用、处置化学物品和含有放射性物质的物品，应当遵守国家有关规定，防止污染环境"。第四十九条第二款也体现要防治化学品污染环境。这进一步明确了化学品污染环境防治立法是符合环境保护法要求的。显然，对化学品污染环境防治进行立法是有法律依据的。

（二）国际及国外相关立法中法律制度供给

化学品管理也受到国际社会的关注，最初是为了化学物质对臭氧层的消耗，随后逐渐关注到化学品运输和贸易带来的安全问题，以及危险废物的转移，最终关注到化学品对环境带来的损害和化学品的无害化使用。我国虽对某些化学品的国际条约作了保留，但还是良好地履行了条约的责任，并在国内设有相应的履约机构。国际条约对中国化学品立法也起到良好的参考、指导价值。

国外立法中具有代表性的是美国和欧盟立法。如美国的《有毒物质控制法》、欧盟《化学品注册、评估、许可和限制法规》。与美国对化学品管理相反，欧盟预设了化学品有害推定的前提，采用了先进的风险管理理念，并且将几乎所有的化学品都纳入注册、评估和许可的监管体系内，不符合法规要求的化学品将不能进入欧洲市场。美国的 TSCA 自立法以来，几乎没有重大修改，国内要求改革法案的呼声很高，而欧盟的化学品管理立法的模式对其他国家，尤其是韩国等产生了深远影响。中国目前化学品立法距离这些立法尚有较大的差距，不仅表现在立法技术上，更表现在立法理念上。深受公害之苦的日本对化学品的污染防治历来都很重视，《化审法》针对化学品进行不同的分类，针对不同的分类采取不同的监管措施等等，都为中国化学品立法提供了资料性的参考价值。

总体考察，这些国家在化学品环境管理上都有一部国家层次的综合性的立法，这些国际、国外相关的立法都为中国化学品污染环境防治立法提供了立法体例、立法原则、立法制度等可供借鉴的资料，为中国化学品污染环境防治立

---

① 八大公害即马斯河谷烟雾事件、伦敦烟雾事件、四日市哮喘事件、日本米糠油事件、日本水俣病事件、洛杉矶光化学烟雾事件、美国多诺拉事件和日本骨痛病事件。如米糠油事件就是多氯联苯污染了米糠油，通过食物链引起的中毒。

法打下了一定的基础。

（三）现行的中国化学品管理立法实践

《危险化学品安全管理条例》虽然其着重从生产安全而不是环境安全角度进行的管理，但毕竟其立法目的有环境保护，其规制的化学品中包含了对环境有危害的剧毒化学品和其他化学品，因此，其对化学品污染环境防治立法有一定的参考价值，其中一些制度可以运用于化学品污染环境防治立法中。但该条例毕竟是行政法规，注重的是政府的管理职能的实现，忽视了环境治理的协同性，立法级别也较低，同时也没有体现风险管理的理念和制度。

《新化学物质环境管理办法》的立法目的是"为了控制新化学物质的环境风险，保障人体健康，保护生态环境"，体现了风险管理的理念。对新化学物质实行风险分类管理，并分为一般风险控制措施和重点风险控制措施。实施申报登记（分为常规申报、简易申报和科学研究备案申报）资料保存、新化学品名录制度和跟踪控制制度。并且《中国现有化学物质名录》由环境保护部制定、调整并公布，而危险化学品名录是由国务院安全生产监督管理部门牵头会同其他部门确定、公布，并适时调整，由此也可明显看出两者的侧重点的不同，由环保部牵头编制名录对化学品污染环境防治应更有参考价值。相较而言，《新化学物质环境管理办法》对化学品的环境安全更为重视，对化学品污染环境防治立法的参考价值更显著。但是，毕竟《新化学物质环境管理办法》只是一种环境管理办法，法律位阶更低，妨碍了其发挥有效作用。

《化学品环境风险防控"十二五"规划》确定了化学品风险防控的主要任务、重点工程和保障措施，体现了规划制度在环境污染防治中的作用，是在没有高位阶立法授权下的一种自觉行动，也从侧面反映出化学品污染环境防治需要一部综合性、高位阶的立法。实际上，各国立法都比较重视化学品环境风险的预防，这也应是中国化学品污染环境防治立法的重点内容。

当然，其他立法如安全生产法、清洁生产法、循环经济法和应急法等对化学品污染环境防治立法都有一定的参考价值，化学品污染环境立法不仅要借鉴这些立法中的一些制度，更要注重与这些立法的衔接。

（四）配套技术的具备

化学品管理的最大困境就是化学品数目庞大，用途广泛，因此，监测数据库也很庞大。化学品环境危害测试费用高，周期长，对数据的共享要求相应也较高。这些在数据处理能力较低的时代是无法克服的难题。随着互联网技术的发展，大数据、云计算时代已经来临，在这个时代，对数据的收集、处理、分享将达到一个规模化的程度，并将在社会的各个领域发挥出难以预测的影响①。

人们对化学品最大的担心就是其环境风险的难以预测性，或称之为不确定性。而大数据的核心就是预测，这也恰恰是环境污染防治所需要的。要想找出环境危害是由何种化学品引起的确定性证据是很难的，因为环境要素是一个整体系统，相互之间始终在不断发生着循环、转化。而在大数据时代，通过大数据、云计算，找出环境危害与何种化学品相关却是相对容易得多的事情，这为我们采取环境决策提供了坚实的数据基础。

此外，由于国际化学品贸易壁垒已经形成，为了自身的生存，化工企业正在积极应对化学品环境无害化管理的潮流，化学品污染环境防治立法也是顺应潮流的表现，这也减少了立法的阻力，使立法更容易获得公众、企业的认可。总之，科学技术的发展，大数据时代的到来，环境监测技术的提升为化学品污染环境防治立法提供了技术支撑，公众、企业的认可为其提供了思想基础，使得化学品污染环境防治立法不仅具有可能性更具有可行性。

第三节　化学品污染环境防治立法的可行性

宪法中的相关规定为化学品污染防治立法提供了法律依据，民众的环境需求为化学品污染防治立法提供了正当性道德基础，而化学品污染环境法治立法真正付诸实施还依赖于国家政府经济发展阶段的现实基础以及发展的整体目标和经济改革的需要。

---

① 大数据时代有三个转变：第一，在大数据时代，可以分析更多的数据，有时甚至可以处理和某个特别现象相关的所有数据，而不再依赖于信息缺乏时代和信息流通受限制的模拟数据时代的随机采样。大数据可以更清楚地看出细节信息。第二，研究数据如此之多，大数据时代不再热衷于追求精确度。拥有了大数据，可以不再对一个现象刨根问底，只需掌握大体的发展方向即可。而适当忽略微观层面上的精确度可以在宏观层面拥有更好的洞察力。第三，大数据使我们可以不寻找因果关系，只要找到有相关性即可，相关性可能不能准确地告知我们某些事件为什么会发生，但会提醒我们事情正在发生。参见［英］维克托·迈尔-舍恩伯格，肯尼思·库克耶. 大数据时代［M］. 盛杨燕，周涛，译. 浙江：浙江人民出版社，2013：17-19.

一、供给侧结构性改革为化学品风险规制提供了契机

所有发展中国家，包括那些如今已被列入发达国家的经验显示：快速发展与污染和环境退化共生共存，而且，如果发展的收益不能被公正分配还会产生争执、动荡和冲突。自 2003 年后，中国钢铁、煤炭、水泥、玻璃、石油、石化、铁矿石、有色金属等几大行业，亏损面已经达到 80%，产业结构问题突出表现在低附加值产业所占比例较大，尤其是高消耗、高污染、高排放产业的比重偏高，为了经济发展获得更大发展空间和环境治理严峻形势尤其是雾霾治理的需求，需要加快供给侧结构性改革去淘汰落后产能和"三高"行业等为绿色低碳产业发展提供动力。2015 年 11 月，习近平总书记在主持召开的中央财经领导小组第十一次会议首次提出"着力加强供给侧结构性改革"，此后，习近平总书记在 2016 年 1 月主持召开中央财经领导小组第十二次会议上强调，供给侧结构性改革的根本目的是提高社会生产力水平，落实好以人民为中心的发展思想；在主持召开的中央深改组第二十三次会议指出，供给侧结构性改革与全面深化改革、落实新发展理念是相通的。供给侧结构性改革可谓是中国改革开放近 40 年时间里最深刻的一次政府功能转变。它不仅是经济体制改革的需要，更是生态文明建设的必然选择。党和国家领导人对生态文明建设给予了极大的关注和重视。习近平总书记对生态文明建设做出重要指示，强调树立"绿水青山就是金山银山"的强烈意识，牢固树立新发展理念，努力走向社会主义生态文明新时代。李克强总理指示，要以供给侧结构性改革为主线，坚持把生态文明建设放在更加突出的位置。2016 年中央深改小组已经召开 11 次会议，审议文件 96 份中 19 份是生态文明建设文件，约占审阅文件的 20%，由此可见生态文明建设的紧迫性和中央对生态文明建设的重视。生态文明建设要纳入制度化、法治化轨道，意味着环境法治建设是生态文明建设的重要内容和切入点，而作为生态文明建设改革主线的"供给侧结构性改革"必然会对环境法治建设产生重要影响，而环境法治建设只有纳入供给侧结构性改革的轨道中，才能保障生态文明下供给侧结构性改革对环境法治的需求。

公丕祥的《用法治思维和方式推进供给侧结构性改革》和《经济新常态下供给侧改革的法治逻辑》指出，法治是治国理政的基本方式，也是推进供给侧结构性改革的制度保障。他认为，从法权意义上讲，供给侧结构性改革的核心

要义在于释放作为市场主体的企业的创造活力，加大制度创新力度，降低市场交易费用，依法调控经济运行，为激发市场主体能动作用创设坚实的法治基础。并认为这是当代中国法治不可回避的重大使命，必须加快构建推动创新发展的法治制度体系，聚合创新发展的法治动能，把创新发展构筑在健全的法制供给制度基础上，依法划定政府与市场之间的权责边界，运用法治方式强化企业创新主体地位，形成激发企业家创新精神的法治激励机制，着力构筑充分发挥市场机制作用的法治基础，使之成为改善供给体系，提高供给质量的法治激励体系，为供给侧结构性改革打下坚实的法治基础①。李玉峰的《法治在供给侧结构性改革中的作用》提出，在供给侧结构性改革中，法治的角色可以总结为两个方面：一方面，法律规则可以引导社会资源的重新配置，实现供给侧结构性改革的政策目标。另一方面，法律制度还可以起到支撑供给侧结构性改革的重要作用。只有强调和坚持改革必须于法有据，才能使改革与法治形成良性互动，既保证改革顺利进行，又保证社会秩序的稳定，同时也能促进法治的不断发展完善②。梁晓菲的《能源领域供给侧改革与法治架构建立研究》认为，能源法律的缺失，也就是能源法治体系的缺失，无法对能源供给侧改革提供有效的法治保障。要努力构建起科学、合理的能源法治体系，使各项能源活动都能有法可依，以期确保能源供给侧结构性改革有效实施，促进我国经济健康持续发展③。梁伟发的《供给侧改革与法治保障》认为，实行供给侧改革就是倒逼企业创新，企业创新必须紧紧依靠法治保障，依法严格保护生态资源环境，加大打击破坏生态环境力度④。此类研究视角指出了供给侧结构性改革与法治间的关系，指出了法治对供给侧结构性改革的作用，对进一步研究有一定的借鉴价值。

从"三期叠加"到"新常态"，再到"供给侧结构性改革"是经济改革领域不断探索、深化认识的过程，其内容和逻辑就是"稳增长、调结构、促改革"。虽然供给侧改革的目标不仅仅是环境治理，但却与环境治理密切相关。环境资源已日益成为经济发展的瓶颈要素，人们对良好健康环境的需求也日益高

---

① 公丕祥. 用法治思维和方式推进供给侧结构性改革 [J]. 唯实（现代管理），2016（8）.
　公丕祥. 经济新常态下供给侧改革的法治逻辑 [J]. 法学，2016（7）.
② 李玉峰. 法治在供给侧结构性改革中的作用 [J]. 新经济，2016（27）.
③ 梁晓菲. 能源领域供给侧改革与法治架构建立研究 [J]. 中国能源，2016（8）.
④ 梁伟发. 供给侧改革与法治保障 [J]. 法治社会，2016（3）.

涨，环境保护已经成为关系国计民生的重大社会问题。供给侧改革不仅是为了促进经济的良性健康发展，更为环境治理提供了一次绝好的契机。只有抓住供给侧改革的机遇，使产业结构合理、有序、绿色发展，才能真正破解环境治理难题。

二、供给侧结构性改革顺应了经济新常态的需要

2014 年 4 月 24 日通过的《环保法修订案》获得广泛好评，并于 2015 年 1 月 1 日施行。然而制定再好的法律，也只有通过严格的执行，才能发挥应有的作用。潘岳在 2014 年全国环境政策法制工作研讨会上强调，"新修订的《环保法》贯彻了中央关于推进生态文明建设的要求，各级环保部门要以实施新《环保法》为抓手，加紧制度创新，推动国家绿色转型和经济结构调整"[1]。"我国经济发展进入新常态后，不论是从消费、投资、出口方面看，还是从生产能力和产业组织方式、生产要素相对优势、资源环境约束等方面看，都将出现一些重大的趋势性变化。这些趋势性变化既是新常态的外在特征，又是新常态的内在动因。"[2] 环保法的实施不仅能推动经济绿色发展，同时"新常态"下经济生态环境的变化也必将影响到环境法的实施效果。

（一）经济"新常态"不是危机的应对而是经济的转型

自 2014 年 5 月习近平考察河南时提出"新常态"到 11 月习近平在亚太经合组织（APEC）工商领导人峰会上首次系统阐述"新常态"，再到 12 月中央经济工作会议从消费、投资、出口和国际收支、生产能力和产业组织方式、生产要素相对优势、市场竞争特点、资源环境约束、经济风险积累和化解、资源配置模式和宏观调控方式九方面全面阐释中国经济"新常态"。"新常态"已经逐步被系统化并成为治国理念和决策依据。

"新常态"并不是新词，其发明权已无从考查。美国太平洋投资管理公司（PIMCO）首席投资官格罗斯（B. Gross）和埃尔埃利安（Mohamed El-Erian）使用了"新常态"来说明 2008 年国际金融危机爆发后，全球金融体系的结构改

---

① 环境保护部. 潘岳在 2014 年全国环境政策法制工作研讨会上强调：实施新环保法、加紧制度创新、推动绿色转型 [EB/OL]. 中华人民共和国生态环境部，2014-09-22.

② 潘盛洲. 在新常态下促进经济平稳健康发展（学习贯彻中央经济工作会议精神）[N]. 人民日报，2014-12-18.

变，较低的经济成长时代来临，由此形成了西方语境的"新常态"。"中国语境下的新常态与西方语境下的新常态相同和相通之处在于，其一，都表现为降低增长速度；其二，中国降速的因素部分受到国际降速的影响，或者说，国际降速是中国降速的大环境。而不同之处在于，两个旧常态具有本质的不同。与西方预支未来的高速增长不同，中国的高速增长是一个发展中国家经济成长的必然阶段，以及中国对发展历史机遇的积极把握"①。中国的"新常态""主题是'全面深化改革'和'结构调整'，而不是'危机救助'。"②

从资源环境约束看，经济"新常态"也是在环境承载能力已经达到或接近上限时，顺应人民群众对良好生态环境的期待的经济转型。经济发展进入新常态，意味着发展速度从高速增长转向中高速增长，经济发展方式正从规模速度型粗放增长转向质量效率型集约增长，经济结构正从增量扩能为主转向调整存量、做优增量并存的深度调整，经济发展动力正从传统增长点转向新的增长点。

然而需要明确的是，经济"新常态"不是不发展。中共中央政治局 2014 年 7 月 29 日召开的会议提出："发展必须是遵循经济规律的科学发展，必须是遵循自然规律的可持续发展，必须是遵循社会规律的包容性发展。""这三个规律彼此发生作用，三种发展密不可分、相辅相成，形成了全面发展的'一体三面'。"③ 可见，经济"新常态"是清醒地认识到目前我国国内和国际所面临经济环境的现实而提出的一种全面发展的治国理政新理念。

环境保护与经济社会发展历来具有密切关联性，两者之间始终存在着相互影响、相互制约的作用，环境保护法实质上是在可持续发展的理念上寻求经济利益和环境公共利益的最佳平衡，寻求生态环境容量许可下的经济社会的繁荣发展，达到人与自然的和谐。经济"新常态"是符合可持续发展理念的，其努力消解环境保护与经济发展的矛盾和冲突，最大限度地寻求二者的融合。经济"新常态"将为环境保护营造宽松的经济环境，必将促进《环保法》的有效实施。

（二）经济"新常态"为政府承担环境责任提供了宽松的经济环境

"新常态"下我国经济增长由高速向中高速"换挡"，增长方式由数量扩张

---

① 文魁. 新常态的冷思考 [J]. 前线，2014（10）.

② 李建波. 把握"新常态"下中国经济转型升级的重要战略机遇 [J]. 中国党政干部论坛，2014（10）.

③ 杨颖. 适应"经济新常态"的"三种发展"（下）[J]. 人民论坛，2014（10）.

转向质量提升，发展动力由投资驱动转向创新驱动，宏观政策由刺激增长转向区间调控。这种经济发展转型无疑缓解了地方政府在 GDP 至上时期面临的经济发展压力，而就是这种唯 GDP 和"速度情结"导致政府在遇到经济发展与环境保护相冲突的问题时，环保让位于发展，使得地方保护主义有机可乘。造成环境污染立法不断，而环境污染却越治越严重的后果。因此，只有将政府从"经济发展速度"的紧箍咒中解脱出来，才能使环境保护获得优先于经济发展的地位。

"徒法不足以自行"，新环保法虽被称为史上最严环保法，尤其是弥补了重权力轻责任，政府责任规定不足的缺陷，加强了"政府对环境质量负责"的约束机制和责任追究制。在总则部分突出地方各级政府应当对本地环境质量负责，并增加对政府实行环保目标责任制和考核评价制度的规定，并要求各级地方政府制订限期达标规划，同时授权环保部门对未达标地区实行区域限批。但是如果没有经济发展局势大转型，仅仅依靠严刑峻法，可能短期内环境污染能得到控制，经济压力很难保障这些制度能够得到长期、有效的贯彻、实施。事实上，环境执法从来不乏严厉的措施，如环保部连续几次"环评风暴"，虽然当时取得了很好的社会效果，然而实践中环评制度仍然没有得到有效地执行。这里固然有环境制度本身的缺陷，但经济利益驱动下的行政干预致使的有法不依、执法不严、违法不纠也是重要的因素。

新环保法的修订为经济绿色转型提供了法律依据，体现了"依法治国"的理念，经济"新常态"则为环保法的实施提供了宽松的经济环境，从根本上保障了新环保"推进生态文明建设，促进经济社会可持续发展"的立法目的的实现。

（三）经济"新常态"为企业承担环境义务提供了驱动动力

新环保法规定了"企业事业单位和其他生产经营者应当防止、减少环境污染和生态破坏，对所造成的损害依法承担责任"等强制性环境义务。同时也规定了政府鼓励和引导的措施如第二十二条："企业事业单位和其他生产经营者，在污染物排放符合法定要求的基础上，进一步减少污染物排放的，人民政府应当依法采取财政、税收、价格、政府采购等方面的政策和措施予以鼓励和支持。"第二十三条："企业事业单位和其他生产经营者，为改善环境，依照有关规定转产、搬迁、关闭的，人民政府应当予以支持。"

新环保法不仅肯定了政府的主导地位，同时也充分重视了市场主体在环境治理中的作用，补充和完善了企业环境义务，为企业承担环境治理义务提供了法律依据。新常态下，中国经济从要素驱动、投资驱动转向创新驱动。这样就从经济政策和法律两个层面为企业转变经营方式、调整产业结构、加强环保科技创新提出要求，使得企业适应绿色经济发展的升级换代成为必然选项。

"传统的经营模式是拼价格、拼规模、拼关系，新常态下的竞争，更多的是拼内功、拼服务、拼创新，拼谁活得长、活得更结实，这就要求我们调整经营思路，转变发展方式，转型升级刻不容缓。"① "许多企业正在经历去产能化、去库存化和结构调整的阵痛。特别是一些传统重化行业在市场压力下艰难调整"，在新常态下，"各地进一步加大了淘汰落后产能、污染治理和环境保护的力度。宁愿忍受短期阵痛，也要为绿色发展、生态发展、长远发展打下坚实基础"②。

（四）经济"新常态"有利于社会环境义务的承担

新环保法第六条规定："一切单位和个人都有保护环境的义务。"虽然原则性规定了社会治理环境的义务，但第七条规定："国家支持环境保护科学技术研究、开发和应用，鼓励环境保护产业发展，促进环境保护信息化建设，提高环境保护科学技术水平。"第二十一条："国家采取财政、税收、价格、政府采购等方面的政策和措施，鼓励和支持环境保护技术装备、资源综合利用和环境服务等环境保护产业的发展。"第五十二条："国家鼓励投保环境污染责任保险。"以上条款表明目前环境法中的社会治理义务还不是一种强制性义务，而是一种引导性义务。然而环境问题的复杂性决定了环境治理必须依靠政府、市场和社会等多元主体共同参与，协同治理。因此，随着环境治理的深入化，社会治理主体必将承担起实实在在的环境治理义务。因此，社会治理力量的培育已迫在眉睫。

经济"新常态"下，中国经济结构不断优化升级，第三产业、消费需求逐步成为主体。意味着我国正在由工业主导型向服务业主导型转变。在这种新常态下，环境治理第三方产业将获得极大的发展。中国国务院总理李克强2014年10月24日主持召开国务院常务会议，提出"进一步引入社会资本参与水电、核

---

① 李刚. 关注新常态下中国经济几大变化 [J]. 企业管理，2014（10）.
② 梁达. 以新常态视角看待经济增速的变化 [J]. 宏观经济管理，2014（12）.

电等项目，建设跨区输电通道、区域主干电网、分布式电源并网等工程和电动汽车充换电设施"。"推行环境污染第三方治理，推进政府向社会购买环境监测服务。""要大力创新融资方式，积极推广政府与社会资本合作（PPP）模式，使社会投资和政府投资相辅相成。创新信贷服务，支持开展排污权、收费权、购买服务协议质（抵）押等担保贷款业务，探索利用工程供水、供热、发电、污水垃圾处理等预期收益质押贷款。"

社会环境义务的承担将大大减轻政府环境治理的压力，缓解社会矛盾，避免政府全面出击，降低环境执法成本。同时社会环境治理力量的增强将有利于环境治理的有序、良性发展。

经济发展和环境保护之间不可避免地存在着矛盾和冲突，化解或缓解两者的冲突是环境治理必须要解决的问题。新环保法明确了"环境优先"，给予环境保护优先于经济发展的法律地位，而经济"新常态"顺应了这一趋势，发展速度的换档，发展重质不重量，经济结构的调整等都极大地缓解了经济发展与环境保护的矛盾和冲突。在经济"新常态"下新环保法必将能获得有效的实施。

三、供给侧结构性改革对环境治理领域的影响

供给侧结构性改革推行"三去一降一补"的政策，即去产能、去库存、去杠杆、降成本、补短板五大任务。通过产业结构的调整使中国经济更稳健、更健康。

（一）淘汰落后和过剩产能

"供给侧改革"就是从供给、生产端入手，通过解放生产力，提升竞争力促进经济发展。具体而言，就是要求清理僵尸企业，淘汰落后产能，将发展方向锁定新兴领域、创新领域，创造新的经济增长点。对于如何拉动经济增长，需求侧管理与供给侧改革有着截然不同的理念，需求侧管理认为需求不足导致产出下降，所以拉动经济增长需要"刺激政策"（货币和财政政策）来提高总需求，使实际产出达到潜在产出。供给侧管理认为市场可以自动调节使实际产出回归潜在产出，所以根本不需要所谓的"刺激政策"来调节总需求，拉动经济增长需要提高生产能力即提高潜在产出水平，其核心在于提高全要素生产率。

过剩产能已成为制约中国经济转型的一大包袱。产能过剩企业会占据大量资源，使得人力、资金、土地等成本居高不下，制约了新经济的发展。当前多

个行业、多个地区的产能过剩正引起各方的担忧，可能引发通缩、失业、经济动力不足等一系列风险。因此需要建立重污染产能退出和过剩产能化解机制，修订完善环境保护综合名录，淘汰高污染、高环境风险的工艺、设备与产品。调整优化产业结构，实行新（改、扩）建项目重点污染物排放等量或减量置换；煤炭、钢铁、水泥、平板玻璃等产能过剩行业实行产能等量或减量置换。

实施能耗总量和强度"双控"行动，全面推进工业、建筑、交通运输、公共机构等重点领域节能。严格新建项目节能评估审查，加强工业节能监察，强化全过程节能监管。支持企业增强绿色精益制造能力，推动工业园区和企业应用分布式能源。

化工企业也存在生产高消耗和产能过剩问题，例如化肥、农药、地膜等产业的过量生产进一步促进农村生产中化肥、农药和地膜等的过度消费，姑且不说这些产品生产过程中所带来的环境污染，这些产品的过量供给加之农业补贴政策的实施，使农民即使对土地投入过高成本仍可获得可观的收益，降低了农民对有机肥料使用的动力，改变了过去依赖有机化肥施用的传统农业生产模式。过度地施用化肥、农药不仅降低了土地的肥力，通过污染了土壤资源而进一步污染地下水资源，造成生态系统的整体恶化；同时也使农村的固体废物处理成为农村污染的重要问题。因此，化工企业淘汰落后工艺和克服产能过剩也是一项艰巨的工程。

（二）建立绿色制造体系

中国提出要全面推行绿色制造。（1）要强化产品全生命周期绿色管理，努力构建高效、清洁、低碳、循环的绿色制造体系。全面推进钢铁、有色、化工、建材、轻工、印染等传统制造业绿色改造，大力研发重金属污染减量化、有毒有害原料替代等绿色工艺技术装备。（2）建设绿色数据中心和绿色基站，大力促进新材料、新能源、高端装备、生物产业绿色低碳发展。全面推行循环生产方式，促进企业、园区、行业间链接共生、原料互供、资源共享。（3）积极构建绿色制造体系。支持企业开发绿色产品，推行生态设计，显著提升产品节能环保低碳水平，引导绿色生产和绿色消费。建设绿色工厂，实现厂房集约化、原料无害化、生产洁净化、废物资源化、能源低碳化。发展绿色园区，推进工业园区产业耦合，实现近零排放。打造绿色供应链，加快建立以资源节约、环境友好为导向的采购、生产、营销、回收及物流体系，落实生产者责任延伸制度。壮大绿色企业，支持企业实施绿色战略、绿色标准、绿色管理和绿色生产。(4) 推行企业社会责任报告制度，开展绿色评价。促进绿色制造和绿色产品生产供给，打造绿色供应链，增强绿色供给能力，建立统一的绿色产品标准、认证、标识体系，发展生态农业和有机农业。

此外，构建绿色的处罚措施和责任承担制度更能促进贸易对生态环境的保护作用。因此，WTO 应着重于处罚措施和责任承担的绿色化。例如，当企业以高污染、高消耗的方式生产产品用于国际贸易的，一经举报，生产企业承担举证义务，经 WTO 组织审核核实，企业确存在有与绿色经济绿色发展理念相违背的行为，企业应立即整顿，并向 WTO 国际贸易平台缴纳一定数额生态补偿修复基金，否则 e 国际贸易平台有权取消企业的产品上线权和网上经营权。

违反绿色电子标识规范的企业需向 e 国家贸易平台缴纳绿色罚金，或者以虚假方式获得绿色电子标识并使用获益的，针对其所得缴纳一定的绿色罚金。

生态补偿修复基金和绿色罚金可以由 e 国际贸易平台委托有生态环境修复资质的机构用于生态环境的修复，也可以将其基金交付联合国环境规划署，用于生态环境保护，资助发展中国家的生态保护建设。

(三) 大力发展环境污染第三方治理服务

"解决环境问题，需要理论创新和实践创新，同样也需要制度创新，制度创新是理论创新和实践创新的中间载体和重要抓手。"[1] 十八届三中全会报告提出"建立吸引社会资本投入生态环境保护的市场化机制，推行环境污染第三方治理"。这被认为是环境管理制度的重大创新。2014 年 3 月两会期间，全国工商联环境服务业商会提交《关于推行环境污染第三方治理的建议》的议案，建议"通过市场机制引入专业化第三方，可以使排污企业从自身并不擅长的污染治理工作中解放出来，集中力量投入到激烈的市场竞争中去。同时，也带动环境服务业、保险业、金融业的发展，促进环境科技进步，提高经济增长质量和持续发展能力，形成国民经济新的增长点"[2]。议案中所谓工业污染采用第三方治理的模式，即排污企业以合同的形式通过付费将产生的污染交由专业化环保公司

---

① 中国工程院，环境保护部. 中国环境宏观战略研究综合报告卷（上）[M]，北京：中国环境科学出版社，2011：202.

② 全国工商联环境服务业商会是全国工商联领导下，非营利性的环境服务业及相关行业的会员组织，2007 年 6 月 12 日在北京人民大会堂举行成立大会。

治理。一方面排污企业由于采用专业化治理降低了治理成本，提高了达标排放率；一方面政府执法部门由于监管对象集中可控而降低了执法成本。换言之，环境污染第三方治理是一种由排污企业和环境服务公司通过签订合同，排污企业支付治污费用、环境服务公司承担治理污染责任的新型污染控制模式。环保部在 2017 年发布了《关于推进第三方环境污染控制的实施意见》明确了对于环境污染的控制，坚持以市场化治理为主体地位、提升环境服务公司的专业化水平、促进第三方治理形成产业化为指导方针，大力推动第三方治理机制的发展。

环境污染第三方治理模式主要划分为：委托运营、特许经营、政府和社会资本合作等。（1）委托运营。即通过签订委托运营合同，排污企业将治理污染的设备交给专业的治污第三方运营，项目运行资金和市场风险由排污企业承担。在委托运营模式中，按照治理污染的设备的所有权不同，还可细分为托管运营服务型和委托治理服务型。托管运营服务型在已经建设完成并投入运营的项目中应用很广泛。第三方通常只负责对污染治理设施的日常运行与维护，但对治污设备不拥有所有权，主要通过收取污染企业支付的托管运行费来盈利。委托治理服务型主要适用于新建项目和扩建项目。治污第三方代理排污企业治理污染，拥有治污设备的部分产权，通过为排污企业提供全程的治污服务来收取综合有偿服务费来进行盈利。（2）特许经营。即在政府的监督下，依照相关的法律法规进行招投标，通过市场竞争的方式择优挑选适合的第三方治污企业，治污第三方企业在指定期限内和服务范围内负责基础设施的建设和提供专业的治污服务。根据成本与效益的分析方法，第三方治污企业通过收取治污费用可以获得可观的收入，排污企业降低了在治理污染方面的成本，同时也大幅提高了环境设施的运行效率是一种花费资金少、治污效率高的治理手段。特许经营需要严格的报备和审批程序，符合法定条件后第三方治污企业获得特许经营权。在特许经营的有效期内，企业承担的市场风险较小，通常可以收回项目的投资成本，同时能够获得丰厚的利润。在特许经营期届满后，政府要无偿收回环境设施①。（3）政府和社会资本合作（即 PPP），是指排污企业缴纳或按照合同的约定支付污染治理的费用，由第三方（一般是环境服务公司）将污染治理达标。通过与环境服务公司合作，有利于减少政府对企业的一般经营活动的过度参与，提高了环境公共服务的效率与质量，也扭转了政府与排污企业自身治污能力不

---

① 汪金东．我国城市公用事业的特许经营研究［D］．沈阳：辽宁大学，2016：7．

足的尴尬局面。

政府和社会资本合作模式能有效地吸引社会资本，在很大程度上缓解了排污企业没有足够的资金投入到治污环节中的困境，而且也给追求价值投资的投资者提供了稳定、长期的投资收益和广阔的投资平台。美国采用环境第三方治理方式有效地解决了地下储存罐系统因泄漏石油等有害物质造成的环境污染问题，二战以后，美国工业发展迅猛，能源消耗量巨大，美国政府广泛利用地下储存罐系统来储存石油等资源。大多数储存罐都是由裸钢制成，随着时间的推移可能会被腐蚀，并使储存罐中的液体泄漏到土壤中。在解决储存罐系统污染环境的问题中，美国政府和联邦政府将第三方环境治理方式引入，治污企业完成污染物治理的工作后，美国政府按照相应的检测标准对项目进行验收，达到污染物治理合格标准后支付治污费用。此后，如果出现环境污染问题而政府又不能高效、经济的处理时，政府通常会采用公开招标的方式挑选第三方治污企业来对污染进行治理。法国在水务行业的运营上通过把第三方治污企业引入其中，提高了项目的运行效率和运营水平。法国的私营水务公司在水务市场上有序竞争，并没有出现垄断和恶意竞争的情形。通过推行水务委托经营这种模式，水质有了很大的改善，废水处理的效率也大幅提升。

为保障环境污染第三方治理制度有效地运行，需要建立相应的配套机制：（1）价格管控机制。环境污染治理的成效如何不仅仅是企业个人的事物，由于环境的公共物品性，污染治理的效果直接关系到整个社会的公共利益是否受损，因此，政府对市场机制下的环境污染企业的自由竞争不能采取一种放任的态度，出于对公共利益的维护，必须加强对企业间竞争的管控，而这种管控可以通过对工业污染治理价格的控制得以实现。《中华人民共和国价格法》规定我国实行政府定价、政府指导价、市场调节价三种价格形式。如果采取市场调节价，污染企业为了降低自己的污染成本，会尽可能寻求出价低的治污企业，而治污企业为了获取市场份额也会压低自己的报价，很容易造成第三方治理市场低价恶性竞争，导致治污企业投资不到位、环保设施运行不正常、排放不达标的现象。而如果污染治理价格完全由政府定价，则具有强制性。服务价格不经价格主管部门或者其他有权部门批准，任何单位和个人都无权变动。否则，属于违法行为，那么将窒息第三方治理市场的竞争，使污染治理企业的技术创新失去动力，污染治理企业在可以稳定获得收益的情况下，是不会再投入大量的治污技术研发成本，最终整个市场失去活力。因此工业污染第三方治理市场价格采取政府指导价是较为合适的选择。政府指导价是一种具有双重定价主体的价格形式，由政府规定基准价及浮动幅度，引导经营者据此制定具体价格。针对不同类型的行业，依据现有经济技术条件，按照行业污染治理的平均成本和运营企业的合理利润水平，由政府制定工业污染治理的基准价和浮动幅度，达到控制价格水平的目的。经营者可以在政府规定的基准价和浮动幅度内灵活地制定调整价格。这样一方面可以保证污染达标排放，另一方面也可有效预防市场低价恶性竞争。（2）经济刺激机制。污染治理第三方单独投资规模较大的污染治理设施往往力不从心，尤其是当治理周期比较长时，启动资金的缺乏往往是污染治理第三方进入市场的障碍，为此，政府应给予资金、政策上的扶持。可以设立专项基金来对这种企业、公司进行低息或无息贷款，为企业提供研发资金无息贷款，但必须设立相应的制度保证专款专用，如果企业违反规定挪用资金则取消其获得贷款的资格，并将其列入信用黑名单。（3）污染治理企业的信息公开机制及责任追究制度。目前我国的信息公开主要是政府信息公开，随着信息公开制度的完善，企业污染信息以及污染治理企业治理信息也应该列入公开的范围之内。通过对企业污染排放物浓度的检测数据，对治污企业的运营成效定期进行信息公开，对未能达标排放的环保公司给予警告，并限期整改；对于未按期整改或恶意偷排的环保公司，将给予行政制裁同时要求对排污企业承担民事赔偿责任。

总之，污染第三方治理制度实施的初期，需要政府给予大量的支持，政府应"与不同的利益相关者建立伙伴关系，并使环境保护机构不仅被看作一个警察，而且被看作一个关于现代可持续技术和技能的来源，这些也是很重要的。除了必要的控制功能外，信息和技术的传播、研究支持和扩展服务，也是政策制度必不可少的"①。

对于化学品的环境污染治理应充分利用供给侧结构性改革的契机，合理划分中央和地方环境保护事权和支出责任，落实生态环境保护"党政同责""一岗双责"。落实企业环境治理主体责任，动员全社会积极参与生态环境保护，激励与约束并举，政府与市场"两手发力"，形成政府、企业、公众共治的环境治理体系。

①　［瑞典］托马斯·思德纳. 环境与自然资源管理的政策工具［M］. 张蔚文，黄祖辉，译
. 上海：上海三联书店，上海人民出版社，2005：718.

第四节　化学品污染环境防治立法的科学性

"欧美国家成文立法的数量呈现指数性的增长，但立法的质量却越来越低，立法没有达到预期的目的。而造成这种困境的直接原因是实践中立法的被贬低（disparaged）。在现实中，人们往往将立法问题视为政治问题，并且视政治为非理性、恣意的选择问题，因而立法具有诸多"坏名声"。每每提到立法，人们经常将诸如决策交易，讨价还价，相互吹捧，利益迎合以及政治分肥等标签贴于其上。"① 立法问题在实践中之所以被贬低的深层次原因在于法律理论忽视对立法问题的研究。

党的十八届四中全会通过的《中共中央关于全面推进依法治国若干重大问题的决定》，提出全面推进依法治国，总目标是建设中国特色社会主义法治体系，建设社会主义法治国家。而全面推进依法治国的前提基础就是要"有法可依"。2014 年 12 月 10 日，在环境保护部政策法规司组织的"依法治国与环境法治"为主题的研讨会上对当前环境法治领域存在的主要问题，环境保护部政研中心主任夏光将其总结为"立法缺、执法乱、司法少、守法弱"。周珂教授认为，环境立法距离科学立法的要求还有差距。所谓"最严格"，是指环境法律形成的网，不仅要足够大，还要足够密。建议在立法规划期内按照"最严格"的要求，把环境法律这张网织密②。

经济"新常态"改变了过去只注重速度、GDP 至上的经济发展观，更注意经济结构的调整和经济发展的质量③。经济新常态为环境治理向纵深发展提供了一个宽松的经济环境，为环境法治的完善和发展提供了一个良好的经济基础。

因此，在经济基础的作用和全面推进"依法治国"理念的引导下，我国必

---

① 宋方青，姜孝贤. 立法法理学探析 [J]. 法律科学（西北政法大学学报），2013（6）.
② 中国环境报. 环保部政策法规司推进法律法规生态化 [EB/OL]. 中国新闻网，2014-12-10.
③ 新常态下，经济增长速度将由高速增长转为中高速增长，经济发展方式将从规模速度型粗放增长转向质量效率型集约增长，经济结构将从增量扩能为主向调整存量、做优增量并举的方向调整，经济发展动力将从传统增长点转向新的增长点，整个经济将向形态更高级、分工更复杂、结构更合理的阶段演化。

将迎来环境立法的新的活跃期①。环境立法是实现环境法治的基本保障，只有实现环境立法的科学性，才能保证环境立法的质量。而实现环境科学立法首先要克服已有"问题环境立法"的弊端，完成环境立法从"被动"应对向"主动引导"转变。

一、克服已有环境立法的弊端

环境立法应对的是传统部门法无法化解的环境利益纠纷，毫无疑问，正是环境问题催生了环境立法的需求，但是仅仅是被动性地反映立法是不能完全解决环境污染，不能满足环境法治的需求。

（1）突破"环境问题立法"模式

自 20 世纪 80 年代中国开始进入了大规模环境立法阶段，大量基于环境要素而进行污染防治的专门性单项法律以较高位阶的立法形式得以制定，为中国环境治理的法治化奠定了坚实的基础，但在环境立法过程中主要基于"环境问题"而进行立法的环境立法模式弊端也暴露出来。

1. "环境问题立法"的历史合理性分析

环境法的出现实质上就是解决环境问题的法律应对，质言之，就是由于出现了环境问题，环境法才应运而生。尤其是各国的经济发展基本上都走过以牺牲环境为代价而换取发展的畸形发展之路，各种严重的环境问题频繁暴露，理性经济人不可能主动放弃追求经济利益的最大化来保护环境，因此，环境保护只能采取最严厉手段——借助法律强制力来实现保护环境，环境立法也必然针对的是最需要解决的问题，"问题环境立法"模式成为各国环境立法的主要形态。

"问题环境立法"也是符合人类认知规律的，对环境问题以及环境保护的认识也是有一个发展过程的。环境法作为一个新兴的法律分支，尚没有形成习惯、惯例，可资借鉴的历史经验的有限性使其只能采取针对具体问题的规则的制定，而且这种立法形态的确在当时的社会历史条件下取得了一定的效果，我国目前已经初步形成的环境法律体系可以说就是这种立法模式的产物，至今仍在发挥着积极作用。

---

① 2013 年 10 月 30 日，十二届全国人大常委会立法规划公布，明确了 68 件立法项目。规划涉及 11 项环境领域法律的立法以及修改工作

2. "问题立法"暴露的不足

问题导向立法本身的历史合理性并不能完全遮蔽其存在的固有缺陷，尤其是在环境治理领域，环境问题的多因一果性决定了环境立法要远较与所暴露出环境问题更复杂。

（1）环境"问题立法"的滞后性与环境立法的超前性的矛盾

环境"问题立法"不可避免地具有立法滞后性的固有弊端，因为只有等待问题暴露出来，才能发现立法的必要性，其所做的规则设计也是针对具体的问题特征，这种立法形态不可避免地造成环境立法的滞后性。

但是由于环境污染的治理成本很高，甚至可能会带来不可修复的损害后果，环境法逐渐从"末端治理"转向"源头治理"，预防原则也得到各国环境立法的认可。2014年修订的《中华人民共和国环境保护法》也首次明确规定了环境法的原则，即"第五条环境保护坚持保护优先、预防为主、综合治理、公众参与、损害担责的原则"。"应将新环境保护法第五条所规定的'预防为主、综合治理'理解为一项统一的环境法基本原则，其在学理上的表述就是预防原则，即指对开发和利用环境行为所产生的环境质量下降或者环境破坏等应当事前采取预测、分析和防范措施，以避免、消除由此可能带来的环境损害。我国环境法上，环境影响评价制度、三同时制度、排污许可证制度、限期治理制度、排污收费制度等均体现了这一原则的要求。"①

因此，"预防原则"要求环境立法应该具有一定的超前性，而不是等待问题出现后的被动立法，尤其是随着生态文明的推进，生态技术的发展，人们对生态环境规律和社会发展规律认识的深化，环境立法更应该由"被动"应对向"主动"设计转化。

（2）问题的多变与法律的稳定之间的矛盾

"问题立法"模式往往针对的是当下出现的问题，而随着时间、空间的转换，环境问题会发生变化，甚至在短时间内也会发生很大的变化，因此，针对问题的立法往往需要频繁的修改，甚至废止。而法律的权威性要求法应具有相对的稳定性，频繁修改会动摇法律信仰的根基。例如，雾霾大面积、频繁地出现，就是大气污染问题的新转向，大气污染防治与雾霾治理如何衔接就是一个

---

① 竺效. 论中国环境法基本原则的立法发展与再发展［J］. 华东政法大学学报，2014（3）.

需要重新权衡的问题。

因此，环境法治的发展并不能否认"环境问题立法"模式的积极作用，短期内也不能抛弃"环境问题立法"模式，但是随着环境法治的进程，环境立法需要突破该模式的固有弊端，使环境立法更科学、更完备。

（二）避免"移植立法"

所谓"移植立法"，就是以西方国家环境法律体系来审视中国环境法律体系，认为国外有的立法，中国同样也应该具有，据此来作为立法必要性的依据。这种立法形态忽视了法律移植的水土不服。法律的制定不能离开当下社会基础、法律传统基础以及公众的意识水平，离开国家基本国情的考虑，盲目移植国外立法，缺乏本土化基础，很难取得很好的实施效果。

"移植立法"实质上混淆了"没有立法"和"空白立法"之间的区别。往往将我国没有此种立法认为是我国立法出现了空白。而实际上，"空白立法"意味着社会现实需要该种立法，而现实中尚没有该种立法，导致了法律出现空白或漏洞，造成"无法可依"，因此其具有立法必然性是不证自明的。然而，实际上，一些学者所谓的"立法空白"实际上只是指我国尚没有这种立法，但是我国没有该种立法意味着有三种可能，一种是我国不需要该种立法，因为尚没有该种立法的需求；一种是我国不需要该种立法，因为其他立法已经能够填补了这种需求；一种是我国需要该种立法，但目前尚没有立法。只有最后一种情况才能被称为存在"立法空白"。

中国毕竟还是发展中国家，贫困问题仍然存在，人们获得生存的权利远较动物、植物甚至非生命体的权利重要。将稀缺性的立法资源过多地投入到动物权利等方面显然是不符合中国现实国情的。当道德教化或市场机制能很好地解决问题时，就要慎重应用立法手段。法为国之重器，用之应慎之又慎。

（三）减少"突击立法"

"突击立法"实际上是忽视或否认了立法需要花费的时间成本。尤其是当环境问题特别严重，成为公众关注的焦点，往往会使得立法机关急于出台法案来迎合民意。这种立法形态看似很具有效率，然而这种做法却忽视了或牺牲了立法的科学性。

1. 多元利益间的协调需要时间成本

"遵守并执行规则，预设的前提是规则本身符合公平正义的基本要求。规则之所以被遵守，不仅仅因为规则是一种外在的威慑或者命令，更重要的原因在于遵守规则是一种发自内心的信念和信仰。如果规则本身不合理，就不会得到认同，甚至规则越多，正义越少，'法令滋彰而盗贼多有'；越严格执行规则，越远离公平正义"①，"现代立法是解决多元利益冲突最为有效的协调机制，是多元利益相互冲突、竞争与妥协的博弈过程，是立法者利益衡量与利益主体利益博弈的结晶。其最基本的功能就是通过制度化的商谈与妥协方式协调多元利益群体不同的利益诉求，实现多元利益的动态化均衡"②。

环境公共利益涉及多元主体和多种利益，环境立法是对环境公共利益的确定，必将划分各利益主体的利益边界，这种划分只能基于各利益主体的协商达成的共识基础上才具有正当性。因此，环境立法必须引入环境协商民主机制。"从实质意义上说，环境协商民主机制实际上是政府、公司企业、公民社会团体三方互动来解决环境问题的一套运行机制，通过这种机制的运行，随时就环境问题涉及的重大利益进行协商、谈判，就权力的配置、环境法律责任的承担等重大问题达成一种共识。这种共识是基于一种平等协商的机制，必将具有良好的实施效果。"③ 而环境协商民主立法必然就具有时间成本。

2. 程序正义的实现需要时间成本

实体正义的实现需要程序正义的保证，多元主体平等地参与立法，充分地表达其利益诉求，并就其利益诉求进行协商，最后达成共识，整个过程需要一套程序来保证其实施，而程序的运行必须有足够的运行时间，由此花费的时间成本使得突击立法不可能是一种科学立法的表现。

尤其是环境立法的目的是追求善法，制定良好的法不仅要求其实体内容科学、合理、严谨，更要求其制定过程的科学、合理、严谨。环境立法的程序科学性也是科学立法的内容之一，甚至从某种意义上说，立法程序的科学决定了立法内容的科学。新修改的环境保护法之所以得到广泛的认可，就在于其经过了严格的立法程序，花费了巨大的时间成本，给予立法充分征求意见以及充分的立法论证。

---

① 周汉华. 法治中国建设的三大要求 [J]. 环球法律评论, 2014 (1).
② 吴乐乐. 社会转型期多元利益立法协调的宪政逻辑研究 [J]. 郑州大学学报 (哲学社会科学版), 2011 (1).
③ 周珂, 腾延娟. 论协商民主机制在中国环境法治中的应用 [J]. 浙江大学学报 (人文社会科学版), 2014 (6).

二、树立环境立法的风险意识

哈耶克指出："立法，即以审慎刻意的方式制定法律，已被论者确当地描述为人类所有发明中充满了最严重后果的发明之一，其影响甚至比火的发现和火药的发明还要深远。然而，法律本身却从来不是像立法那样被'发明'出来的，因此与这种法律不同，立法的发明在人类历史上要相对晚一些。立法这种发明赋予了人类以一种威力无比的工具——它是人类为了实现某种善所需要的工具，但是人类却还没有学会控制它，并确使它不产生大恶。"①

（一）环境立法的风险

环境立法的风险既有规范本身的确定性与环境风险的不确定之间产生的内部性风险，又有环境规范对外在整体社会规范影响带来的外部风险。

1. 环境立法的内部风险

一方面，环境立法必须既遵循社会发展规律，同时还要遵循生态环境发展规律。生态环境规律的认知还受制于当前社会科技水平的限制。由于科学本身的不确定性，"科学是靠不确定性而繁荣的"②。科技的不确定性是无法克服的，而不确定性却产生了风险，从这个意义上说环境风险是不可克服的。

另一方面，环境要素的复杂性，使环境规制产生的生态后果难以准确评估。尤其是像水循环、大气循环、海洋生态系统等由于其流动性、边界的模糊性更增加了生态损害后果评估的难度。这反过来增加了环境立法的预测难度，环境立法的不确定性也随之增大，带来了环境立法的内部风险。

2. 环境立法的外部风险

全球现代化进程的历史事实说明，现代化可以分为两种实现途径：一是通过传统社会内部自发的因素实现现代化，属于诱致性变迁，以响应获利机会而自发形成的社会秩序实现社会变革，即"自发模式"；一是在外部的压力下通过变革实现现代化。用制度变迁的理论解释，属于强制性变迁，以法律规定强制实现社会变革，即"变法模式"。"从自由资本主义转入国家干预主义以后，西

---

① ［英］弗里德里希·冯·哈耶克. 法律、立法与自由（第1卷）［M］. 邓正来，等译. 北京：中国大百科全书出版社，2000：49-50.
② ［美］亨利·N. 波拉克. 不确定的科学与不确定的世界［M］. 李萍萍，译. 上海：上海科技教育出版社，2005：6.

方国家应该说都大量地采用着变法模式来对社会生活进行调节，国家对社会生活的干预程度与范围使自发模式的制度变迁已经越来越少见，活动的空间越来越受到限制。如果立法不能反映市场的要求，或者立法超越或滞后于社会生活的发展程度，就会使书本上的法律与市场所要求的法律关系出现错位与脱节，甚至以立法来扭曲市场的客观要求。这就是变法模式下立法活动的固有风险。"①

环境立法具有加重社会发展成本的风险、改变历史文化传统的风险。一方面，环境保护与经济发展之间具有密不可分的关系，两者之间实质上具有尖锐的矛盾、冲突。生态文明以及"可持续"发展理念的提出，就是在调和化解两者之间的矛盾。环境立法实际是在环境保护和经济发展之间寻求一个最佳的平衡点。《环境保护法》《水污染防治法》《大气污染防治法》《海洋环境保护法》《固体废弃物污染环境保护法》等立法都在其立法目的中明确规定"促进经济社会可持续发展"。另一方面，生态环境的保护往往会改变人们的生活方式，比如提倡一种低碳、低消耗、绿色生活方式等。而且生态环境的保护可能影响到原住民的生存条件和传统的生活方式的改变。这些都是环境立法面对的风险。

只有环境善法之治才能充分发挥环境法对社会发展以及公众的好的指引、评价、教育等功能，维护生态社会的良好秩序，达到人与自然和谐相处的目的。环境科学立法必须重视环境立法的风险，最大限度地规避立法的风险。否则环境立法不仅会影响到法律的执行效果，更会对法律的权威性带来风险。

（二）环境立法的成本-收益评估

温特根斯认为，立法实际上意味着对个人自由的限制，因此任何立法都应证成这种限制的必要性。他提出可替代性原则（principle of alternativity），该原则要求自由的外在限制应当作为社会交往失败的替代物而得到论证，这一原则暗含了法律并非与生俱来，而是对其他社会规范不能有效调整社会交往的补充②。因此，必须有一套相应的评估工具来衡量立法的必要性和可行性。

因此，环境立法中应该引入成本收益分析。从纯经济学角度看，收益大于成本的预期是人们行为的基本出发点，因而也是人类社会的首要理性原则。从

---

① 周汉华. 变法模式与中国立法法［J］. 中国社会科学，2000（1）.
② ［比利时］卢卡·温特根斯（Luc J. Wingtens）. 作为一种新的立法理论的立法法理学［J］. 王保民，译. 比较法研究，2008（4）.

本质上讲，立法活动也是一种经济活动，有收益亦有成本，只有当其收益超过成本时，才是经济合理的。

当然在环境保护领域引入成本收益分析面临的一个难题就是如何评价生命的价值和环境质量的价值，否则很难判断其成本和收益的多少。

三、建立和强化"环境科学立法"

科学立法、民主立法、依法立法是我国立法工作实践秉持的重要原则。我国立法工作正在由"数量型、粗放型立法"逐步向"质量型、精细化立法"转变，科学立法从而提高立法质量成为立法工作的重中之重。

（一）树立环境立法的时空观

环境立法的时空观是为环境立法设立了一个立体的参考系，依据这个参考系为科学立法提供既具有共时性又具有历时性的较为科学的参数，有助于判断环境立法的合理性和合规律性。

1. 环境立法的时间观

环境立法的时间观要求要考虑立法条件、立法时机是否成熟。首先要看其发展过程是否逐渐呈现规律性的特点；其次，人的主观认识能否同事物的发展规律初步结合，也就是立法的技术能否满足环境保护的需要；最后，要考虑立法是否是规制的必须手段，能否通过道德教育或者市场机制自身的调节作用就可达到保护的目的。

环境立法的时间观实质上将就是要把握立法的适时性，"要考察该项立法是否具有适时性？过早或过迟都会损害法律的价值。在我国现行的立法实践中，有些立法出台过早，在现实生活中根本起不了什么作用，这样的立法还不如不立的好；还有些立法出台过迟，对现实的社会关系的调整大打折扣。""从法理学的角度讲，适时的立法才能保证法的功能在实际生活中的全部实现。"①

2. 环境立法的空间观

环境立法的空间观，就是将环境立法放置于更广阔的背景下。环境立法的空间观应包括三个维度。首先，环境立法应放置于整个环境法律体系内来考虑其立法的可行性、内容，这种维度保证环境法律体系内部的整体性、协调性，避免出现立法空档。这也是环境资源整体性的要求。其次，环境立法应放置于

---

① 汪全胜. 立法论证探讨 [J]. 政治与法律，2001（3）.

整个法律体系内来考虑，不仅有利于环境法律的实施，同时也保证其不与其他部门立法冲突，毕竟环境要素作为一个与人们生产、生活密不可分的活跃因子，也是其他部门法律不可回避的因子。最后，环境立法应放置于环境法律运行体系内考虑。环境立法的目的最终需要法律的实施实现，过于严格的立法可能理念、立法技术都比较先进，但脱离实际难以实现，也不是科学立法所应有之义。

（二）强化环境立法的协调观

由于环境要素的多样性以及对社会活动的强渗透性，环境法律规范除了表现出综合性、广泛性的特征外，与其他部门的法律法规也具有一定的交叉性、重合性。环境立法的协调观就是对环境立法内部性协调和外部性协调统一提出的综合性要求。

1. 环境立法内部性协调

环境系统作为整个社会系统的生产、生活资料的基本支撑系统，与其他社会管理密切相关。法律手段只是解决环境问题的方式之一，其他政治的、经济的、科技的以及教育的等手段在环境保护中也发挥着不可替代的作用。因此，环境立法要注重法律手段、经济刺激手段、道德教化手段等调整方式之间的协调。

因此，在环境立法设计中要充分发挥其他调整方式的作用。例如新环保法第九条："各级人民政府应当加强环境保护宣传和普及工作，鼓励基层群众性自治组织、社会组织、环境保护志愿者开展环境保护法律法规和环境保护知识的宣传，营造保护环境的良好风气。教育行政部门、学校应当将环境保护知识纳入学校教育内容，培养学生的环境保护意识。新闻媒体应当开展环境保护法律法规和环境保护知识的宣传，对环境违法行为进行舆论监督。"第七条："国家支持环境保护科学技术研究、开发和应用，鼓励环境保护产业发展，促进环境保护信息化建设，提高环境保护科学技术水平。"第二十一条："国家采取财政、税收、价格、政府采购等方面的政策和措施，鼓励和支持环境保护技术装备、资源综合利用和环境服务等环境保护产业的发展。"这些条款就是发挥教育手段、经济刺激手段等提高环境保护意识和能力。当然环保法中的这些措施的规定过于抽象，应该制定相应的配套性法律法规来保证这些法律规范的落实。

2. 环境立法外部性协调

一方面表现为环境立法整体性与行政区划人为性间的协调。环境资源保护的整体性是生态系统整体性的客观要求，不因人为的区域性划分而改变，环境资源保护法呼唤一种整体性保护，因此，我们需要的是一种超越行政区划的制度，通过制度设计来打破这种人为的行政区域划分导致的行政权力的分割对环境保护的不利影响，通过沟通和协调来达到对环境资源的协调一致的保护和维护。

另一方面表现为环境立法的系统性与行政职能的条块分割间的协调。环境保护是一个整体的、系统的复杂工程，因此针对环境的立法设计也具有系统性，需要各职能部门的协调配合。而各职能部门有部门利益，为追求部门利益的最大化，可能会追求环境保护的职权，而规避环境保护的责任，因此在环境立法中要协调各职能部门的权责分配，避免相互责任的推诿。

（三）重视环境立法技术

立法活动有一定的规律而且立法要遵循这些规律，虽然环境立法自有其独特的立法规律存在这是个不争的事实，但是环境立法活动仍然属于立法活动的范畴，其他立法活动积累的经验、规则对于环境立法仍具有适用的必要性和可能性，这种立法活动的经验和规则即为立法技术。环境立法不仅仍然要重视现有的立法技术，而且要在一定条件下改善和提高立法技术。

1. 划定环境权力（利）的边界

环境法在中国社会主义法律体系中属于行政法，因此，政府在环境保护中负有主要职责，发挥关键性作用。因此，环境立法中要明确政府的环境权力的边界，一方面，要明确中央政府与地方政府之间的权力分配，另一方面，要明确部门政府与地方政府之间的权力分配。

环境利益的公共性要求市场主体和社会主体也要参与到环境保护领域，而且，随着经济社会的发展，环境治理向纵深发展，市场主体和社会主体还将发挥越来越重要的作用，环境立法也应明确政府权力与市场、社会主体的权利之间的界限。

2. 加强规则的可操作性

加强规则的可操作性就是法律规范的抽象性和具体性相结合。立法规范过于抽象不利于环境执法和环境司法，而没有环境执法和环境司法的配合，环境立法的目的就难以实现。然而规范过于具体，可能导致其与瞬息万变的现实很快地脱节，造成法律的滞后。因此，把握好环境法律规范的抽象性和具体性之间的度也是环境立法科学性的要求之一。另外，也可以通过其他形式解决法律规范的抽象性和具体性之间的矛盾。如 2015 年 1 月 1 日，史上最严环保法正式施行后，为与新法相配套，环保部出台的环保主管部门实施按日计罚处罚办法，实施查封、扣押办法，实施限制生产、停产整治办法以及企业事业单位环境信息公开办法等四个规章，就是落实规则的可操作性。

总之，实现环境法治首先就要"有法可依"，环境立法是环境法治的基础，环境立法必须有一种整体的、超前的视野。应从社会主义法治体系的总体框架出发，针对已有的环境法律体系进行立法规划。在立法规划的基础上，根据我国现实的国情进行立法制度设计，同时也应有适当的超前性。所谓的环境立法的科学性就在于它不再是以前被动式的、填填补补式的立法，而是一种主动的、有目的的、系统的、引导性的、具有适度超前性的立法。环境立法质量直接关系到法律的实施效果，只有加强环境立法的科学性，才能保障环境立法的质量。此外，环境立法过程中还需要公民、各利益群体以及市场主体在不同的环境立法阶段以不同方式参与环境立法，这也是保障环境立法的科学性的前提和基础。

第五节　化学品污染环境防治立法的伦理观

立法者的伦理观将直接决定立法的价值选择、立法目标的设定和法律制度设计，因此，探讨化学品污染环境防治立法应采取何种伦理观是有其必要性的。化学品污染环境防治立法属于环境污染防治法律体系中的分支，是与环境污染防治立法的伦理观一脉相承的。传统的伦理观被认为是环境问题的产生根源而遭到质疑，非人类中心主义伦理观虽具有革命性，但是也有其内在的缺陷。因此，对于化学品污染环境防治立法来说，采取将"人类中心主义"和"非人类中心主义"融合的伦理观是比较恰当的。也就是在化学品污染防治立法中不仅要保护人类的利益，同时也要注重对其他生命体和非生命体利益的保护。

一、"非人类中心主义"环境伦理观的局限性

环境问题的出现被普遍归结于人类过于以自己为中心，为人类自身的利益而肆意掠夺自然，造成自然资源耗竭、物种灭绝、人类生存环境恶化等的环境

问题。换言之，传统的"人类中心主义"的伦理观被认为是造成环境问题的罪魁祸首。基于对人与自然关系的反思，20 世纪 70 年代有别于传统伦理学的，将约束人类自身的道德规范扩展到自然界的"非人类中心主义"环境伦理学作为一个学科出现了。

一般依照其所主张的伦理关怀主体范围的不同，将环境伦理学分为三个主要流派①：

（一）动物解放/权利论

该流派又分为三支：以彼得·辛格（Peter Singer）为代表的动物解放论、汤姆·雷根（Tom Regan）为代表的强式动物权利论和玛丽·沃伦（Marry A. Warren）的弱式动物权利论。动物解放派以功利主义为其哲学基础，主张要平等地关心所有动物的利益，但不必给予相同的待遇。强式动物权利派认为动物拥有权利，证明动物拥有权利的理由与证明人拥有权利的理由是相同的（但他们所指的动物更多的是指高等哺乳动物）。弱式动物权利派认为拥有感觉是拥有利益和权利的基础，所有只要拥有感觉的动物就拥有权利。

1. 彼得·辛格功利主义动物主体论

支撑彼得·辛格理论的最主要观念是以功利主义为基础的平等。功利主义的"鼻祖"杰里米·边沁（Jeremy Bentham）认为：总有一天，上帝创造的其他动物会重新获得被人类的暴虐之手从它们身上剥夺了的权利。皮肤的黑色不是一个人无端遭受他人肆意折磨的理由。总有一天，人们会认识到，腿的数目、皮肤是否长毛或脊椎骨的终结方式，同样也不是足以抛弃一个有感觉力的生命的理由。那么还有什么理由可以画下这条不可逾越的界限？是否拥有权利问题不在于它们能否会推理，也不在于它们能否交谈，而在于它们能否感受痛苦。辛格主张利益平等考量是基本道德原则，也是人类平等乃至人与动物平等的理论根据。一方面，凡具有感知能力者就具有利益，彼此相似的利益应得到相似的考量。另一方面，即使以人人均持有的事实性质而论平等，这一标准也应及于动物，因为，某些动物的综合心智能力确实比某些人高。故此，人类与非人类动物平等就是必然的结论。

彼得·辛格虽然主张要平等地关心所有动物的利益，但却认为应根据动物的感觉能力和心理能力的差异来区别对待不同的动物。辛格认为，人类与其他

---

① 余谋昌，王耀先. 环境伦理学 ［M］. 北京：高等教育出版社，2004：60-92.

动物显然存在重大的差别，这些差别导致两者拥有的权利不同。承认这种显而易见的事实，并不妨碍把平等的基本原则扩大到非人类动物。把平等的基本原则从一个群体推广到另一个群体，并不意味着必须用一模一样的方式对待这两个群体，或者赋予两个群体完全相同的权利。我们是否应当这样做，取决于两个群体成员所具有的天性。平等的基本原则并不要求平等的或相同的对待或待遇，而是要求平等的考虑。对不同的生命作平等的考虑，也可以导致不同的对待和不同的权利。

笔者不否认彼得·辛格的动物解放有其合理性的一面，然而问题就在于功利主义是一种一元论。它认为只存在一个基本的道德原理，所有其他原理都可以从此原理中引申出来，这样在单独使用功利主义时，就会带来荒谬的结论。譬如说为了使快乐最大化而使用毒品是否正当？

2. 汤姆·雷根权利主义动物主体论

汤姆·雷根的理论是建立在天赋价值基础之上的。他证明动物拥有权利的理由与证明人拥有权利的理由相同（但他所指的动物更多的是指高等哺乳动物）。玛丽·沃伦的动物权利论被称为弱式动物权利论：认为拥有感觉是拥有利益和权利的基础，所有只要拥有感觉的动物就拥有权利。

与彼得·辛格主张的动物解放不同（寻求最大化快乐的功利主义者认为可以人道地饲养并无痛楚地杀死动物作为食物，彼得·辛格认为人们应该拒绝购买残忍地生产出来的肉和蛋，如果找不到肉类的替代品，就应该成为素食主义者），雷根认为我们对待动物的方式出错的地方不在于我们给动物带来痛苦，也不是我们对动物的剥夺，所有这些只是我们对动物所犯错误的一部分。

既然汤姆·雷根主张动物拥有权利的理由与人类拥有权利的理由相同，那么得出的结论就必然是要么动物拥有与人完全相同的权利，要么就毫无权利。汤姆·雷根的动物权利论遇到的理论困境就在于：权利的拥有者以哪些动物为界？在能成为生活主体的动物与不能成为生活主体的动物之间总有模糊地带存在，这些动物既不是完全的生活主体，也不是毫无苦乐感受的动物，如果将它们也纳入权利的主体，与人们的道德直觉是相违背的，譬如说蟑螂、苍蝇与人具有同样的权利就会让人觉得很荒谬。因此，汤姆·雷根的绝对主义的权利观确实存在难以克服的理论困境。

（二）生物中心主义

包含阿尔贝特·史怀泽（A. Schweizter）的敬畏生命和保尔·泰勒（Paul

Taylor）的尊重大自然。敬畏生命承诺的是一种无限的责任和义务，要求敬畏我自身和我之外的生命意志。尊重自然打破了动物解放/权利的局限，把道德关怀的视野投向了野生的动物和植物，主张生物平等主义。

敬畏一切生命是史怀泽生命伦理学的基石，史怀泽把伦理的范围扩展到一切动物和植物，认为不仅对人的生命，而且对一切生物和动物的生命，都必须保持敬畏的态度。善是保持生命、促进生命，使可发展的生命实现其最高的价值，恶则是毁灭生命、伤害生命，压制生命的发展。这是必然的、普遍的、绝对的伦理原则。只涉及人对人关系的伦理学是不完整的，从而也不可能具有充分的伦理动能。只有当人类认为所有生命，包括人的生命和一切生物的生命都是神圣的时候，他才是伦理的。史怀泽认为，生命之间存在普遍联系，人的存在不是孤立的，它有赖于其他生命和整个世界的和谐。人类应该意识到，任何生命都有价值，我们和它不可分割。原始的伦理产生于人类与其前辈和后裔的天然关系。然而，只要人一成为有思想的生命，他的亲属范围就扩大了。有思想的人体验到必须像敬畏自己的生命意志一样敬畏所有的生命意志，他在自己的生命中体验到其他生命。

保尔·泰勒在《尊重自然的伦理学》中将尊重自然的态度分解成三个步骤：一是为提升和保护自然生态系统中生物体、种群和生命共同体的利益这个最终目标采取步骤；二是把有助于实现这个最终目标的行动看成是不言自明的责任，三是对这个世界的事务状态要抱有赞同的或反对的感情，只因为这种事务状态有利于或不利于自然环境中生物体、种群和生命共同体的利益。

（三）生态中心主义

生态中心主义有三个理论视角：奥尔多·利奥波德（Aldo Leopold）的大地伦理学（又译为土地伦理学）霍尔姆斯·罗尔斯顿（Holmes Rolston）的自然价值论和阿伦·奈斯（Arne Naess）的深层生态学。大地伦理学主张将包括土壤、水、植物、动物等以及由它们组成的大地共同体视为道德的共同体，赞成为了生物共同体整体的利益即生物共同体的完整、稳定和美丽而牺牲个体的利益；自然价值论第一次系统而全面地叙述和说明了自然的内在价值，但却没能证明价值和义务之间是否具有必然的逻辑联系。深层生态学主张生物圈平等主义与自我实现论。

国际著名的环境伦理学家霍尔姆斯·罗尔斯顿认为，从终极的意义上说，环境伦理学既不是关于资源使用的伦理学，也不是关于利益和代价以及它们的公正分配的伦理学；也不是关于危险、污染程度、权力与侵权、后代的需要以及其他问题——尽管它们在环境伦理中占有重要地位——的伦理学。孤立地看，这些问题都属于一种使环境从属于人的利益的伦理学。在这种伦理学看来，环境是工具性的辅助性的，尽管它同时也是根本的必要的。只有当人们不只是提出对自然的审慎利用，而是提出对它的恰当的尊重和义务问题时，人们才会接近自然主义上的原发型环境伦理学。

环境伦理学界普遍认为霍尔姆斯·罗尔斯顿的最大贡献是第一次系统而全面地叙述和说明了自然的内在价值，开辟了一条独特的思想进路。然而罗尔斯顿所面临的（也是西方伦理学缺陷）的理论难题是：如何证明价值与义务之间的必然的逻辑关系。

20世纪60年代由詹姆斯·罗夫洛克（James Lovelock）首先提出了盖娅假说，一个古老的，然而又令人惊奇的新颖观点：地球作为一个整体是活的，而且诸个体在某种程度上也类似一个生物体内的细胞①。

环境伦理学产生之初对环境法学带来了革命性的影响，但是随着人们对环境问题研究的深入以及环境伦理学自身的发展状况，环境伦理学也面临着一些质疑②。环境伦理学面临的困境在于：如何划分界线，哪些动物和物体可以包括进道德共同体内，哪些不能。"要么我们不得不划界，并建立如何评价每一生物体、系统或存在物的等级制度。当然，这种等级制度必须由人来创造，因此毫无疑问是以人类为中心的。当然要么我们不划界，把道德共同体扩展到包括万物，并平等地对待万物"③，那么我们就不得不接受拍死一个苍蝇跟杀死一个人是同样的犯罪的结论，我们为了自身的健康去杀死病毒也成了不道德的行为。这等于否定了人类自身的价值。

环境伦理学各学派观点之间的分歧远多于共识，甚至存在着立场上的根本对立，相互攻讦始终不绝。正是基于人类中心主义价值取向的失败，人们提出

---

① ［美］彼得·S.温茨. 现代环境伦理［M］. 宋玉波，朱丹琼，译. 上海：上海人民出版社，2007：208.
② 巩固. 环境伦理学"真理化"批判及其对环境法学的启示［C］//中国环境资源法学评论（2006年卷）. 北京：人民出版社，2007：84-97.
③ P. Aarne Vesilind, Alastair S. Gunn. 工程、伦理与环境［M］. 吴晓东，翁端，译. 北京：清华大学出版社，2003：116.

了非人类中心主义的价值取向——自然生态为中心的环境法，但它过于强调了自然的权利、生物平等或者生物圈平等。每个经济单元对整个经济体系都会有所贡献，但处于同一个经济体系内的各个经济单元所起到的作用不可能相同，所做的贡献也不可能一样，而贡献的大小必然会决定其在整个经济链条上所处的地位不同，某些经济单元的消亡未必会影响到整个经济体系，所谓生物平等主义或者生物圈平等主义实际上是忽略了这种不同。人类由于自身的发展已经成为自然经济体系中至关重要的一个链节，对此视而不见或加以否定都不是实事求是的科学态度。

反思人与自然的关系无疑是正确的，问题在于"人们太热衷于讨论自然而忽略了人类"。"如果缺乏对人类自身的关注，'地球遗产'这种华丽的词藻是非常不适当。共享的遗产需要统一的共同体。因此地球遗产应当是全世界的，每个人都有权分享资源。任何环境伦理都应当考虑全体人类的需要。"① 环境危机既然是人的危机，要解决环境危机，必须从人类自身寻找解决问题的途径。因为人类具有不可逆转地摧毁自然系统的能力。

二、"人类中心主义"和"非人类中心主义"伦理观的融合

人类中心主义的环境法，一切以人类的利益为价值判断标准，只有对人类有益者才能受到保护，否则将失去保护。这种伦理观是符合传统法的价值取向。但人类是环境的产物，仅仅以人类的利益作为价值取向正是造成现在诸多环境问题的根本原因，事实已经证明了这种价值取向的狭隘性。人类既然是自然经济体系的一部分，经济体系的其他部分有些与人类利益直接相关，有些与人类间接相关，过于追求直接的经济利益必然会损害体系内的某些部分，经济体系的任何部分的损害必然最终会损害人类自身。

在自然与人类的关系上，主张"人类中心主义"和"非人类中心主义"显然都是片面的。对于环境法应采取何种价值取向，简单地进行"人类中心主义"或是"非人类中心主义"的非此即彼的划分是不恰当的。环境法虽有其自身的特点，但它规范的只能是人和自然关系中人的行为，这决定了环境法无法摆脱人类中心主义，但也恰恰由于它不同于其他部门法的特点，又决定了它不能仅

---

① P. Aarne Vesilind, Alastair S. Gunn. 工程、伦理与环境 [M]. 吴晓东，翁端，译. 北京：清华大学出版社，2003：44.

仅以人类利益为中心，还必须体现出自然对人的行为的限定，又具有明显的非人类中心的色彩，因此环境法的价值取向应该是人类中心主义与非人类中心主义的融合，即在维护自然规律的前提下追求人类自身的尽可能多的利益。这也符合辩证法的否定之否定原理。人类自身开始必然是以自身为中心的，恰如婴儿都是自我中心一样，而"非人类中心主义"是对"人类中心主义"的否定，而对"非人类中心主义"的否定之否定必然是"人类中心主义"与"非人类中心主义"的融合，即人与自然的和谐发展。

在被罗尔斯称为"在无知之幕的背后"①，人们将尊重黄金定律：你想人家怎样对待你，你也要怎样待人。环境法面对的是各利益主体在环境问题上的冲突，环境法仍然是调整人类共同体内部的权力（权利）和义务的分配，因此必然要维护社会秩序。但环境危机的出现就在于人们违背了自然规律，对自然资源肆意掠夺，超过了自然系统的可再生能力；对环境无限制排放污染物，超过了环境的自净能力，造成了生态危机，进而引发了环境危机的全面爆发。因此环境法还要维护生态秩序。生态秩序，指的是人类共同体与其所依赖的其他生命体或非生命体物质之间的稳定而有序的状态。"人类共同体"本身就包含着现在的人类和将来的人类，因此环境公平也包含着代内公平和代际公平。但在关注代际公平的同时，我们也应该看到代内不公平仍然存在。

三、化学品伦理观的特殊性和复杂性

叙利亚政府军被指责在大马士革东古塔地区杜马的军事行动中使用了化学武器，造成平民死伤。2018 年 4 月 9 日，联合国安理会召开讨论叙利亚化学武器袭击事件报告会议。在这场长达 3 个多小时的会议中，以英法美为首的西方国家对叙利亚政府军所使用的"化学武器"进行了大量的论证和道德抨击。叙利亚外交部长曾无奈地说："每当叙政府军在打击恐怖主义的战斗中取得重大进展，就会出现对政府军使用化学武器的不实指责。"②

---

① 无知之幕：罗尔斯要求我们设想一个假定的处境，设想那些制定一个建立社会准则的契约的人们不知道他们将在那个社会中所扮演的角色。他们不知道他们是富还是穷，男或女，宗教的或世俗的等等。[美] 彼得·S. 温茨. 现代环境伦理 [M]. 宋玉波. 朱丹琼，译. 上海：上海人民出版社，2007：67.

② 局座召忠. 伊拉克的"洗衣粉"、叙利亚的"化学武器"，下一个是什么？[EB/OL]. 百家号，2018-04-13.

（一）化学武器

化学武器是一类大规模杀伤性武器，是利用化学物质的毒性杀伤有生力量的各种武器和器材的总称。具体讲有三部分：一是直接毒害作用干扰和破坏人的正常生理功能，造成人死亡、暂时或永久性伤害的毒剂；二是装填毒剂并把它分散成战斗状态的化学弹药或装置，如毒烟罐、布洒器等；三是用来把化学弹药或装置投送到目标区的发射或运载工具，如火箭、导弹等。最早使用的化学武器就是毒箭，但最开始是用以捕猎野兽。化学武器的杀伤机制比较特殊，主要通过将毒剂分散成蒸气、液滴、气溶胶或粉末状态，使空气、地面、水源和物体染毒。由于其攻击不具有选择性，无法区分是军人还是平民，而且杀伤方式非常残忍，给被害者带来难以忍受的痛苦。

常规武器主要靠弹丸或弹片直接杀伤人员。化学武器则可能通过毒剂的吸入、接触、误食等多种途径，直接或间接地引起人员中毒。按化学毒剂的毒害作用把化学武器分为六类：神经性毒剂、糜烂性毒剂、全身中毒性毒剂、失能性毒剂、刺激性毒剂、窒息性毒剂。化学袭击后的毒剂蒸气或气溶胶（初生云）随风传播和扩散，使得毒剂的效力远远超过释放点。故其杀伤范围较常规武器大许多倍。染毒空气能渗入要塞、堑壕、坑道、建筑物甚至装甲车辆、飞机和舰舱内，从而发挥其杀伤作用。换言之，对于常规武器具有一定防护能力的地域和目标，使用化学武器显然更为有效。化学武器的这种扩散搜索能力，不需高度精确的施放手段。因此对确切方位不能肯定的小目标的袭击，使用化学武器比使用常规武器成功的可能性更大。

最早在战争中使用化学品发生在公元前 429 年的伯罗奔尼撒战争中，斯巴达军利用硫磺和松枝混合燃烧来制造毒气对雅典城内的守军进行攻击。而真正大量使用化学品作为武器却在发生在第一次世界大战期间，德国是化学战的始作俑者。1915 年 4 月 22 日，德国在比利时伊泊尔地区与法国作战，使用氯气180 吨，约 3 万个钢瓶，在离地面 800 米，15 公里范围内布洒，造成 15000 人中毒，1000 人死亡。"在第一次世界大战中，无论是发动化学攻击次数，使用毒剂量（吨）发射毒剂弹数量，还是造成对方人员伤亡数，德国都位居第一。"①

（二）禁止化学品用于战争的努力

1899 年第一次海牙会议签订了《禁止使用专用于散布窒息性或有毒气体的

---

① 夏治强. 化学武器兴衰史话［M］. 北京：化学工业出版社，2008：27.

投射物的宣言》是第一个正式生效的有关禁止化学武器的国际法律文件。1907年第二次海牙国际和平会议通过了《陆战法规和惯例公约》中重申关于特别禁止"使用毒物或有毒武器"的规定。而具有全球意义的努力是由第一次世界大战后建立的国际联盟做出的,其理事会下先后设立了陆、海、空军问题常设顾问委员会、临时混合委员会和化学武器问题四人小组委员会等机构,它们对禁止化学武器问题向世界科学家广泛地咨询意见,临时混合委员会综合了专家意见向国际联盟大会提交了一份报告,为世界公众了解化学武器提供了翔实的资料,为日后《日内瓦议定书》的签订奠定了基础。

化学武器造成痛苦的严重程度和规模震动了公众良知,并使各国下定决心通过一个新条约禁止化学武器的使用,即适用于国家间冲突的1925年《日内瓦议定书》。1925年3月4日在日内瓦举行的"武器、弹药和战争工具国际贸易监控会议"上,特别讨论了禁止出口窒息性、有毒和有害气体的问题,最后就一项禁止使用化学武器和细菌作战方法的议定书即《禁止在战争中使用窒息性、毒性或其他气体和细菌作战方法的议定书》(《日内瓦议定书》)达成协议。但是,《日内瓦议定书》只是禁止在战争中使用毒气,而且许多国家在批准或加入时做出了某些保留使得《日内瓦议定书》的签订并没有能够完全防止化学战的发生,也没能阻止各国发展化学武器和化学武器的军备竞赛。甚至发展出二元化学武器,将毒剂的两种无毒前体化合物分装于两个由隔膜相互隔离的容器内,在弹药发射后,利用某种机关打开隔膜,使两种无毒原料混合而发生化学反应生成毒剂。现有的二元化学弹药主要是神经性毒剂二元弹药。

从1969年起禁止化学武器被正式列入联合国裁军日程。1992年裁军谈判会议一致通过了《关于禁止发展、生产、储存和使用化学武器并销毁此种武器的公约》(即《禁止化学武器公约》)。1993年,《禁止化学武器公约》加强了上述法规,禁止在任何情况下使用化学武器并为彻底消除化学武器提供全面的框架。2014年4月,叙利亚反复将氯气作为化学武器使用。这与近一个世纪以前在比利时伊普尔战役中用来毒杀士兵的化学毒剂完全相同。历史以这样惊人、完全不可接受的方式重演,实在需要引起各方的重视。2015年8月7日,安全理事会一致通过第2235(2015)号决议,该项决定对调查团很有把握做出的氯气在阿拉伯叙利亚共和国境内一再被有系统地用作武器的结论表示严重关注,最强烈地谴责在阿拉伯叙利亚境内任何把氯等有毒化学品用作武器的行为,表示决心查明应对这些行为负责的人①。在彻底消除化学武器和防止进一步使用方面众所周知的立场是：被用作执法武器的有毒化学品只能限于控暴剂。发展和使用任何有毒化学品作武器都可能对生命和健康带来严重威胁②。2013 年 10 月 11 日，挪威诺贝尔委员会宣布因该组织"为消除化学武器作出了广泛努力"，将把 2013 年诺贝尔和平奖授予禁化武组织。

2015 年 4 月 21 日，禁止化学武器组织在比利时伊普尔举行特别仪式，纪念人类历史上首次大规模使用化学武器事件发生 100 周年暨《禁止化学武器公约》（以下简称《公约》）生效 18 周年。禁止化学武器组织总干事在纪念伊珀尔首次大范围使用化学武器一百周年之际公布了《伊珀尔宣言》，重申决心为了全人类而彻底排除使用化学武器的可能性；重申最强烈地谴责任何人在任何情况下使用化学武器；强调无论何时何地，任何人在任何情况下使用化学武器的行径都是完全不可接受的，这将违反国际社会的法律规范和准则；并表示坚信应追究对使用化学武器负责的人的责任；强调谁都没有理由拥有化学武器；呼吁各《公约》非缔约国刻不容缓地加入《公约》；并强调承诺确保非国家行为方不获得化学武器或其运载工具；重申承诺确保有毒化学品只用于《公约》不加禁止的目的，并强调愿意促进化学品的自由贸易以及为《公约》不加禁止的目的进行的化学活动方面的国际合作及科学和技术资料交换，以求增进所有缔约国的经济和技术发展③。

经过数十年的国际社会禁止和销毁化学武器的努力，世界面临的战争中使用化学武器的威胁明显降低。然而，国际反恐形势发生了变化和发展，化学武器非战争使用和有毒有害化学品在恐怖活动中使用的局面逐渐增多，各国面临着加大反生化核武器用于恐怖活动的新挑战。

（三）化学品被用于恐怖活动

2011 年 10 月 29 日第十一届全国人民代表大会常务委员会第二十三次会议通过的《全国人民代表大会常务委员会关于加强反恐怖工作有关问题的决定》

---

① 安全理事会一致通过第 2235（2015）号决议，建立在叙利亚境内查明使用化学武器的肇事者的机制［EB/OL］. 联合国网站，2015-08-07.

② Chemical weapons use：An unacceptable repeat of history that demands attention［R/OL］. 红十字国际委员会网站，2014-12-02.

③ 原材料工业司. 禁止化学武器组织纪念世界战争史上首次使用化学武器 100 周年并发表宣言［R/OL］. 中华人民共和国工业与信息化部网站，2015-04-23.

中定义恐怖活动:"是指以制造社会恐慌、危害公共安全或者胁迫国家机关、国际组织为目的,采取暴力、破坏、恐吓等手段,造成或者意图造成人员伤亡、重大财产损失、公共设施损坏、社会秩序混乱等严重社会危害的行为,以及煽动、资助或者以其他方式协助实施上述活动的行为。"

化学品被用于恐怖活动最典型的就是东京地铁沙林毒气事件,1995 年 3 月 20 日早上于日本东京的营团地下铁(现在东京地下铁)发生的恐怖袭击事件。发动恐怖袭击的奥姆真理教邪教组织人员在东京地下铁三线共五列列车上释放沙林毒气①,造成 13 人死亡,约 5500 人中毒,1036 人住院治疗(而部分罪犯则于同年 6 月 14 日被日本警方通缉)。事件发生的当天,日本政府所在地及国会周围的几条地铁主干线被迫关闭,26 个地铁站受影响,东京交通陷入一片混乱。这一事件给刚刚经历了阪神大地震的日本社会又蒙上了一层阴影。2011 年 11 月 21 日,日本最高法院驳回东京地铁沙林毒气案最后一名被告远藤诚一的上诉,维持东京地方法院和东京高等法院一、二审的死刑判决。日本的奥姆真理教制造的"东京地铁毒气案",不仅造成了大量无辜民众的伤亡,也在社会上引发了严重的恐慌。

自美国"9·11"事件②后,恐怖活动在全世界不断升级,尤其是恐怖爆炸袭击案件在很多国家内都出现,可以说,没有哪个国家敢于宣布自己不会受到恐怖分子的袭击。恐怖主义给国际社会带来的危害问题上,各国几乎都认同以下三点:(1)漠视国家主权和基本人权,无视联合国在国际安全事务中的地位和作用,造成一种国际范围内的无政府状态,漠视国际人道主义基本原则,滥用暴力或极端手段,造成大量人员伤亡,对国际安全造成威胁。(2)通过各种非法渠道敛取钱财,破坏社会人力物力财力资源,损坏社会公共设施,造成财

---

① 沙林,学名甲氟膦酸异丙酯,是一种有机磷酸酯类毒气,抑制胆碱酯酶,造成神经系统紊乱,是毒性最大的有机毒物之一。

② 2001 年 9 月 11 日上午,两架被恐怖分子劫持的民航客机分别撞向美国纽约世界贸易中心一号楼和世界贸易中心二号楼,两座建筑在遭到攻击后相继倒塌,世界贸易中心其余 5 座建筑物也受震而坍塌损毁;9 时许,另一架被劫持的客机撞向位于美国华盛顿的美国国防部五角大楼,五角大楼局部结构损坏并坍塌。"9·11"事件是发生在美国本土的最为严重的恐怖攻击行动,遇难者总数高达 2996 人。对于此次事件的财产损失各方统计不一,联合国发表报告称此次恐怖袭击对美经济损失达 2000 亿美元,相当于当年生产总值的 2%。此次事件对全球经济所造成的损害甚至达到 1 万亿美元左右。此次事件对美国民众造成的心理影响极为深远,美国民众对经济及政治上的安全感均被严重削弱。

产直接损失，损毁多年积累的人类历史文明成果，毁灭性地破坏人类赖以生存的自然资源环境，对世界经济形成直接或间接危害。（3）践踏国际法基本原则，违背世界和平与发展两大主题，对国际政治、经济新秩序，尤其是对国际法律新秩序构成极大威胁。

化学武器在制造、储存、运输以及使用方面，不论在技术要求还是成本上，都远低于核武器甚至一些高精尖的常规武器，但其可能造成的危害并不低。如果被一些非国家行为体特别是恐怖主义组织掌握，有可能被用作进行政治讹诈的工具，导致的后果将特别严重。这项工作不是靠一部分人就可以完成的，它需要整个国际社会共同采取行动，禁止化学武器以及防止化学品被用于恐怖活动也是国际社会的共同责任。

日本奥姆真理教制造的沙林毒气案使得非国家行为体使用化学武器变为现实。虽然恐怖组织在获得高质量和高纯度的材料方面，制造和散布自己的化学武器还有很大的技术难度，但是恐怖分子可能会通过袭击化工厂或装有危险化学品的运输装置，造成有毒有害的工业化学品大量泄漏或扩散来实施恐怖行为。化学工业必须尽可能地减少由于内部人员所造成的危害，确保他们拥有其所要求的技术和领导能力。一旦出现泄漏他们能够采取必要措施来减少危害。"国家政府的作用是通过监督、立法或协议保证工业部门有足够的安全文化，并对任何针对化学设施采取的恶意行为实施法律手段。""有必要实行国际通行的化学设施安全标准；减少恐怖分子在安全措施落后的国家寻找目标的风险。"①

近年来化学生产技术的进步也对化学武器威胁产生了很大影响。比如有些化学车间的反应釜和管道可以根据市场需求灵活配置，很快从生产一种产品转至生产另一种产品。而且这种生产车间在发展中国家也越来越普遍，增加了这类设施转向非法生产化学毒剂或其前体的可能性。还有一些化工公司的微反应器很领先，很适合高毒性化合物的合成，有经济、安全、环保等多方面益处，但是这种小型设备在尺寸、热排放、废物排放等方面改变也使得传统化学试剂和非法化学试剂之间区分的"信号"被消除了。增加了高毒性化学品被用于恐怖活动的危险性和监管难度②。

---

① ［瑞典］防止大规模杀伤性武器扩散委员会. 恐怖武器——让世界摆脱大规模杀伤性武器［M］. 中国军控与裁军协会，中国国际战略学会，译. 北京：世界知识出版社，2007：119.

② 夏治强. 化学武区防御与销毁［M］. 北京：化学工业出版社，2014：153.

本章小结

中国历史上的环境和资源保护的内容和措施是基于朴素的自然观。中国对环境进行专门化的保护是始于 1972 年斯德哥尔摩人类环境会议之后。环境保护运动在中国不是源于一种自发的，从下而上的民众需求，而是国家强制推行的一种国策机制，这是一种自上而下的模式。换言之，即国家和政府首先认识到环境保护的重要性，然后通过国家意志来推行环境保护政策。由此也决定了环境立法天然的缺失立法的群众基础，因此，环境立法更需要证明立法的合宪性和合理性。

化学品不同于一般污染物，一般污染物是工农业和社会生活而产生的废弃物，是一种副产品，这些废弃物如果任由生产者排放会超出环境容量而污染我们周围的环境。因此，针对这类物质，法律需要管制的是排放行为，通过控制排放的浓度和数量而达到防治污染的目的。而工业化学品却被视为"福利产品"和"社会性商品"，是人们极力追求的人工制造物，显然对这类物质的污染防治需要的是一种不同于其他废物污染防治的法律规制。

化学品作为一种人工制造物，绝大多数的化学品在自然界是没有天然存在的，自然无法识别化学品，也难以消解化学品，化学品对环境的影响正日益凸显出来，从这个意义上讲，化学品实质上是一种"潜在"的环境污染物。随着物质生活的富裕，人们的环境诉求也日益提升，化学品污染环境的防治正成为人们关注的对象。化学品污染环境防治具有自身的特点，很多化学品仅仅是微量的存在也足以对环境造成无法挽回的危害，因此，传统的"浓度控制"和"总量控制"等污染物防治方式已经不能满足化学品污染环境防治的需要，化学品污染环境防治需要有专门的立法。

中国只有针对某一类化学品的立法级别较低的行政法规和部门规章，没有更高位阶的关于化学品综合性的法律。现有的与化学品有关的环境法律也只是针对化学工业产生的废水、废气、废渣的污染防治，并没有针对化学品本身污染环境防治的法律。这种立法现状已不能满足化学品污染防治的现实需要。目前对化学品的管理注重的是化学品的生产安全和职业病防治，而且人们更愿从管理化学品的角度来研究化学品的立法，这样能很好地实现化学品的经济属性，对化学品的环境安全没有给予应有的重视。然而，如果不将化学品视为一种污染物而加以预防控制，单纯地管理化学品可能会导致化学品的环境属性再一次被忽视的后果。新常态下，经济发展模式的转型下企业的发展转型升级以及中国化工企业国际贸易竞争力的培养都需要化工企业的绿色化，因此，中国需要一部化学品污染环境防治法。

对化学品污染环境防治立法的必要性、可能性和可行性论证是获得立法支持和公众认可的必经途径。国际、国外有没有化学品污染防治立法并不是中国是否需要化学品污染环境立法的必要和充分条件，国际、国外的相关立法仅为中国化学品立法提供一种借鉴材料，化学品污染环境立法必要性的论证还是要从化学品自身的特点、化学品污染的特点以及中国国情出发来进行分析和论证。化学品作为社会产品、福利产品，不同于一般的废弃物，它是人们主动的利用和改造自然的产物，但现在这种产物可能通过污染自然而反过来报复人类，因此，有必要通过管制人类的这种改造行为而避免环境资源受到损害。而随着中国经济社会的发展以及经济新常态治国理念的提出，传统的化工产业向新型、绿色健康发展的化学产业的升级换代的需求使得化学品污染环境防治立法具有了可能性。大数据时代的到来也解决了化学品管制需要庞大的数据库的难题，云计算为探索化学品与环境污染的相关性提供了技术可能性，并且中国已实行的"限塑令"以及新物质管理办法等实践也说明了化学品污染环境防治立法具有可行性。

立法者的伦理观将直接决定立法的价值选择、立法目标的设定和法律制度设计，因此，探讨化学品污染环境防治立法应采取何种伦理观是有其必要性的。化学品污染环境防治立法属于环境污染防治法律体系中的分支，是与环境污染防治立法的伦理观一脉相承的。对于环境立法的伦理观主要有两种，即人类中心主义的伦理观和非人类中心主义的伦理观。人类中心主义的伦理观道德关怀的对象是只有人类，这也是传统的伦理观，基本上是各部门法立法的伦理观。但由于环境问题的出现，使得人们对人与自然关系进行了反思，认为环境问题之所以出现就在于人类只将人类纳入道德关怀的对象，而忽视了其他生命体，甚至是自然。由此，出现了新的环境伦理学，即非人类中心主义伦理观，主张将道德关怀的对象扩展到其他生命体和非生命体。非人类中心主义伦理观虽具有革命性，但是也有其内在的缺陷。因此，对于化学品污染环境防治立法来说，采取将"人类中心主义"和"非人类中心主义"融合的伦理观是比较恰当的。也就是在化学品污染防治立法中不仅要保护人类的利益，同时也要注重对其他生命体和非生命体利益的保护。但是，对于化学品来说其广泛被用于化学武器和恐怖活动的事实导致其规制的伦理观更为复杂。

第四章

化学品污染环境防治立法的定位及目标

化学品的经济属性决定了人类社会的发展离不开化学品，化学品的环境属性决定了人类也不能无视化学品全生命周期对环境所造成的损害，基于化学品的双重属性，尤其是为了环境安全，需要有一部化学品污染环境防治的基本立法。将建立在"弱人类中心主义"伦理基础上的环境立法"二元目的论"作为确立化学品污染环境防治立法目的的依据。并基于化学品污染环境防治立法理念和立法目的确立化学品污染环境防治立法基本原则，即风险预防原则、化学品全生命周期管理原则、化学品污染环境防治的责任和义务分担原则、促进化学品信息公开原则以及公众参与原则。

第一节　化学品污染环境防治法的名称和法律位阶

化学品污染防治立法如将立法命名为化学品管理立法，一方面过于强化了行政管理色彩，将环境污染防治的责任放置于政府，不利于调动市场和社会防治环境污染的积极性，不利于公众参与环境污染防治。另一方面，管理立法往往会偏重于国家利益，在经济发展和环境安全的平衡中容易滑向经济利益。而化学品作为一种人工合成物，对自然而言就是一种污染物，从污染防治路径来防治化学品对环境造成损害在逻辑上是成立的。应将化学品污染环境防治法的法律位阶定为化学品规制的综合性基本法。

一、法律名称

目前学界对于化学品需要综合性立法规制是具有共识的，但对于化学品法律具体以何种名称来命名是具有争议的。笔者认为，化学品综合性法或化学品安全法等名称都不是一种恰当的名称。基于目前已有的环境污染防治法律法规并不能解决化学品对环境造成的危害，化学品污染环境防治立法的紧迫性已凸现，因此直接以污染防治法来命名化学品规制立法比较恰当。而且化学品污染环境防治法已可解决化学品带来的生产安全、人类身体健康安全和环境安全等问题，是比较适合目前中国环境保护形势的一种立法。

（一）化学品管理法、化学品安全法与化学品污染防治法名称之比较

中国对化学品的管理并不是一片空白，已经有行政法规和部门规章在规制某一类化学品。但毕竟立法级别较低，规制的范围有限，需要一个位阶较高的，综合性较强的化学品立法。

有学者主张化学品综合性立法的名称应为化学品环境管理法。但是管理的主体必然是国家和政府，这也意味着政府将独自承担化学品污染环境防治的责任，这是一种典型的行政法思维。中国《行政诉讼法》的出台表明行政法学界就行政法的核心问题达成了一定的共识，即认为应以行政权与公民权的关系为核心来重构行政法的理论体系①。不管是传统的行政法理论还是重构的行政法理论，行政主体和相对人法律地位都是不平等的，或不对等的。而对于环境资源保护来说，其保护的是全人类共同的利益，因为"我们只有一个地球"，将面临的是"我们共同的未来"。因此在环境保护领域，国家、组织、团体、个人都是环境法律关系的主体，在环境保护方面具有同样的权利和义务。换言之，在环境资源保护方面，国家和其他主体是处于一种平等的地位。环境资源法所面

---

① 以行政权与公民权的关系为核心来重构的行政法理论体系中对行政权力和公民权利的关系有三重理论：第一种"管理理论"，认为行政主体和公民的关系是一种"支配与服从的关系"，把公民置于被管理、被支配的地位，主张二者法律地位不平等，强调维护行政特权。以这样的原则来构建的行政法理论体系，曾流行于德、日等大陆法系国家和实行计划经济体制的国家如苏联等。第二种"控权理论"，强调控制行政权、保护公民权利，主张通过立法、行政程序和司法审查来控制行政权，认为只有行政权受到严格控制，公民权利才有保障。其最大特点是突出监督行政的关系，主要流行于英美等普通法系国家。第三种现代行政法的"平衡理论"，平衡理论揭示了行政关系的本质特征，认为每一个具体关系都是不对等的。一般情况下，在实体行政法律关系中，行政主体和相对方形成行政机关为优势主体、相对方为弱势主体的不对等关系；在程序法律关系和司法审查关系中，则形成另一种反向的不对等关系。不对等关系是行政法关系不同于私法领域的其他法律关系的最重要特征。参见罗豪才. 行政法的核心与理论模式[J]. 法学，2002（8）.

临的问题不是行政法中"控权""保权"还是"既要保权又要控权"的争论，而是如何发挥政府在环境保护方面的职责，甚至更强调的是政府在环境保护方面的责任或义务以及其他环境治理主体环境治理权利的行使和义务的承担。

行政法律关系主体地位的不对等导致在环境保护方面政府与企业并不处于一个对等的地位，政府是管理者，企业是被管理者，行政法的这种命令-控制模式主要强调的就是政府对企业环境责任的一种管理、监督。法律法规的设置也主要是规制企业的环境责任、防止行政机关行政权力的滥用和行政机关工作人员的渎职行为。但实际上，中国环境问题的恶化说明恰恰是政府最应该承担起环境保护的责任，因为它掌握的是由国家强制力保障实施的权力。因此，中国特色社会主义体系的这样安排会导致政府环境责任的虚化。要落实各级各部门政府的环境责任，同样需要超越行政部门法的局限性。

以行政法的命令-控制管理模式来保护环境在环境保护刚刚起步时取得了很好的效果，那时民众没有认识环境保护的重要性，政府实施强制手段可以有效地干预、强制企业实施环境保护措施。但是这样造成了一种后果，即公众认为环境保护就是政府的责任，与自己无关；企业也不愿意积极配合环保，而是采用各种手段和方法规避环境主管部门的监管；加之社会监督环节缺失，造成环境保护领域内环境法的软法性，有法不依，违法也不纠的现象屡现不止。从而形成虽然环境法律已较齐备，形成了较为完整的法律体系，但环境污染情况没有大的改观的环境法治困局。实际上，自然生态系统是一个完整的整体，每个人作为生活在这个系统的个体，既是环境的受益人，也是环境的施害人。企业和公众都应承担着治理环境污染的责任和义务，而不能单纯地依靠政府进行环境治理。环境公共事件的频发在某种意义上就是政府和公众在环境资源保护权利和义务认知定位的错误。政府只重视自身在环境保护上的权力而没有认识到自己的职责，没有通过一定的途径、方式、方法与公众进行沟通；而公众也没有充分地通过正当的途径行使自己的权利，履行自己的义务。矛盾的激化固然有环境资源稀缺性的自然因素，但是沟通渠道的不畅通或者说环境权利义务的不明确也是诱发环境冲突的一个重要原因。因此，将化学品管制的基本法命名为化学品环境管理法是不恰当的。

化学品安全法的立法目的必然是保障化学品安全，化学品安全主要包括生产安全、人类身体健康安全、环境安全和公共安全。而前两者在已有的化学品法律法规中已经得到了充分的重视，只有化学品带来的环境安全尚未得到充分规制，将法律名称定位为化学品安全法有一定的合理性。然而，化学品的特殊性使其很可能成为化学武器而被恐怖分子用于恐怖主义活动中。日本奥姆真理教制造的沙林毒气案就是典型的例子。化学品安全法不可避免地会将防止化学品用于恐怖活动作为重点规制内容，这将冲淡或减弱化学品环境损害防治的力度和强度，与目前化学品污染环境防治立法的紧迫性是不相适宜的，因此，将化学品管制的基本法命名为化学品安全法也不甚恰当的。

目前已有的基于环境要素的环境污染防治法律法规并不能解决化学品对环境造成的危害，以具体物质形态为污染防治立法核心的也只有固体废物防治法一部法律，不能满足化学品这类具体物质流类型污染防治的需要。而化学品作为一类具有特殊环境属性的物质其立法是具有正当性的，尤其是声、光、电磁等能量流类型的污染防治已然存在，足以说明以具体物质或能量类型进行立法是具有可行性的。而且以化学品污染环境防治进行立法已可解决化学品带来的生产安全、人类身体健康安全和环境安全等问题，能够实现化学品综合规制的目标。因此，化学品的立法应该着力于化学品的污染防治，即对化学品污染环境防治进行立法。

（二）化学品污染防治法、化学品环境污染防治法与化学品污染环境防治法名称之比较

对于立法是使用"化学品污染防治法""化学品环境污染防治法"还是使用"化学品污染环境防治法"问题，主要的依据是，法律名称应能准确和全面表达立法者的意图和法律文本内容。

之所以水污染防治法、大气污染防治法可以直接表述，就在于大气、水、海洋等自身就是环境要素，所以水污染防治法等名称能很准确直接地表明污染防治的对象就是大气、水等环境的污染，所以立法名称直接表述为水污染防治法等不会引起误解和歧义。而化学品本身是一类物质的总称，"化学品污染防治法"虽然也能强调立法规制的是化学品污染，但是化学品污染的范围很广，所包含的内容很多，比如，可能是表示化学品对食品、药品等的污染，也可能是表示化学品对环境的污染。而化学品对食品的污染显然是食品安全法调整的范围，因此，使用"化学品污染防治法"可能会造成语义的不准确。

"化学品环境污染防治法"和"化学品污染环境防治法"的名称极为相似，

似乎没有区别，但是"化学品环境污染防治法"有强调对化学品环境污染（物）防治立法的嫌疑，也就是对物进行立法；而"化学品污染环境防治法"则明确地强调了是对化学品污染环境（行为）的防治立法，也就是对行为进行立法。由于立法规制的只能是行为，除了人的行为之外，法律不能规制物。因此"化学品污染环境防治法"显然更能准确表达立法规制的是人类在生产、使用、贮存、运输化学品等行为所造成的化学品对环境的污染。因此，为了语义上的清晰、准确，建议法律名称采用化学品污染环境防治法。

化学品污染环境防治法明确了对化学品是从污染防治的角度进行立法，规制的是人类开发、使用、处置化学品的过程中可能造成污染环境的行为，通过立法设定一定的行为模式来防止化学品对环境造成损害，保护人类健康和环境安全。

二、法律位阶

目前中国关于化学品的相关立法法律位阶都较低。首先，中国尚没有一部关于化学品的立法，只有针对某一类，如危险化学品、农药、化妆品甚至食品的行政立法；其次，即使是针对某一类化学品也只有行政法规，而没有更高一级的立法。最后，针对化学品的行政法规往往更关注其经济效应及其对公共安全带来的隐患，而对其环境安全并没给予应有的重视。

从化学品环境安全的角度将化学品视为是一种污染物是具有合理性的，而中国的大气、水、固体废物的污染防治都有相关的高位阶立法，化学品对环境安全的重要性有过之而无不及，更需要法律位阶较高的立法，应当由全国人大常委会制定一部化学品污染环境防治的基本法。

化学品种类、数量都巨大，并且除了农药、药品等直接以化学品形态表征出来外，食品、服饰、化妆品等产品内也包含着大量的化学品成分。如果将所有的化学品，甚至是产品中的化学品均纳入化学品污染防治法规制范围内，无疑将是一个巨大的甚至在目前阶段是无法完成的任务，而且以中国目前的环境技术标准和执法水平也无力保障法律的实施效果，最终影响到法律的权威。而将化学品污染防治法确定为基本法，可以先做一些较为原则性的、指导性的、宣示性的规定，主要是起到一种指导、引领化学工业朝健康、良好、有序方向发展的作用。在此基础上，逐渐培养化学品法律执行人员队伍，加强和完善化学品科技检测水平和队伍建设，在不影响法律权威的前提下，为化学品污染防治法律队伍建设争取时间。同时避免缺乏法律规制造成化学品污染防治无法可依的局面出现。

申言之，将化学品污染防治法确定为基本法，有利于为化学品污染环境防治设立时间表和路线图。在目前中国化学品污染环境防治法律队伍较为薄弱时，可以将化学品监管对象限定在一个较窄的范围内，随着法律队伍建设和科技检测水平提升，逐步将化学品监管对象扩展，强化监管手段并细化监管的程序。尤其是在中国环境污染问题大爆发的现在，大气、水、土壤污染防治的难题尚未得到很好的解决，化学品污染环境问题又不能视而不见的情况下，构建一个化学品规制的基本法可能会获得更好的实施效果，也较容易取得化工业和公众的立法支持和认可。

三、化学品污染概念的界定

化学品污染环境防治立法需要对化学品和化学品污染等相关概念进行界定，通过概念的界定可以明确法律监管的方式、路径和范围，明确化学品环境治理主体的权利（权力）和义务。

污染物的一个较为合理定义是，由于人类的活动，使其在环境中的浓度远高于其自然水平，并对其所在的环境或环境里有价值的东西产生危害的一类物质的总称。不是所有的致污物质都一定是污染物，只有当它们对环境产生了不利的影响，并且使正常的环境组成发生了变化的物质才被称为污染物①。例如《水污染防治法》中对水污染就界定为："水污染，是指水体因某种物质的介入，而导致其化学、物理、生物或者放射性等方面特性的改变，从而影响水的有效利用，危害人体健康或者破坏生态环境，造成水质恶化的现象。"《土壤污染防治法》对土壤污染的界定为："本法所称土壤污染，是指因人为因素导致某种物质进入陆地表层土壤，引起土壤化学、物理、生物等方面特性的改变，影响土壤功能和有效利用，危害公众健康或者破坏生态环境的现象。"因此，在化学品污染环境防治立法中的化学品污染是指，由于人类的活动，使环境中化学品的浓度远高于其自然水平，对其所在的环境或环境里有价值的东西产生危害的现

---

① ［美］Stanley E. Manahan. 环境化学［M］. 9版. 孙红文，等译. 北京：高等教育出版社，2013：11.

象。化学品污染不属于环境要素污染，而是根据污染物的属性分类的一类污染类型。

化学品之所以能成为环境污染物就在于：首先，化学品具有庞大的种类和数量，并且化学品中的大多数是人为制造的产物，当然也有天然存在的，只需人类提炼、浓缩即可得到的化学产品，但那样的化学物质存在的数量不多，影响的范围有限，只有人类才可以通过自己的聪明才智发明、制造出数量庞大、性质复杂的化工产品。其次，化学品中的大多数是人工合成的，自然界原本不存在，因此，其无法通过自然的"自净"能力加以消除，其环境容量几乎为零。换言之，对于这类化学品没有什么浓度大小问题，哪怕微量的存在也足以威胁其他生物和环境。最后，人类的研究已经日益表明，化学品中大多数的存在的确威胁到了自然环境，对自然环境产生了不利的影响，人类不得不对自己生产、使用、处理化学品的行为模式进行干预，防止其对环境发生不可逆转的影响。

第二节 化学品污染环境防治的立法目的

化学品污染环境防治立法的伦理基础最终落脚于既强调人类自身利益，也注重其他生命体及非生命体利益的"弱人类中心主义"。以此为基础，确定了化学品环境立法目的"二元论"，既强调环境保护也重视经济发展，但环境保护的权重要更大一些。

一、确立化学品污染环境防治立法目的的依据

立法目的反映了立法者对该部法律所要导致的社会效果的一种期待或愿望，同时也反映出立法者所持有的立法理念和利益保护的倾向性。立法目的起到了统领整部法律法规的作用，因此，如何定位化学品污染环境防治的立法目的就显得尤为重要。

从各国的环境基本法或环境政策目标看，采取"二元目的论"的国家占多数。即直接的目标是协调人与自然的关系，保护和改善环境。长远的目标是保

护人类的健康和经济社会可持续发展①。有学者认为环境立法的"二元目的论"的中心就是促进经济发展，是以工具理性观为基础。可持续发展是我国环境政策的一项基本任务，而不能作为环境立法的最终目的。环境立法的直接目的和内在目的就是保护环境，通过保护生物圈，达到促进人与自然相和谐的最终目的②。还有学者认为，经济社会的可持续发展不应成为环境法本身的目的。环境立法的应有目的就是要保护环境，协调人与自然的关系。这些观点是对经济社会与环境协调发展的"二元目的论"的否定③。

环境立法目的"一元论"和"二元论"之争实际上是经济社会发展与环境保护两者之间博弈的结果。中国改革开放只有短短四十余年，然而中国经济社会却在这四十余年内经历了急剧的变迁，从生产力推进的动力方式作为划分标准，可以说中国改革开放经历了工业社会、后工业社会两种社会历史形态，并开始由后工业文明逐步向生态文明过渡。这三种不同的社会历史形态对环境保护与经济社会发展的关系形成了不同的观点和指导思想，环境保护和经济社会发展的关系也走过了尖锐对立、相互协调和逐步融合的发展阶段。如何定位环境保护与经济社会发展的关系不仅事关环境保护的实施效果，更是关系国计民生以及社会经济重大发展方向的关键性问题，它不仅要依靠顶层设计，更是由社会历史形态的必然规律所决定，并与中国改革开放的社会经济发展历史阶段密切相关。

笔者认为，脱胎于西方文化传统的工业文明和后工业文明，始终秉持的是人与自然相分立的思想，在这种思想的指导下，环境保护与经济社会发展的协调始终是存在矛盾的，只不过人类基于不同价值的取舍而做出的选择不同。从本质上工业文明和后工业文明是一脉相承的，都是以工具性价值看待自然资源，将其看作是自身利用、征服的对象，其思想根源被认为起源于 17 世纪哲学家笛卡尔，笛卡尔二元论把世界分成两部分：一方是智力的、理解的、爱控制的"主体"，即自我意识的、有效的"认识者"，其体现是（白人、男性）科学家和哲学家；另一方，或者是"非人的自然"，或者是"文化"的被动的"客

---

① 谢冬慧，王建国．中外环境立法目的之比较［J］．河南省政法管理干部学院学报，2008 （1）．

② 王小刚．对"环境立法目的二元论"的反思——试论当前中国复杂社会背景下环境立法的目的［J］．中国地质大学学报（社会科学版），2008（4）．

③ 张式军．环境立法目的的批判、解析和重构［J］．浙江学刊，2011（5）．

体"，它谦卑地服从于进行理论说明的主体所强加的分类系统①。换言之，主客体二分而且对立是工业文明发展的基石，而作为对工业文明反思的产物的后工业文明，并未也不想动摇该基石，只是将希望寄托于一种资源环境消耗更小的新技术而已，因此，后工业文明也被冠以"技术乐观主义"之名。工业文明和后工业文明是对自然的"去魅"，这种自然的去魅过程带来了科学技术的快速进步，推动着经济社会飞跃式发展，然而也因此埋下了环境危机的种子。工业文明的畸形发展给人类造成了生存危机，后工业文明的智能化、信息化技术的发展也不能消解人类面临的生存危机，为了全人类的生存发展，人类必须寻找共同发展之路，生态文明应运而生。生态文明之所以有别于农业文明、工业文明，就在于其将"人类共同体"重新放置于自然中，从人类是自然系统的一部分来重新定位经济社会发展的模式，即绿水青山就是金山银山的绿色发展理念和山水林田湖草是生命共同体的系统思想。山水林田湖草是一个相互依存、联系紧密的自然系统，共同构成了人类生存发展的物质基础，人类社会的存在和发展亦丰富了自然世界，人为的世界与自在的世界并没有截然的分界线，亦不是必然对立的，二者通过绿色生产力的可持续发展可以在更高层次上达成和谐共赢发展。环境立法作为环境问题的应对自然是关注于环境问题的解决，而环境问题又恰恰是经济社会发展的副产品，解决环境问题离不开经济社会的发展。经济社会的发展和环境保护一直存在着矛盾和冲突，可持续发展理念的提出实际上就是为化解两者之间矛盾的一种平衡。单纯地为了保护环境，实际是忽视了目的和手段的关系，保护环境仅仅是为了人类可持续发展下去的手段。

从伦理学看，环境立法目的之争又被看作人类中心主义与非人类中心主义之争。主张人类中心主义的人本主义被认为是产生环境问题的思想根源，因此，非人类中心主义的生态伦理逐步产生并发展起来。生态伦理不仅对人类伦理道德的发展提出了更高的要求，即人类道德关怀的对象由人类自身扩展到动物、植物甚至是非生命体，而且其具有明显的理想主义色彩。人类毕竟只是自然的一部分，并不是上帝本身，当人类自身的问题还远远没有解决的时候就要求其去关怀人类之外的生命体和非生命体，显然是缺乏实施的现实基础。其倡导性的意义远远要大于其实际能起到的作用。鉴于环境问题毕竟是人类自身行为模

① ［美］诺曼·列维特. 被困的普罗米修斯［M］. 戴建平，译. 江苏：南京大学出版社2003：25-26.

式出现问题带来的危机，根本的解决途径还是要从人类自身入手，也许随着人类伦理道德的发展最终生态伦理会成为人类共同遵守的道德准则，但目前，"弱人类中心主义"还是广泛被采用的伦理基础。生态法治没有将人与自然相对立，在天人关系上，既不过分强调"天命于人"，也不过分强调"人定胜天"，把"天"和"人"平等起来。认为人道与天道是同一的，即人类社会的规律性是遵从自然的规律性，而且天道是可以被人类认识和遵从的。它既强调人与自然的同质性，必然也是肯定人自身内部的同质性。换言之，基于中国传统儒家文化的"天人合一"观点并将之发展的生态法治强调人与自然是平等的，人和人之间也必是平等，反映到法制上来，就是要求人人普遍重视法律、遵守法律，并且违法也要平等适用法律。这也正是现代法治精髓所在。生态法治要求人们遵从自然、效法自然，以自然为法则，实质上是中国传统的"道法自然"的法治观的体现。道法自然就是认识到事物具有的普遍的平等性，从平等角度认识自然规律，把握客观规律，同时把客观规律引入到人类社会生活中。既然是"法自然"，而自然自有其运行的规则，人所做的不是不制定规则，而是制定的规则不要违法自然规律而已。

概言之，立法目的的确立起到了统摄整部法律的作用，过高的立法目的，尤其是将"非人类中心"的环境伦理直接适用于立法目的，虽然具有道德的可嘉许性，但其赋予的过高道德义务将会影响到法律实施的效果从而失去立法保护的意义；反之，立法目的过于简单和传统，即仍基于传统的侧重于社会经济保护发展目标的实现则无法满足环境风险管理的立法需求，同样也失去了立法保护的意义。鉴于化学品具有极强的经济性属性，因此，确定化学品污染环境防治立法目的亦以"弱人类中心主义"为其伦理基础较为恰当，而对于环境保护和经济社会的发展两者之间的关系采取将两者融合发展的立法目标较符合中国目前社会发展的现状，同时当两者出现冲突时在一定程度上以环境保护为优先选项能够保证立法的超前性。

申言之，化学品污染环境防治立法目的的选择是基于这样的考量：将人类作为一个共同体，从人类共同体的整体利益出发对各种利益进行平衡和分配，以有利于人类社会的可持续发展，同时在考虑人类整体利益时也要兼顾其他非人类共同体甚至是非生命共同体的生存和发展。简言之，化学品污染环境防治立法目的的选择是基于"弱人类中心主义"的"二元目的论"。从目前立法的实践和人们的道德水平来衡量，"弱人类中心主义"二元立法目的具有合理性，是符合现阶段环境法治水平的一种选择。

二、保护环境和人体健康

人类创造化学品的初衷是为了改善自身的生活质量和生产水平，借助于科技的力量来将自然界本已存在的一百多种元素在各种物理的、化学的条件下，经过复杂的物理化学变化产生出符合人们需要的新的化学品，这可以说是化学科学研究以及化学工业所追求的目的。在这一过程中，追求经济社会效益固然是其根本目的，但人体健康无疑是追求经济利益的前提，没有哪个国家的科技界和工业界会以制造、生产和使用对人体有害的化学品为其根本目的。因此，保护人体健康本应是化学工业生产、使用、保存、运输、销售化学品所应承担的不证自明的责任。

然而随着化学品种类、数量的剧增以及科技水平的发展，大量的人类从未经历和使用的化学品日益层出不穷地涌现，这些化学品的物理、化学、生物毒性还远未被人们所认知。而作为理性经济人的生产者、使用者和销售者为追求自身经济利益的最大化，不会积极主动地承担起保护人类健康的责任，因此有必要通过法律这种最具强制力的手段来规制人类的生产行为模式，其立法的最根本的目的就是保护人体健康，保障人类最基本的生存权和健康权。质言之，保护人体健康是人类的基本人权在环境法律中的体现，也是"弱人类中心主义"的必然要求。"弱人类中心主义"的基本理论出发点还是基于人类自身的可持续，从某种意义上说，离开人类的可持续发展谈环境保护是没有意义的，正如谈最后一滴水对人类的价值一样没有价值。同样是"人类中心主义"，"强人类中心主义"之所以受到人们的批判和质疑就在于其抛弃了环境保护而单纯地追求人类的发展，使人类自身的发展失去了存在的根基而成为无法实现的目标。"弱人类中心主义"其根本性的变革在于将人类的可持续发展与其他物种的可持续发展进行了协调、统一，认识到人类的可持续依赖于生态环境的可持续，从而在一定程度上摆脱了"强人类中心主义"的局限性，为生态环境的保护提供了新的理论支持。

随着人类生态学知识的积累增多，对人类在自然生境中所处的位置也有了越来越清醒的认识，自然生态系统的相互依存、相互平衡使得人类不能脱离自然而独立存在，自然生境的不健康将直接导致人类生存质量下降。从某种意义上说，其他生命体的生存、健康，甚至是非生命体的良好安全是人类生存、发展的基本前提，因此，保护环境也必然是环境法律的根本目的之一。而且考虑到人类的可持续发展，保护环境的立法目的，其地位甚至更高于保护人体健康。这也是"保护优先"理念的体现。

化学品污染环境防治立法作为环境法律体系中污染防治立法中的分支，规制的是化学品对环境和人类已经产生和可能产生的危害，因此，其立法目的之一就应是保护环境和人体健康。通过该立法目的来指导立法原则、立法制度的确立和设计。

三、增加化学品信息公开

如果说保护环境和人体健康是生存权和健康权在立法中体现，那么增加化学品信息公开就是知情权在立法中的实现。1990年6月，欧共体理事会通过的《关于自由获取环境信息的指令》对环境信息作了列举式规定。1992年联合国环境与发展大会通过的《里约环境与发展宣言》，又称《地球宪章》原则10规定，在国家一级，每个人应有适当的途径获得有关公共机构掌握的、环境问题的信息的权利；《21世纪议程》也将环境信息公开列入各项议题。1994年联合国人权委员会防止歧视及保护少数民族委员会提出有关对于人权与环境关系的《最终报告》，并提出《人权与环境基本原则草案》为公众获取、传播环境信息的程序性权利提供了实质性权利基础。1998年《在环境问题上获得信息、公众参与和诉诸法律的公约》（即《奥胡斯公约》）的签订，标志着环境信息公开作为一项重要的环境管理工具日益受到重视。2002年《可持续发展世界首脑会议实施计划》则重申了环境信息公开的重要性。中国1989年制订的《中华人民共和国环境保护法》的第31条首次规定了企业在突发事件后的环境污染情况公开义务。此后，《环境噪声污染防治法》《大气污染防治法》《放射性污染防治法》《固体废物污染环境防治法》等法律均规定了一些企业环境信息公开条款。2002年《清洁生产促进法》是我国首部规定企业环境信息公开的法律。在此之后，《关于企业环境信息公开的公告》对企业环境信息公开系统地加以规定，而《环境信息公开试行办法》是我国第一部专门性的有关企业环境信息公开的法律文件，对企业环境信息公开法治化发展具有深远影响。2014年修订的《环境保护法》第五章即为"信息公开和公众参与",其第五十五条规定"重点排污单位应当如实向社会公开其主要污染物的名称、排放方式、排放浓度和总量、超标排放情况,以及防治污染设施的建设和运行情况,接受社会监督"。

立法的民主性、科学性需要公众的参与,而且随着立法实践的不断完善,公众参与环境立法不仅受到越来越多的重视,也获得了越来越多的实现。而公众参与的前提就是信息的公开、透明。环境信息在《环境学词典》中,被定义为"人类活动中产生的多种物质能量流进入环境系统之后所引起的环境影响及后果的反馈性识别信号,为人们正确认识和解决环境问题所必须的认知手段和共享资源"①。《奥胡斯公约》中环境信息主要包括环境要素的状况、对环境要素发生影响的各种因素以及对人类健康、安全产生影响的信息。企业环境信息是指,企业以一定形式记录、保存的,与企业经营活动产生的环境影响和企业环境行为有关的信息。而企业环境信息公开是指,企业每隔一段时间将企业环境信息通过一定的形式和方式予以公开,使社会各界了解企业环境信息,以便于其行使自身的知情权,监督企业环境责任承担情况。企业公开化学品信息,有利于公众和社会对化学品风险进行评估和监督,使社会监督机制能充分发挥应有的作用。

化学品作为一种"潜在"的污染物,具有其独特的经济属性。作为一类重要的生产要素,很多企业为了保持自身的竞争优势,可能会以"商业秘密"为理由拒绝公开其产品的成分,这样就无法确定其对环境和人类的危害性。而且从企业角度来讲,维护其"商业秘密"是一项合理的要求,法律也不能无理由地强制剥夺。因此,公众的知情权和企业的商业秘密权之间的平衡就是立法所要重要考虑的内容。

之所以将立法目的确定为"增加化学品信息公开"而不是"化学品信息公开",实际上还是化学品污染环境防治的"弱人类中心主义"的"二元立法目的"的体现,也就是在注重化学品环境安全的同时,还要兼顾经济社会的可持续发展。毕竟化学品的经济属性是化学品得以产生、发展的前提,为了化工企业的生存、发展和竞争,对于涉及企业核心商业秘密的信息也不能过于强制其公开,否则将极大地损害了企业的利益。

将"增加化学品信息公开"作为立法目的,就是为立法指出明确的方向,

---

① 方如康. 环境学词典 [M]. 北京:科学出版社,2003:535.

确定了利益平衡的标准。当企业的产品存在对环境和人体有害的风险时，企业应当公开化学品信息。但在无明显证据证明企业产品会危害人体健康和环境安全时，除非企业有充分理由证明该信息是商业秘密，否则也应当公开信息。

将"增加化学品信息公开"作为立法目的，而不是强制企业必须公开化学品信息，是给企业提供一定的缓冲空间，有利于企业逐步适应法律的要求，渐进性地公开化学品信息，不致损害企业的核心利益。"增加化学品信息公开"使公众能获得更多的化学品信息，有利于增加公众参与的力度和广度，实现公众参与权和监督权。这样的立法目的也有助于化学品污染环境防治立法获得化工界的认同和支持。

四、保持中国化工业的国际竞争力

保持中国化工业的国际竞争力是发展权在环境立法中的具体体现。化学品污染环境防治立法强调了化学品的环境属性，但是不可否认化学品的经济属性，化学品在国民经济生产中仍然发挥着重要的、不可替代的作用。中国经济获得了极大的发展，整体国力和人民生活水平均获得提升，但还是要清醒地认识到中国毕竟是发展中国家。中国的人口、资源和环境的压力仍然很大，贫困问题仍是困扰中国的发展难题之一。从一定程度上来讲，贫穷就是最大的环境问题，因为贫困的人们将大量的资源和精力投入到温饱问题的解决，无力保护环境甚至可能牺牲环境来摆脱贫困。当生存都成为重大问题的时候，没有人会在意生活环境的优劣和舒适。而中国环境保护之所以受到民众越来越多的关注，环保立法获得越来越多的支持和关注，主要的原因还在于中国经济获得了巨大的发展，人们的经济生活获得改善，追求高品质、绿色健康的生活成为基本需求，健康、良好的生活环境成为人们的偏好。这反过来刺激经济向环境资源最优化分配的方向发展。所以，经济社会发展和环境保护之间的关系并不是绝对对立的，而是在冲突中相互融合发展。既不能为了发展经济而牺牲环境，也不能为了环境而导致经济发展停滞。这是环境立法中应该面对和解决的问题。

推动化学品立法的原动力之一就是为了保持本国的经济竞争力。欧盟的REACH法规就明确将保持欧盟国家的化学品竞争能力确定为立法目的。欧盟作为发达经济体通过制定严格的化学品管制制度，设置了"贸易壁垒"，防止了其他国家对欧盟化学品市场的冲击，保护了欧盟国家的化工业。中国作为发展中国家一方面要提高科技水平，适应欧盟化学品较高的标准，想办法"走出去"，同时也应保护本国的化工业，防止其国内市场份额的丧失。毕竟化工业在各国都是支柱性产业。

同时，制定化学品污染环境防治法提高国内石油化工企业的国际竞争力，也能够防止发达国家将污染严重、能耗大和技术工艺设备落后的化工企业转移到中国国内，能有效地防止化学品污染转嫁的发生。使"走进来"的化学品也是环境安全的、工艺先进的。这不仅会有利于中国环境质量的改善，也有利于中国石化产业向高科技、高环保的产业转型成功，提升中国化工产品的国际竞争力。

五、立法目的体系的内在结构

2014 年修订的环境保护法没有采取"一元目的论"，保护环境并非其唯一的立法目的。而且目前我国的环境污染防治立法基本上是"二元目的论"，即将环境保护和促进经济社会的可持续发展相协调。《危险化学品安全管理条例》的立法目的侧重于化学品的生产安全，其次才兼顾了环境保护，而《新化学物质环境管理办法》的立法目的倒比较倾向"环境立法一元目的论"。

确定化学品污染环境防治立法目的不仅要考虑环境保护的需要，还要考虑化学品自身的特性。管制化学品并不是要消除化学品，化学品作为经济发展的生产要素，不仅不应消除化学品，而且还应该鼓励化学品的研发，激励更多环境无害性化学品的发明、使用。化学品污染环境防治法旨在消除对环境以及人体有害的化学品的研发、生产、使用。而且作为目前化学品管理最先进理念典范的欧盟 REACH 法规的立法目的也是"二元目的论"。因此，化学品的经济属性和环境属性的双重属性在立法中均需要兼顾，尤其是在充分认识其环境属性时，也不能忽视或无视其经济属性。这也决定了对化学品污染环境防治不能采取环境立法"一元目的论"。

因此，化学品污染环境防治立法目的确立的依据是"弱人类中心主义"的"二元立法目的论"，但在何者为第一性时，则根据目前化学品立法普遍忽视了化学品环境安全的现状，着重体现了"保护优先"的理念。将保护环境和人类健康作为首要目的，将促进经济社会可持续发展作为立法最终目的。根据化学品的双重属性特征，以及化学品对石化企业和社会经济的支撑作用，要求企业在不损害商业秘密的前提下，要积极公开企业化学品信息，实现公众的知情权和监督权。在保障公众的生存权、健康权、知情权的前提下，提高中国化工业的国际竞争力。

基于此，化学品污染环境防治法的立法目的可表述为："为防治化学品污染环境，保护环境和人类健康，增加化学品信息的公开，保持和提高中国化工业的竞争能力，促进经济和社会的可持续发展，制定本法。"这种表述实际上是衡量各种权利的权重后的一种逻辑递进次序。公众的生命权和健康权是第一位的，为了保障生命权和健康权等权利的实现，公众需要知情权。企业、产业或国家的发展权是在前述权利得到保障后才能在立法中得以体现的。发展权也是不容忽视的权利。

第三节　化学品污染环境防治法应确立的基本原则

一方面，化学品污染环境法的基本原则的确立是立法目的的具体体现，通过恰当的基本原则的确立可以将立法者的宗旨贯彻到整部法律当中，真正使立法目的落在实处。另一方面，基本法律原则能对具体法律规范性条文的制定提供方向性指导。由于立法技术的限制和立法者受所处时代背景所限导致的立法认知的缺陷，具体法律规范性条文的制定难免会有所不足甚或有所缺失，而基本原则的高度概括性、抽象性和指导性能够弥补具体法律规范性条文的不足，为法官的"自由裁量权"的使用起到指导性、规范性和限制性作用。以风险理论为指导可以确定预防化学品环境风险所应具备的原则，即风险预防原则、化学品全生命周期管理原则。当然化学品全生命周期管理原则也是绿色化学理念的体现。基于多元主体协同治理原则，并突出政府的主导地位，可以确定化学品污染环境防治的责任和义务分担原则，促进化学品信息公开原则以及公众参与原则。

一、确立化学品污染环境防治法基本原则的依据

化学品污染环境防治立法基本原则不仅起到指导法律制度的选择，而且会

在规范性法律条文规定不明确或有漏洞和缺失时，成为法官行使自由裁量权时的主要参考依据，起到指导法律司法判决的作用。如何选择基本原则对立法是相当重要的，因此，需要有一定的依据来判断如何选择和选择何种原则作为化学品污染环境防治立法的基本原则。

化学品污染环境防治立法基本原则的确立依据主要有以下几方面：

首先，化学品污染环境防治立法原则应充分体现化学品污染环境防治立法目的。立法目的是确定立法原则的最基本、最重要的依据；反过来，立法原则也应充分体现立法目的、保障立法目的的实现。

其次，化学品污染环境防治立法原则的确立要充分结合化学品自身的特点，也就是化学品的经济属性和环境属性要兼顾。化学品的双重属性是化学品污染环境防治立法区别于其他污染防治立法的独有特征，也是化学品污染环境防治需要单独立法的支撑论据。因此，化学品污染环境防治立法的基本原则不能简单地照搬其他污染防治立法，应从兼顾化学品环境属性和经济属性出发来确定立法原则，在保护环境和人体健康的同时保障中国化学工业的国际竞争力。

再次，基本原则不同于一般原则，基本原则是要贯穿于整部立法的始终，充分体现立法目的，指导相应法律制度和条文的制定，保障法律规范能获得较好的实施。

最后，化学品的环境危害具有复杂性、潜在性、危害范围广、危害后果严重等特征，化学品的环境危害不易为人们所察觉，对环境和人体的危害风险具有不确定性，有些环境危害甚至要等若干年才能为人们所确定。因此化学品的基本原则要考虑化学品污染的特点，即化学品是一种人工制造物，其污染具有不确定性。

此外，立法理念也决定和指导立法原则的确定，这些立法理念也需要通过立法基本原则得以体现和实现。

二、风险预防原则

风险社会理论的提出，使人们越来越认识到风险的存在和预防风险的重要性。环境立法中也逐渐认可和采用了风险预防原则①，目的就是在环境风险规制和自然资源可持续利用过程中更多地考虑不确定性带来的风险。美国许多州在公共健康保护的方法上都应用了风险预防原则②。

风险预防原则要求采取行动，哪怕在科学上不能确定会造成何种损害时也要这样做。与此形成对照的是环境法的另一项原则，即损害预防原则（防止原则）。后者的重点在于根据实际或推定知识来判断会造成的损害。风险预防原则与损害预防原则两者之间具有一定的同质性，即都是对损害结果提前加以预防，降低后期损害发生的可能性，尽可能减轻损害的后果，节约环境损害的治理成本。但两者之间也具有明显的异质性而不可以将两个原则加以等同或混同，两者的异质性主要表现在采取预防性措施的依据是否具有科学上的确定性。对于风险预防原则其之所以被要求采取污染防治的措施仅在于存在环境损害的风险，而这种风险是否确定发生尚不具有科学上的确定性，只要存在一定的科学关联性就足以支持对其采取预防性措施。

像可持续发展或风险预防这样的政治概念是否已成为一项法律原则，这往往有待各个国家和学者们辩论。各法院和法庭对某一概念的地位持有不同意见的情况并不少见。意见的分歧并不妨碍应用它们对法律进行理解。风险预防原则是这方面的一个良好例子。风险预防原则的目的是消除尚未经过充分科学研究和分析探索的潜在风险。如果某一特定活动的环境影响是已知的，那么为避免这些影响所采取的措施只是损害预防措施；如果这些影响是未知的，同样的措施将被称为风险预防措施。很多文献将风险预防原则和损害预防原则作为两个不同的原则提及，但在实践中情况并非如此简单，这是因为在适用这两个原

---

① 风险防范原则最早出现于原西德，风险预防原则首次在1984年北海会议得到国际运用。1992年《联合国里约环境与发展宣言》原则15规定："为了保护环境，各国应按照本国的能力，广泛适用风险预防方法（precautionary approach）。遇有严重或不可逆转损害的威胁时，不得以缺乏科学充分确定证据为理由延迟采取符合成本效益的措施防止环境恶化。"这是目前国际上较为认可的关于风险预防原则的经典表述。这个表述之所以采纳了"风险预防方法"而不采用"风险预防原则"是由于美国的坚持，认为"方法"这一术语比"原则"具有更大的灵活性，更少潜在的限制性。实际上，欧洲条约和欧共体法一般宁愿采用风险预防原则这一术语，而全球协定则更经常采用风险预防方法或风险预防措施这样的措辞。随后逐渐被用于一般环境保护领域。

② G. SHIBLEY, D. FARQUHAR, M. RANSOM, AND L. CAUCCI, "USING LAW AND POLICY TO ADDRESS CHEMICAL EXPOSURES: EXAMINING FEDERAL AND STATE AP-PROACHES", 42 Capital University Law Review Winter (2014), p. 97.

则时，很难明确区分这两个概念。有些文献在提到风险预防原则时，往往指的是既包含损害预防又包含风险预防方法①。

诉诸风险预防原则基于的前提是产品或产品生产过程所具有的危险性或有害性已经能够识别，但还不足以确定性地判断出风险。例如对于气候变化，早期的研究证明这种风险是存在的，但科学上的确切证据尚不充分，但是这种风险存在的可能性就足以采取相应的措施来预防。风险预防原则并不意味着科学与判断风险是否存在已经无关，也不意味着要求或允许国家仅仅依据假设或对于风险的完全理论上的评估而采取行动，各国具有法律责任来采取行动之前，对于损害后果的可能性预测仍需存在科学基础。需要存在某种"能够相信的理由"或"给予关注的合理依据"②。

化学品环境安全必然涉及风险防范，然而考虑到化学品的经济属性，人类生产、生活不可能离开化学品，目前有些特别令人关注的化学品并没有能充分迅速地开发出更安全的替代品、可负担得起的可持续技术和替代方法。因此，要尽可能减少化学品带来的环境风险。风险减少，包括防止、减少、补救、尽量减少和消除风险。减少风险是对化学品，包括对含有化学品的产品和物品的整个生命周期进行健全管理的关键性必要条件。

为了确保在2020年之前生产使用释放化学品或将其融入产品或物品时最大限度地降低其对人类健康和环境，SAICM的风险战略方针关于基于科学的风险减少的目标是：（1）在化学品的整个生命周期内最大限度地减少对人类健康的风险，包括对工人的风险以及对环境的风险。（2）确保在就化学品作业决策时考虑到特别脆弱或接触化学品的人类生态系统和生物体，并对之加以保护。（3）执行旨在减少风险、消除风险和防止污染的全面而行之有效的风险管理战略以及关于化学品的安全指示，以防止不安全和不必要地接触化学品。（4）在有合理的理由表示关注时，甚至在无法从科学上充分肯定一种化学品对环境或人类健康的影响时，采取防范措施。（5）优先考虑采取防范措施。（6）确保制订可以充分解决新出现问题的全球性手段。例如必须减少内分泌干扰素和汞以及引起全球关注的其他重金属产生的风险。（7）减少危险废物生成的数量并降低这

① A/CN. 4/674, Preliminary report on the protection of the environment in relation to armed conflicts [A/OL]. 联合国正式文件系统，2014-05-30.
② [美] 帕特莎·波尼，埃伦·波义尔. 国际法与环境 [M]. 2版. 那力，王彦志，王小钢，译. 北京：高等教育出版社，2007：110.

种废物的毒性。（8）确保开发和落实清洁生产、安全的替代办法、负担得起的可持续技术和特别令人关注的化学品的替代品并实行进一步的创新，以便推广替代办法、最佳、可得技术和最佳环境做法。（9）推广和支持危险化学品的环境无害替代品的研究开发和落实①。

对于化学品的环境风险应采取科学应对，这实际上也是化学品污染环境防治自然科学基础提出的必然要求。包括这些方面的含义：（1）在化学品生产中尽可能采取符合绿色化学理念的工艺和设备，尽可能减少生产环节的污染危害；（2）确保向所有行为者提供基于科学的标准、风险评估和管理程序以及风险和危险评估的结果；（3）加速科学研究的步伐，查明和解决化学品对人类和环境的影响，解决新出现的问题，并确保研究和开发化学品的安全替代品和清洁技术。

三、化学品全生命周期管理原则

环境治理的模式在发生着转型，政府主导，多元主体协同共治的模式正在形成。尽管这种模式降低了政府在环境治理中的责任，但是，由于环境的公共物品属性决定了政府还应是环境治理的主要力量。政府对环境的监管主要采取的是行政手段，而对化学品来说，化学品的生产、使用、运输、贮存以及最后的处置都有可能会对环境造成损害，需要对化学品的全生命周期均进行监管。

化学品全生命周期管理原则体现的就是从摇篮到坟墓的一种行政管理方式。化学品全生命周期管理实际上是将整个化学品的供应端、流通链、终端处理串成一个整体链条，从整体的、系统的角度来关注危险化学品全生命周期的安全，规范化学品可能产生的环境损害。严格的化学品全生命周期管理还应该包括产品中的化学品和化学品废物的处置，只不过中国目前化学品整体管理水平还较低，而且目前已经有固体污染环境防治法，因此，在立法中对化学品废物的处置不再作为重点，立法只需注意与固废法的衔接。

化学品全生命周期管理原则除了体现政府对化工企业的管理职责，同时也应包含生产者责任的延伸。生产者责任延伸包括：第一，生产者不仅指产品的制造商，还包括进口商。在通常情况下生产者即为制造商，如果在无法查明制

---

① SAICM/PREPCOM. 3/3, Draft overarching policy strategy［A/OL］. 联合国正式文件系统，2005-07-12.

造商的情况下方认定生产者为进口商。在实际案例中可对生产者的范围进行具体分析。第二，生产者的责任应理解为强制性义务。生产者责任的延伸意味着在生产的准备阶段就要求行为人采取相关措施预防环境污染而不是在污染结果发生后再作为。只承担损害后的责任会使生产者意识懈怠，没有警示和强制作用。第三，生产者责任的延伸对象既包括限定产品也包括承担的责任。生产者责任延伸制度中的"产品"不能仅局限于传统污染产品，应随着科学技术发展而逐步扩大，保证有致污可能的新型产品也在生产者责任范围中。另外生产者责任延伸的责任领域要大于普通的产品责任，它不仅要承担对各个主体的人身责任，更侧重于承担对整个社会的环境责任。生产者责任的延伸具有自身的特点。首先它具有强制性，依靠政府的强制力保证实施。其次，它具有延续性，生产者不仅要承担生产过程中的环境责任，更要加强对后期废弃产品的责任承担。企业不仅要对内部人员承担法律责任，还要对消费者、社区和环境负责。其本质要求是需要企业摒弃把利益作为唯一发展目标的理念，强调企业对社会的责任。生产者作为获得高额利益的一方应该支付相关费用来承担其产品带来的外部性影响，修补缺点，确保履行环境社会责任。最后，它具有行政性，政府及相关部门是生产者责任延伸法律制度的指引者和领导者，也是制度能够有效实施的保障。

产品中的化学品涉及范围较广，牵涉的利益较多，过早地将其纳入立法范围而监管不到位或无法监管反而会损害到法律的实施效果，进而影响到法律的权威性，可以依靠市场力量和环保消费压力来促使企业自觉在产品中使用环境无害化学品，而不是依靠法律强制力，可能会达到更好的效果。因此，目前立法不宜将产品中的化学品作为规制重点，而是将农药和工业化学品作为立法规制对象，对工业化学品生产、使用、运输、储存、销售等过程进行全周期规制，等待化学品污染环境防治立法实施一段时间后，化学品环境保护理念和执法水平得到一定的发展，再将产品中化学品和化学品废物管理纳入法律监管范围，形成真正意义上的全生命周期管理较为适宜。

四、化学品污染环境防治的责任和义务分担原则

作为理性经济人的个体总是追求利益的最大化，而这种利益在过去的发展中被单纯地理解成了经济利益，这也是造成发达国家走过的（我国以及其他发

展中国家正在走的）以牺牲环境为代价的经济发展道路。意识到环境资源的优先性、生态环境的脆弱性、不可逆转性以及不可或缺性，在可持续发展原则下，理性经济人追求的利益不仅包括经济利益，还应包括生态利益、社会利益。只要不被排斥在利益之外，每个人都是一个搭便车者①。理性的个人不会主动为集团利益而主动采取行为②。因此，单纯依靠市场机制是不能解决环境问题的，这也是环境保护法一般采取命令-控制行政规制的原因所在。但是环境法律实践已经表明，单纯依靠国家强制力量来进行环境治理已经表现出了缺陷。环境公共利益的维护应该在多元、多方利益的参与下，各自承担自身的权责和义务，调动各种机制，形成多元共治，责任分担的体系，才能充分调动主体的积极性，发挥机制的活力。

在环境治理中，多方、多元利益主体应该包括：（1）国家、政府，代表的是国家利益；（2）各市场经济主体如企业、公司等，代表的是市场经济利益；（3）公民代表，代表的是个人利益；（4）当地社区代表，代表原住民或当地人利益；（5）绿色 NGO 组织，代表生态利益；（6）其他如社会贤达、专家学者等，代表的是社会利益。各主体在环境治理中皆应承担各自的责任（义务）。《环境保护法》（2004 年修订）第六条的修改就是对各主体权责的细化③。反映出权责相适应原则不仅是理论的共识，而且已经落实到环境法律规范中。虽然环境法首创性地提出了"后代人"概念，但是此概念的政治意义远大于法律意义，在具体法律实施中除了其义务的履行不具有可操作性外，其权利利益的代表者也具有争议性。有主张由政府或者社会公益组织作为后代人的委托人代为行使权利，但是后代人作为一个"未来出场者"，其真实意志的表达具有猜测性和不确定性，而政府或者社会公益组织各有其自身的利益诉求，是否能忠实地

---

① ［美］埃莉诺·奥斯特罗姆. 公共事务的治理之道：集体行动制度的演进［M］. 余逊达，陈旭东，译. 上海：上海译文出版社，2012：8.
② ［美］曼瑟尔·奥尔森. 集体行动的逻辑［M］. 陈郁，郭宇峰，李崇新，译. 上海：格致出版社，2011：2.
③ 《环境保护法》（2004 年修订）第六条原为："一切单位和个人都有保护环境的义务，并有权对污染和破坏环境的单位和个人进行检举和控告。"修改为："一切单位和个人都有保护环境的义务。地方各级人民政府应当对本行政区域的环境质量负责。企业事业单位和其他生产经营者应当防止、减少环境污染和生态破坏，对所造成的损害依法承担责任。公民应当增强环境保护意识，采取低碳、节俭的生活方式，自觉履行环境保护义务。"

表达后代人的利益也具有可质疑性，因此，在目前立法中暂不涉及"后代人"法律概念能够避免立法的过度超前。

化学品污染环境防治的责任和义务分担原则体现了化学品污染环境防治的协同治理理论。在化学品污染环境防治中，政府主要承担化学品名录的编制，搜集化学品环境影响的相关信息，对环境有害的化学品的生产、研发等行为进行监管和许可等行政职责。

企业作为市场主体，在生产、使用、存贮、运输和销售化学品的活动中获得了利益，而这种利益的获得可能会损害其他主体的环境权益，因此，应当承担对化学品环境无害性的证明义务。这也是污染者付费原则的另一种表现形式。1972 年经济合作与发展组织首先提出污染者负担原则，其后由于环境污染治理的复杂性，污染者负担原则很快得到了国际社会的认可，欧盟的污染者付费原则即是污染者负担原则的另一种表达方式。世界上多数国家确认了污染者支付消除污染费及损害赔偿费。污染者负担原则只要求污染者承担已经造成的污染治理费用，亦即是只对现有污染负责，我国 1979 年的《中华人民共和国环境保护法》（试行）中的"谁污染，谁治理"原则也是此种含义。这种原则在一定程度上是一种消极的事后补救措施，并非是一种兼具污染治理与污染防治的原则。1989 的环境保护法中将"谁污染，谁治理"原则改为"污染者付费原则"，以此来拓宽污染者负担原则的内涵。2014 年修订的环境保护法明确了污染者负担原则。企业作为环境污染责任主体，负起应负的责任，既可以分担政府的压力还可以进一步提高环境修复效率。

其他社会团体为了环境安全可以自愿向政府提供化学品环境监测数据，并可以参与化学品环境污染的治理。这样可以充分调动社会资本，使其参与到环境污染治理。公民应当增强环境保护意识，减少对环境有害的化学制品的使用，自觉履行环境保护义务。

五、促进信息公开原则

信息的不对称会造成实质上的不公平。尤其是在环境污染防治中，社会和民众实际上是处于一个弱势群体的地位，他们本身就是环境损害的承受者，但由于信息的不对称，却无法获知自己是否正在被损害，受何种物质的损害。由于相关信息的缺失，环境损害的受害者无法采取有效的措施或要求采取措施来防止这种损害的发生或就损害的结果进行追偿。尤其对于化学品环境污染，这种信息的获得显得更为必要。

化学品污染环境防治中面临的最大问题就是信息不足。企业一方面出于商业秘密的考虑不愿意公布有关化学品的成分信息，这样就很难判断该化学品的性质、用途和环境危险性，无法进行监管；另一方面，化学品的研发有时需要大量的资本，即使明知化学品具有环境危害性，企业为了挽回研发成本，或者不愿意花费资金去寻找替代品，而会隐瞒化学品的环境危害性和对人体健康影响等信息。例如，2004 年杜邦公司对全氟辛酸及其盐类化合物（其最为我们熟知的用途就是不粘锅涂层）的环境危害性没有报告和公布，而被美国环境保护局控告违反了有毒物质报告条款。

出于对化工企业的发展和环境保护需要之间的平衡，将此原则确立为"促进信息公开"。化学品的研发需要投入巨大的成本，考虑到对化工企业研发热情的保护，对于一些商业价值较大的化学品的信息可以不公开。因此，促进化学品信息公开原则强调的是，政府要在不影响企业商业秘密的情况下，尽可能采取措施促使企业公开化学品环境信息。政府还应建立化学品环境监测数据库，为公众获取化学品信息提供平台，并有效监管化学品信息的公开。

美国为了保障民众环境知情权，使民众了解有毒化学物质危害，使有毒物质全部的处理过程透明化，要求企业公布相关环境信息的细节内容，若再次出现相似重大环境污染事故，启动应急计划保护民众，并颁布了紧急计划与社区知情权法案（EPCRA 法案）。在 EPCRA 法案中确立了交易秘密制度，要求企业只有通过该制度的相关程序，被 EPA 审查认可为交易秘密，才可以不予公布，即使如此，若对环境有严重损害，依然会向社会或特定申请人公开相关的有毒物质排放清单（TRI）数据。并且企业若拒不提供或提供虚假信息，EPA 有权根据 EPCRA 法案进行处罚，如果多次违反可以对每次违反行为单独进行经济处罚，如果故意提供虚假不实信息情节严重，企业将承担刑事责任。

六、公众参与原则

公众参与原则在环境立法中获得广泛的认可。环境资源是最基本的物质生产、生活资料，但同时也是人类赖以生存的基本生态环境要素，因此环境保护必然涉及各方激烈的利益冲突，这不仅是不可避免的，有时甚至是不可兼容的。

要达成共识必然意味着某些利益要做出让步。某些利益主体可能根据自我的利益偏好达成非可持续的共识，将长远利益、生态利益、社会利益和全人类整体利益牺牲掉，最终损害环境整体利益。公众的有效参与可以防止环境利益被牺牲。

环境立法实质上是一种利益的分配，只不过分配的是一种环境公共利益。这种利益的共同性是指该利益是当代人和未来人的全体人类共同体的整体利益。这决定了当代人在进行利益分配时，不能仅考虑当代人的利益，还要从人类共同体的可持续发展角度，照顾未来的人类的利益。环境伦理学所提出的非人类中心主义的伦理观是具有一定的合理性的，在立法中也应以其合理性的一面作为立法的伦理基础。也就是在分配环境公共利益时，除了考虑人类种群发展的需要，同时也要为其他生命体种群的发展提供空间。如果一味地注重人类自身的利益，忽视其他生命体和非生命体存在的价值，最终将影响到人类自身的生存和发展。因此，在就环境公共利益进行谈判、协商时，如果只有当代人利益代表者参与其中，很难保证其达成的共识符合生态环境的可持续性要求。后代人的利益以及其他物种的利益也需要有其利益代言人作为协商主体参与到环境利益分配机制中，而环境非政府组织正可以承担此部分责任。

因此，为了环境公共利益的保护，必须有公众的参与。而且公众参与要贯穿于立法、执法、司法整个过程。尤其是环境立法阶段，只有公众参与到立法过程中，充分表达了利益诉求，而立法机关在给予公众充分的参与机会后，听取了公众的意见，在权衡公众利益诉求和社会环境利益诉求等利益后，制定的法律才能被公众接受。立法过程的民主是立法的合法性基础，合法的法律也才能获得信服和遵守，才能取得良好的实施效果。而执法和司法阶段的公众参与能够有效监督法律的实施，加强执法、司法的队伍建设，提升执法、司法的水平。

而化学品污染环境防治立法同样需要公众参与，以避免利益集团权力寻租现象的发生。

七、基本原则体系的内在结构

考察化学品污染环境防治法基本原则的内在结构目的有两条：一是确定化学品污染环境防治法原则的逻辑是否清晰，只有逻辑清晰，才能保证整个基本原则的体系是严谨的，不混乱。二是基本原则的确立是否准确和完备。在体系逻辑严谨的前提下，要考虑周密性，基本原则是纲领性的原则，不能模糊，也不能遗漏。基本原则体系内在结构的合理和严密才能保证整个立法体系的合理和严密。

化学品污染环境防治法其关键就在于"防"和"治"，这也是确立基本原则的逻辑出发点。"防"即所谓的风险预防，"治"即所谓的协同治理。由于化学品在人们的日常生活和生产中发挥着重要作用，人们时刻处于被化学品所包围的环境之中，自然界中也逐渐被化学品所充斥。化学品不仅对人类可持续发展具有决定性的影响，更直接决定着生态环境的良好健康，而且化学品的环境危害后果的处理不仅费用高、周期长，甚至有些危害是无法消除的、毁灭性的，因此，对化学品污染环境的预防应是首要的环节。风险预防原则也应是化学品污染环境防治法基本原则之一。而将其排在首位是为了突出其重要性，强化化学品污染环境预防意识。

而化学品污染环境防治的责任和义务分担原则则是化学品污染环境协同治理理念的体现。环境的公共物品性和非排他性使用造成了环境污染日益严重的后果，从这个意义上讲，每个人都是污染者，都应承担污染治理的责任。污染治理已不仅仅是政府的责任，企业和社会团体也应积极参与到污染治理中，承担自身应当承担的治理责任。

不管是"防"还是"治"，都需要贯穿于化学品整个生命周期中，因此，化学品全生命周期管理原则也应成为化学品污染环境防治法的基本原则。化学品全生命周期管理原则也是绿色化学理念的体现。化学品全生命周期管理原则、促进化学品信息公开原则和公众参与原则共同支撑起化学品的风险预防和化学品污染的协同治理，贯穿于整部立法全过程，对化学品污染环境防治法律制度的确定提供指导，在法律条文出现空白或空挡时为司法实践提供依据。

第四节　化学品污染环境防治法的体例

由于化学品是一种潜在的污染物，因此在化学品污染环境防治立法中应尽可能遵从环境污染防治立法的体例，并结合化学品污染环境防治立法是化学品规制的基本法的特点进行体例的设计。

一、化学品污染环境防治法体例的考察

中国目前污染防治法有 6 部：《水污染防治法》（1984 年通过，2008 年最新修订）《大气污染防治法》（1987 年通过，2015 年最新修订）《固体废物污染环境防治法》（1995 年通过，2013 年最新修订）《环境噪声污染防治法》（1996 年通过）《放射性污染防治法》（2003 年通过）、《土壤污染防治法》（2019 年 1 月 1 日实施），化学品污染环境防治法属于环境污染防治法体系之内，从体系传承角度来说，应借鉴这些法的体例。《大气污染防治法》《水污染防治法》（土壤污染防治法）是属于环境要素污染防治立法，《固体废物污染环境防治法》《环境噪声污染防治法》和《放射性污染防治法》则属于污染物属性的污染防治立法。

（一）环境要素污染防治法体例

《水污染防治法》和《大气污染防治法》体例基本相同，均采用的是"污染物来源分类防治+重点区域防治+事故应急处置"。都分为八章：第一章总则；第二章标准和规划（不过大气污染法多了"限期达标"）；第三章防治的监督管理；第四章防治措施；第五章重点防治；第六章事故处置；第七章法律责任；第八章附则。《水污染防治法》在第四章中将水污染类型分为四种类型，《大气污染防治法》第四章将大气污染分为四种类型。两者虽然内容不同，但思路是相同的，均是根据能污染大气（水）的污染源来进行分类采取防治措施。《水污染防治法》将"饮用水水源和其他特殊水体保护"作为重点防治区域在第五章加以规范，而《大气污染防治法》第五章则为"重点区域大气污染联合防治"，不仅强调了重点区域，而且增加了联合防治内容，这是与水污染防治法的不同。《土壤污染防治法》体例略有不同，第四章设立了"风险管控和修复"制度。

环境要素污染防治法之所以采取"污染物来源分类防治+重点区域防治+事故应急处置"体例，是与环境要素保护的需求相符合的。不同来源的物质或因子进入环境的方式不同、污染物的成分也不同，因此，防治的主体和防治的方式也不同。如水污染，工业水污染主要是工厂的废水引起的污染，监管的对象和防治的主体是企业；城镇水污染则主要是生活污水的处理；而农村和农业水污染则主要是农药、化肥和家畜粪便对水体的污染。因此，根据污染物来源不

同，加以分类管理是符合污染防治规律的。对一些特殊的水体如饮用水水源或污染特别严重区域如大气污染重点控制区，由于其特殊性需要采取更严格的防治措施，因此也有单列成章的必要性。同时，水环境、大气环境是人类须臾不离的生存环境，其污染事件会直接关系到人们的日常生活秩序，因此如何防止、应对事故也显得非常重要。

概言之，目前环境要素污染防护法的体例也是在立法实践中不断探索和改进的产物，是立法逐渐顺应防治规律的产物。

（二）根据污染物属性的污染防治法体例

固体废物、环境噪声、放射性污染防治的立法虽然也有总则、法律责任和附则，但在其他部分却有则区别，体例有所不同。《环境噪声污染防治法》只采用了"污染物来源分类防治"，也是分八章，环境噪声防治法将环境噪声分为工业噪声、建筑施工噪声、交通运输噪声、社会生活噪声分章进行污染防治，但却没有重点区域防治，而且也没有污染物排放标准，只有由国务院环境保护行政主管部门根据不同的功能区而制定的国家声环境质量标准。但没有独立成章的重点区域污染防治和事故紧急应对。这种设计一方面原因在于该法自 1996 年通过后，噪声污染防治法再没经过修改，沿袭的立法理念是旧有的立法理念；另一方面，对噪声来说其影响的范围有限，造成的损害有限，按噪声来源进行分类防治也可以满足规制的需求，也没有进一步更新理念的迫切性。从这个意义上说，噪声污染防治的立法体例与环境要素污染防治立法体例没有大的、原则性区别。

《放射性污染防治法》虽也为八章，但是却从核设施、核技术利用、核矿开发利用和核废料管理几个方面进行污染防治，基本是核物质生产、使用、处置等全生命周期进行管理。这种立法体例是与别的污染物立法体例是不同的。

固体废物污染环境防治法只有六章，章节与环境要素的污染防治法的设置不一样，但体例却大体相同，也为"污染物来源分类防治+重点区域防治"。

可以看出，不管将污染物如何分类，除了放射性污染防治立法体例略有区别外，其他污染防治立法的体例基本上是相同或大体相似的。那么，化学品污染环境立法的体例是否应遵循已有的污染防治立法体例呢？遵循或不遵循的理由是什么？如果遵循则怎么分类？如果不遵循则如何设计化学品污染防治的立法体例呢？

二、化学品污染环境防治法体例的设计

化学品污染环境防治法体例设计在遵循一般环境污染防治法体例外，要注重化学品的风险预防管理的特点以及化学品不需要浓度控制和总量控制等规制手段的特点。

（一）化学品污染环境防治法体例的特殊性

化学品污染环境防治之所以要专门立法就在于化学品污染环境的独特性，故而其防治措施应有别于一般传统的污染物，因此，化学品污染环境防治立法的体系也不能一味地为追求污染防治法体系的一致性而进行立法体例的趋同化，要有区别与其他污染防治立法的特殊性。

首先，化学品污染与化学污染是不同的概念。化学污染的概念和内涵具有更大的广泛性，也就是说，只要是化学物质造成的环境污染均属于化学污染，而不管化学物质是何种来源。对于化学污染我们是可以区别其来源的，可能是工业生产的废水、废气、废渣中的化学物质带来的环境污染，也可能是农业生产或居民日常生活中使用的化学物质给环境造成的污染等等。化学污染并不注重化学物质本身，而是指化学物质通过排入、扩散、迁移等途径进入环境后给环境介质带来品质上的损害，由此给生活在环境介质中的生物体带来危害。如化学物质污染水体，会造成水污染，而防治水污染只需防范化学物质进入水体或控制化学物质进入水体的浓度和总量即可达到污染防治的目的。而化学品只指农药和工业化学品，它的来源很单一，就是化工业的生产，当然如果进一步讲，还包括使用化学品的工业产品。而且化学品的污染并不是对环境介质的污染，而是指化学品本身的危害，它可以不通过环境介质，直接影响人体和生物的健康，给生态环境造成损害。概言之，对化学污染可以采取"污染物来源分类法"，而对化学品污染则不适用"污染物来源分类法"。

其次，由于化工业的快速发展，科技力量在化工业被迅速地转化为生产实践，这种实验室研究到工业化生产的周期越来越短，人们对化学品的环境属性的了解时间也随之缩短，如果法律没有及时跟进，单纯依靠化工业自身的环境责任意识，很难保证化学品的环境属性得到足够的重视和研究，化学品环境损害的不确定性带来的风险将逐渐放大，最终带来不可挽回的危害后果。因此，其他污染防治针对的主要是确定污染物的防治，污染物的性质、浓度等对环境

的损害是确定可知，损害后果也可以评估和预测。而化学品污染防治则需要关注其风险防范，对化学品可能带来的风险后果进行风险评估和防范。换言之，其他环境污染防治立法中的"防"更多的是指从"源头控制"，避免或减少污染物进入到环境介质中带来环境污染问题。而化学品污染防治的"防"则更多的是指"风险预防"，尽可能预先评估出化学品对环境可能带来的危害而提前采取相应的措施加以预防。毕竟，人类不可能离开化学品而生存发展下去。对化学品的预防是为了更好地避开环境危害性化学品的生产、使用，保护人类自身健康和环境安全，让化学品更好地造福人类。

最后，对化学品污染环境防治采取"重点防治"并不科学，也未必能取得良好的效果。例如，美国 TSCA 中就专章对"石棉"的污染进行规范，而美国的石棉污染防治的效果甚至还不如其他国家。对于化学品来说，根据其环境危害性强弱将其划分为不同的规制类别，分级分类进行规范远比重点规制某一种或某一类化学品更科学。当然不强调"重点防治"并不意味着对所有的化学品均采取同样的规制措施，化学品作为一个集合概念使用时，通常意味着这类型的物质对环境总体上的有害性，但组成这个集合概念的各类化学品对环境的危害性是有区别的，甚至这种区别是巨大的，采取同样的规制措施不仅对环境危害较大的化学品可能降低其规制效果，也会对环境危害较小的化学品造成规制过度的后果，既不利于化学品环境污染规制目的的达成，也不能有效地分配法律资源。根据不同化学品的环境属性，针对其不同属性采取不同的分类等级，针对不同的等级适用不同的规制制度才是比较合理的选择。

（二）具体体例设计

化学品污染防治法体例的设计既要考虑化学品污染本身的特点，也要兼顾其与其他污染防治法体系上的关联。作为污染防治立法体系中的一部分，在体例上应尽可能顺应已有的立法体例，一方面，我国环境污染防治多年来不断完善、加强，已经形成相对完备的监测队伍，监测站的分布和监测技术的发展逐步科学，这些技术资源和人员队伍资源为化学品环境风险监测提供了坚实的人力科技资本，污染防治体例的趋同性能使化学品污染环境防治更好地与其他污染防治的监管体系、监测体系、执法体系融合，能有效地借助现有的监测资源和执法资源，更好地为化学品污染防治服务。另一方面，各种污染防治的总体指导思想和治理方式是具有同质性，化学品污染环境防治法体例与污染防治法体例相统一，也有利于污染防治法律体系自身的协调，发展，形成更紧密的防治污染的法律之网，保护环境免受重大的伤害，促进人与自然的和谐相处。

结合我国污染防治法一般为八章的特点，将化学品污染环境防治法也分为总则、化学品污染防治名录和规划、化学品污染环境防治的监督管理、化学品环境风险管理、化学品环境污染协同治理、化学品环境事故应急处置、法律责任、附则八章。

第一章总则起到统领整部法律的作用，在此部分明确立法目的、法律适用范围、立法原则等。

由于化学品污染环境防治立法关注的是化学品自身对环境带来的危害，而不是化学品进入水体、大气、土壤等环境介质中带来的危害，因此，化学品环境污染防治立法不需要环境标准和污染物排放标准制度。由此，在总则后，第二章用"化学品污染环境防治名录和规划"替代其他环境污染防治立法中的"标准和规划"。

由于化学品种类繁多，用途广泛、流通活跃，涉及的部门较多，监管体系和部门间的协调有必要加以规范，因此，第三章即为化学品污染环境防治的监督管理。

化学品污染环境防治立法的"防"和"治"与其他污染防治立法不同，不适用浓度控制和总量控制等规制手段，所以，将化学品污染环境防治法的"防"和"治"分别独立成章，即第四章化学品环境风险管理、第五章化学品环境污染协同治理。

化学品事故造成的环境损害非常巨大，危险化学品安全管理体例中虽然有危险化学品事故处置，但一方面该管理体例的立法级别较低，效力低，能发挥的作用有限，另一方面，该条例仅仅对危险化学品的安全事故应急做了规定，没有涉及其他化学品，使用范围较窄。化学品污染环境防治立法有必要对化学品环境事故应急处置设立专章加以规范。

法律责任和附则是污染防治法的惯有体例，而且没有法律责任的法律是没有"牙齿"的法律，不仅带来执法的困难，也影响法律的权威。化学品污染环境防治法也应关注法律责任的分配和承担。

概言之，作为化学品环境污染防治领域的基本法，化学品污染环境防治立法沿袭其他环境要素单项法律的立法惯例，由全国人大常委会作为立法机构较为适宜。立法在顺应污染防治立法的体系化要求的同时更要突出化学品污染环境防治的特殊要求，尤其是化学品环境风险管控的要求。作为化学品环境污染防治的基本法在法律规范中难免概括性、原则性的规定较多，因此，立法还需要注重配套性法律规范性文件的制定。

本章小结

将化学品规制立法的名称确定为化学品污染环境防治法理由在于：如将立法命名为化学品管理立法，一方面过于强化了行政管理色彩，将环境污染防治的责任放置于政府，不利于调动市场和社会防治污染的积极性，不利于公众参与环境污染防治。另一方面，管理立法往往会偏重于国家利益，在经济发展和环境安全的平衡中容易滑向经济利益。而化学品作为一种人工合成物，对自然而言就是一种污染物，从污染防治路径来防治化学品对环境造成损害在逻辑上是成立的。

将化学品污染环境法的法律位阶定为化学品规制的综合性基本法，是想通过该法较为原则性的规定指导、引导中国化学工业的发展模式和发展方向。目前，中国正处于环境问题大爆发时期，环境法律执法队伍和执法水平都存在严重不足，但是化学品环境污染问题已经凸现出来，成为不能忽视的问题，制定一部化学品规制的基本法，确定化学品污染环境防治指导思想、目的和原则，为化学品污染环境防治提供基本的法律保障，然后通过一定的时间表和路线图，并随着法律执法队伍和科技监测水平的提高，逐渐扩展化学品监管的对象、细化监管手段和监管程序、完善法律制度，是符合中国国情的做法，将能够获得更好的法律实施效果，维护法律的权威。

化学品污染环境防治立法目的、立法原则的确立是以绿色化学、风险社会和多元主体协同治理理论为基础。基于绿色化学理论，在"人类中心主义"和"非人类中心"主义中选择了"人类中心主义"为其伦理学基础。但在"人类中心主义"的大前提下，吸收了"非人类中心主义"环境伦理观的合理性，化学品污染环境防治立法的伦理基础最终落脚于既强调人类自身利益，也注重其他生命体及非生命体利益的"弱人类中心主义"。以此为基础，确定了化学品环境立法目的"二元论"，既强调环境保护也重视经济发展，但环境保护的权重要更大一些。基于生命权和健康权的保证确立了"保护环境和人类健康"的立法目的，基于知情权确定了"增加化学品信息的公开"的立法目的，基于发展权确立了"保持和提高中国化工业的竞争能力，促进经济和社会的可持续发展"的立法目的。衡量各种权利的权重后化学品污染环境防治法的立法目的可表述为"为防治化学品污染环境，保护环境和人类健康，增加化学品信息的公开，保持和提高中国化工业的竞争能力，促进经济和社会的可持续发展，制定本法。"

基于化学品可能带来的环境风险，确定了风险管理的进路，以风险理论为指导确定了预防化学品环境风险所应具备的原则，即风险预防原则。基于多元主体协同治理原则，并突出政府的主导地位，确定了化学品污染环境防治的责任和义务分担原则、促进化学品信息公开原则以及公众参与原则。化学品全生命周期管理原则是风险管理和协同治理理念的共同体现，同时也是绿色化学理念的具体体现。

由于化学品是一种潜在的污染物，因此在化学品污染环境防治立法中应尽可能遵从环境污染防治立法的体例，并结合化学品污染环境防治立法是化学品规制的基本法的特点进行体例的设计。建议化学品污染环境防治法也分为总则、化学品污染防治名录和规划、化学品污染环境防治的监督管理、化学品环境风险管理、化学品环境污染协同治理、化学品环境事故应急处置、法律责任、附则八章。相较于其他污染防治法的"重点防治"，化学品污染环境法治立法应更突出环境风险管理的理念，立法更侧重基于环境风险的分级分类管理制度以及配套的规范性法律文件的制定。

第五章

化学品污染环境防治法的制度构建

化学品污染环境防治法的法律制度确立是在立法目的和立法原则的指导下，以化学品污染环境防治法律制度的可操作性以及化学品污染环境防治法律制度体系的完整性为依据，进行相关法律制度的选择和确定。依据化学品污染环境防治法律制度体系的完整性将法律制度分为三种类型：预防性制度、支持性制度和补救性制度。本章主要论证的预防性制度是：化学品名录制度，化学品环境规划制度，化学品行政管理协调制度，化学品环境风险评估制度。支持性制度是：化学品环境信息披露制度，化学品申报、登记和许可制度，化学品自愿协议制度。补救性制度是：化学品环境损害补偿制度，化学品事故应急处置制度。

第一节　化学品污染环境防治法制度构建概述

化学品污染环境防治法律制度合理选择和建构是整部立法能否取得良好实施效果的保证，也是保障法的规范性条文的完整性、严密性的前提。只有法律制度体系本身的周严才能使立法更科学、严谨，基于法律制度体系化而设计的具体法律规范性条文才能更好地体现这些法律制度。

一、确立化学品污染环境防治法基本制度的标准

基本制度是具体体现立法理念、立法目的和立法原则的形式性要素。化学品污染环境防治法在体系上属于环境污染防治法，因此，环境污染防治法的一

些基本制度仍然是适用于化学品污染环境防治法的。当然在化学品污染防治法中这些制度可能会在表述上略有不同，但在本质上和适用条件没有大的差别，因此在此部分不再进行论述，而着力于能体现化学品污染环境防治法特点的制度。在司法和执法实践中所依据的是具体的法律规范条文，而这些法律条文就是法律制度的具体、细致的体现。有时一条法律规范条文就是一项法律制度，有时几条法律规范条文共同构成一项制度。考察法律的制定是否严密首先是看法律制度的选择是否恰当、严密，然后看法律规范条文是否完整地体现了法律制度。因此，法律制度的确定对立法来说就具有非常重大的意义。

选择何种制度或创新何种制度都需要标准。已存在的法律制度是否可以被引入到化学品污染环境防治法中，需要用这些标准来进行衡量和选择。此外，现有的法律制度如果不能满足化学品污染环境防治的需要，还需要进行制度创新，创新的制度是否恰当，也需要有标准去衡量。因此，确定化学品污染环境防治法律制度的创建标准具有必要性。

第一，法律制度的可操作性是首要标准。法律制度的可操作性意味着通过法律规范性条文予以表述的法律制度，能够成为司法实践中的判案依据，并在执法过程中得到执行，最终保障法律所保护的利益得以实现。因此，一个不具有可操作性的法律制度，即使勉强用法律规范条文予以表述，也无法落到实处，只是徒具形式。法律原则可以用相应的法律规范条文予以宣示性体现，但法律制度却不可以是模糊的、宣告性的。有些宣告性的法律制度，因为不具有可操作性，虽然体现在了法律规范性条文中，表面看似乎使立法具有了先进性，但在司法实践中却无法执行，使其成为一纸空文，徒然降低了法律的权威。

法律制度的可操作性实质上也是法律制定要符合国情的要求的体现。尤其是在与国外环境立法作比较时，会发现中国环境立法具有一定的差距，似乎国外的环境立法更具先进性。这常常会得到学者们的关注，希望中国的相关环境立法也能体现这些制度。尤其是对化学品管理方面，国外由于科学技术发展水平较高，化学品检测的技术水平较高，信息交流平台以及信息库建设较完备，使得一些化学品环境管制制度很容易实现。但对于中国，化学品的环境危害性才刚刚被重视，相应的配套检测实验室和监测技术都尚未发展起来，因此，制度设计更应考虑中国当前的国情，而不能单纯追求立法的先进性，而忽视了法律的可操作性。最终立法的科学性是要靠法律的执行来检验，只有能获得良好执行效果的法律才是制定良好的法律。

第二，法律制度要保障立法目的的实现。法律制度无疑应是法律目的的体现。但在法律的可操作性和立法目的的可实现性之间实际上存在着博弈，可能会出现为了在逻辑上实现立法目的，选取不具操作性的制度，使立法徒具表面上的逻辑严密性和先进性；也可能会为了条文的可操作性而罔顾了立法目的，使立法失去了应有的价值。保障立法目的实现的标准实际上为法律制度的选择和设计提出了一个基本底线，即法律制度的选择和设计必须紧紧围绕法律的立法目的，保障立法目的的实现。对于化学品污染环境防治立法来讲，由于化学品涉及的利益相关体很多，牵涉的利益很复杂，如果为了好操作，可能会降低对化学品环境规制的标准和要求，其管制的手段和方式也会有所放松。但如此就无法保障防止化学品污染生态环境立法目的的实现，使其难以发挥出应有的作用。因此，是否能保障立法目的的实现是选择和衡量法律制度的重要指标。

第三，要有利于逻辑严密的法律制度体系的形成。法律条文中的空白或遗漏虽然可能是由设计者思维的严密程度、社会变迁导致的新情况、新问题等多种因素造成的，但其中最关键、最根本的影响因素却是立法中法律制度本身的缺失或遗漏。为了构建严密的法网，不仅要求法律与法律之间要有紧密的逻辑和联系，而且每部法律自身也需要结构逻辑严密，要形成一个完整的制度体系。如果说立法目的是一部法律的纲领，法律基本原则是一部法律的精髓，那么法律制度就是一部法律的骨骼，是一部法律是否完整、能够有效运行的基本保证。法律制度的缺失会造成整部法律的残缺，丧失其部分的功能，甚至影响到整部法律的有效运行。因此，法律制度体系的完整、周密是能够保证整部法律的健全和有效的基本条件。

第四，要能体现规制对象的特点。环境立法往往针对特定的规制对象，例如化学品污染环境防治立法规制对象就是化学品，主要是防止化学品对环境和人体健康造成危害。而化学品的特点就在于它的环境污染具有潜在性、滞后性和难以察觉性。它不像水体污染，通过水体的颜色、气味和水体内的溶积物就能很明显地看出水体质量的改变。大多数化学品，尤其是无色无味的化学品对环境的影响是常人用肉眼难以察觉的，有些甚至是要经过长期的跟踪监测才可能发现。例如，2008 年雪灾后，广东韶关京珠高速沿线一些村庄的村民发现饮用水变苦、变咸了，一些居民饮用后出现发烧、呕吐、喉咙痛的症状。当地环保部门调查后发现，村民们饮用水中的氯离子含量已经接近饮用水上限标准，这与当时破冰除雪、撒下千吨融雪剂不无关系。融雪剂融化后，其中含有的化学物质渗透进地表，极可能污染地下水体。饮用被融雪剂污染的地下水，将对人体产生严重危害：工业盐中多含有亚硝酸盐，饮用后容易出现慢性中毒，如果大量、长期饮用可致人死亡。依据 2008 年的统计，中国每年的融雪剂消耗量在 60 万至 70 万吨之间。在哈尔滨、沈阳、天津、北京这些北方城市，每年都会耗用几千吨甚至万余吨融雪剂。氯盐渗透到混凝土中，会使混凝土保护层发生钢筋开裂、脱落的状况，导致结构承载力下降或丧失。中国北方地区高速公路、桥梁等，均有氯盐融雪剂破坏的现象。此外，化学品的种类繁多，化学品中的某些种类的环境危害尚未被人们发现，危害具有不确定性。针对化学品特点的管制需要有一些特殊的法律制度，因此，法律制度应根据所规制对象的特征加以选择和确立。如果已有立法中的制度不能满足立法需求，还需要根据规制对象特性的要求进行必要的制度创新。

法律制度的选择和确立的恰当与否直接决定了立法质量，而立法质量的高低又决定了法律实施的效果。法律制度确立标准为法律制度选择的科学性提供了基本的衡量工具，保证了立法的质量。

二、化学品污染环境防治法基本制度的体系

根据化学品污染环境防治法律制度确定的标准选取法律制度，只完成了化学品污染环境防治制度选择，还要通过这些法律制度的配合、衔接构成一个化学品污染环境防治法基本制度体系。通过该体系的运行来实现防止化学品污染自然生态环境和人类生活环境的目的。

化学品污染环境防治法基本制度体系由三部分构成，即预防性制度、支持性制度和补救性制度。之所以未将追责性制度纳入基本制度体系，主要基于两点考虑：第一，刑法中的环境污染罪是一种独立的罪名，对于严重污染环境的行为完全可以直接依据此罪名进行惩处，没有单独再列出的必要性。第二，预防性制度、支持性制度和补救性制度中实际上已潜含有责任制度，既然规定了义务，不履行义务必然意味着要承担责任，因此，也没有单列出责任制度的必要性。

法律制度体系的严密性决定了立法的严密性。根据化学品环境危害的特点，

尤其是化学品危害的不确定性，预防性制度构成了化学品污染环境防治的第一道防线，也是最优防线，它是在化学品对环境造成危害之前提前进行干预，尤其是针对化学品的环境风险进行预防。预防性制度的选择和设计在于是否能有效地降低化学品环境危害风险的发生。即使是小概率的环境风险，由于人们的恐惧也可能引发极大的社会不安定因素。支持性制度是为化学品的污染环境防治提供制度支撑，不仅要保证预防性制度的实现，还要保障治理性制度的实现。质言之，支持性制度就是为化学品污染环境的"预防"制度和"治理"制度的具体化实现提供制度供应。补救性制度则是对污染发生后的一种治理、补救和补偿性制度。化学品环境事故虽然发生的几率不大，但产生的后果却很严重，甚至有些会产生持久性环境影响，对于化学品的环境危害不能放任，而应该采取积极的措施予以应对。

化学品污染环境防治法基本制度体系实际上是按照预防性—支持性—补救性的逻辑进路进行设计的。三者密切配合以形成化学品污染环境防治的完整法律制度体系。这里的预防主要侧重的是化学品的环境风险预防；支持主要侧重的是化学品信息平台的建立，促进化学品信息的沟通和交流；补救主要侧重的是指生态环境损害的修复。在这三个部分中始终贯穿了政府主导，多元主体共同参与的协同治理的理念。尤其是重视化工企业在其中的作用，毕竟化学品污染环境防治如果没有化工业的支持和大力参与，管制如此庞大数目的化学品，单纯依靠政府，不仅工作强度大，行政成本高，更主要的是会造成行政效率低下，会使企业、社会和政府间产生冲突，不利于中国化工业的发展和竞争。这不仅会有害于化学品污染环境防治法法律效果的实现，甚至可能导致政府形象受损，使法律权威和政府权威均受到影响。

化学品污染环境防治法律制度选择及相应的法律制度体系构建将决定法的结构和功能，影响到该法的实施。化学品污染环境防治法律制度创新固然很重要，不仅能显示更高的理论价值，也能更好地体现先进的理念。但是，制度创新的本意应该是为了立法目的更好地实现，使立法能获得更好的实施效果。因此，衡量化学品污染环境防治法律制度体系是否合理，应当更多地从立法的可实施性考虑，而不能单纯从法律制度是否有创新以及制度创新的多少来作为衡量的标准。很多在环境污染治理中已经显示出良好效果的法律制度，哪怕不是新制度，也完全应该纳入化学品污染环境防治法的法律制度体系之内。

第二节　预防性制度

　　预防性制度，是针对化学品污染环境损害的不确定性而进行的制度设计，对于化学品，预防性制度更侧重于风险预防。环境污染损害的发生是人们最不愿意看见的结果。首先，这意味着不管是人类自身还是其他生命体，甚至是非生命体都将承受污染的不利后果，有时这种后果可能是致命的，甚至是延续多代的。例如日本的水俣病，甚至是腹中的胎儿也未能幸免于难。其次，污染的发生可能会引发群体性公共事件。如果对污染处置不当，人们对污染的恐慌可能会以潮水般的速度蔓延开，动摇社会安定的根基。最后，从环境成本效益分析看，采取事前预防所花费的成本要远小于事后污染处理所需要的成本。而且从极端角度说，有些污染损害可能是永久性，无法修复的。例如，化学品如果污染了地下水系统，由于水循环将导致整个地下水，甚至是地面水系统的污染。并通过水体污染导致土壤污染，这种污染恐怕依靠人力是无法消除的。而更可怕的是，自然又不认识人工化学品，依靠自然的自净能力也无法消除化学品的污染，最终后果将是这种污染永久地损害着人类以及自然生态系统。比如，远在地球的两极中的冻土层里也发现了DDT的身影，北极熊体内也检测到DDT的存在。即使人类不再生产DDT，这种污染物仍然会如同黄金一样，即使不增加也不会减少，只不过存在的地方不同而已。唯一不同的是，黄金是人们喜好并追求的财富的象征，对人类、环境没有危险性，而DDT在不声不响地危害着人类和环境的健康，被人类视为污染物而憎恨、厌恶。

　　预防性法律制度选择和确立的难点在于，由于损害后果没有显现出来，甚至具有一定的不确定性，可能导致人们怠于实施行动。从气候变化应对的联合行动中就可以清楚地看出这种困难。不过，化学品污染防治没有气候变化应对那么困难，不需要过于依赖国际间的联合行动，更主要是要依靠国内自身力量来实现化学品污染的防治。因此，化学品污染环境防治预防性法律制度地选择和确立应该落在实处，不能是模糊的、空洞的、鼓励性的，而应该是能切实实施的，有具体的部门或机构长期地、有效地履行，并有相应的机构或组织对履行情况进行检验和监督。以此保证预防性法律制度的立法原意得以实现。而过高标准的或过于先进的预防性措施或制度可能难以保障预防性目的的实现。

一、化学品名录制度

化学品名录制度是确定将何种化学品纳入法律监管范围，纳入监管范围内的化学品采取何种监管方式的一种实践性很强的制度。是化学品分类分级管理的体现，也是有效预防化学品环境风险的制度。

（一）化学品名录制度的目的和价值

化学品名录制度并不是一种创新制度，中国的化学品管理法规中都有名录制度①。但是编制的机关不同，名录的名称也不同，针对的仅是某一类化学品。化学品污染环境防治法的预防性法律制度体系中之所以选择和设立化学品名录制度的目的有三点：一是明确化学品污染环境防治法监管对象的范围。化学品种类、数目的巨大是监管化学品不能不加以考虑的重要因素。目前将所有的化学品全部纳入监管范围显然不现实，也不具有可操作性。有必要明确化学品的监管范围，确立哪些化学品纳入到优先监管的范围，然后随着化学品污染环境防治法律实践的推进，通过名录制度逐步扩展监管范围，最终将所有化学品全部纳入监管范围。二是发挥化学品监管机构的主导性作用。化学品名录制度明确了法律监管的对象，也使监管机构的责任范围得到明确，有助于化学品监管机构根据化学品名录来有针对性地进行监管。防止了因监管对象的不明确，而导致监管机构相互推诿责任。三是化学品名录制度有利于对化学品采取分类管理。毕竟化学品对环境的危害性是不同的，程度有强有弱，针对不同的化学品

---

① 如《危险化学品安全管理条例》规定，根据化学品危险特性的鉴别和分类标准，由安全生产监督管理部门牵头会同国务院工业和信息化、公安、环境保护、卫生、质量监督检验检疫、交通运输、铁路、民用航空、农业主管部门确定、公布《危险化学品目录》。《中华人民共和国监控化学品管理条例》规定，由化学工业主管部门提出《各类监控化学品的名录》报国务院批准后公布。《民用爆炸物品安全管理条例》规定，由国防科技工业主管部门会同公安部门制订、公布《民用爆炸物品品名表》。《易制毒化学品管理条例》规定，公安部门会同国务院食品药品监督管理部门、安全生产监督管理部门、商务主管部门、卫生主管部门和海关总署提出《易制毒化学品的分类和品种》报国务院批准。实际上，化学品的种类很多，名录的编制是很复杂的工作，而且还面临及时更新问题，如《新化学物质管理办法》规定，所谓新化学物质，是指未列入《中国现有化学物质名录》的化学物质。而《中国现有化学物质名录》由环境保护部制定、调整并公布。《化学品环境风险防控"十二五"规划》中提出重点防控化学品，确定了三种类型58类环境风险重点防控名单，实际上可以看作是化学品环境风险名录。

管制的方法和手段也是有区别的，否则将会造成管理成本的浪费。

化学品名录制度为化学品污染环境防治法的发展、完善赢得时间。立法能一步到位是一种美好的愿望，尤其是对于化学品，立法一步到位难度更大，一味地追求立法的完美性将导致立法的难产。但是化学品污染的严峻形势又不容许我们无所作为，化学品污染环境防治立法势在必行。如何化解两者时间上的矛盾性，只有依赖该项制度。通过这项制度将一些迫切需要监管的化学品纳入法律监管体系，使化学品污染环境防治立法从必要性、可能性变成现实性，然后随着法治化进程，逐步完善立法。

（二）化学品名录制度的构建设想

化学品名录编制主体的确立是该项制度的关键所在。化学品的特性决定了与化学品有关的部门和机构较多，而且，化学品的经济性属性使其更容易在部门企业间利益博弈中出现权力寻租，或者部门（机构）出于自身利益的考虑而无视一些化学品的环境危害性。化学品污染环境防治立法的目的就是要突出化学品的环境属性，实现化学品的环境安全。因此，化学品名录的编制由生态环境部来完成较为适宜，从行政职能来看，只有生态环境部能真正从环境安全角度出发，不受部门利益的限制，能最大限度地将有环境危害风险的化学品纳入法律监管的范围内。

化学品污染环境防治立法针对的是化学品的环境安全，虽然最终将监管的是几乎所有的化学品，但目前较适宜的做法是由生态环境部牵头会同其他相关部门统一编制一部《化学品污染环境防治名录》，并定期与各部门协调更新名录，《化学品污染环境防治名录》可以根据化学品环境危害性强弱、化学品的产量、使用量和生物蓄积量等指标进行分类，根据不同的分类采用不同的管制方式。如对高环境风险化学品和累积风险类化学品可以采取限制或禁止生产等更严厉的措施。

建议将化学品分为三类：

第一类是持久性、高生物蓄积性的化学品。对于此类物质，原则上禁止制造和进口。如对该类物质有特殊需求，可经过许可进行计划生产，并只能在规定用途中使用。

第二类是具有慢性毒害的化学品。其大量制造、进口、使用会在环境中有相当程度的残留的化学品。此类物质需要经过申报、登记、许可后方能进行生产、使用和进口。

第三类是持久性、生物蓄积性、致癌性或诱变性或可特别对生殖系统、内分泌系统、免疫系统、神经系统发生影响但影响尚不明确的化学品。可以要求生产者、使用者和进口者进行环境有害性评估，并提交评估报告，经过审查后，由主管部门给予许可或禁止。对高环境风险的化学品应限制生产和使用。

对可能具有持久性、生物蓄积性和毒性的物质，各种持久性有机污染物，在全球范围内引起关注的汞和其他化学品，大规模生产或使用的化学品，用途极为广泛和普遍的化学品，以及在本国范围内引起关注的其他化学品，应制作重点管理名录，对于目录中环境风险不确定的化学品作为优先重点进行评估，以确定其属于何类物质。

化学品名录制度是对化学品进行分类分级管理，根据不同的类别等级采取不同的管制措施。这有利于环境行政主管部门更好的发挥行政管理职能，提高行政效率，降低行政成本。

二、化学品环境风险规划制度

化学品环境风险规划制度是环境规划制度在化学品污染环境防治法中的体现。目的在于：有目的、有计划地控制化工业发展的规模和趋势，合理分布化学工业区。

（一）化学品环境风险规划制度的目的和价值

中国正由计划经济向市场经济过渡，从整体大局进行统筹设计是计划经济时代基本的工具，规划制度也是具有中国特点的制度，也可以说是一种较为成熟的制度。由于它在实践中还是发挥了相当的积极作用，在环境保护法体系尤其是污染防治法体系中是比较常见的制度。但鉴于规划制度本身的重要性还是需要将其单独进行说明。

环境风险规划是国民经济与社会发展规划的有机组成部分，是人们逐步认识到应从全局出发采取综合性的预防措施来控制国家或地区的环境污染和生态破坏而逐步发展起来的一项政策性、科学性很强的技术工作。中国对各环境要素的污染防治都有相应的规划，国家还有环境保护的规划，如2012年国务院印发的《国家环境保护"十二五"规划》①。

化学品环境规划风险制度是环境规划制度在化学品污染环境防治法中的体现。如环保部 2013 年据此编制的《化学品环境风险防控"十二五"规划》就有化学品环境风险规划制度。

化学品环境风险规划制度设立的目的在于：有目的、有计划地发展化工业发展的规模和趋势，合理分布化学工业区分配。化工业有自身的特色，有些化工厂的产品就是另一些化工厂的原料，合理布局能有效地减少运输环节的成本，另外，也有利于避免化学品在贮存、运输过程中可能造成的危险性，因此，化工业往往形成一个工业产区。但是，这也带来了一定的问题，会造成污染的集中，化工业区往往会成为污染集中排放区，对当地的居民造成影响，会受到当地居民的抵制。

对于化工业的发展和化工业园区的布局必须有一个整体规划，国家和地方均应根据国民经济与社会发展规划和环境保护规划制定化学品环境风险规划。

（二）化学品环境风险规划制度的构建设想

环境规划的目的就在于促使国家和政府在进行经济发展规划时考虑环境保护的需要，在经济发展的同时兼顾环境保护，平衡两者的矛盾和冲突。而化学品环境风险规划制度则是强调在环境保护规划中要重视对化学品的污染防治。

化学品环境风险规划制度应当符合国民经济与社会发展规划和环境保护规划。也就是说，国家和地方的化学品环境规划制度应当在国民经济与社会发展规划和环境保护规划的指导下进行编制。

化学品环境风险规划制度应明确化学品规划的目的，化学品规划编制的主体，化学品规划编制的程序，化学品规划的内容，化学品规划的公开程序以及化学品规划执行情况的监督。

化学品环境风险规划的主要内容包括：化学品环境风险的调查与评价、化学品环境风险预测、化学品环境区划、化学品环境目标的确定、化学品环境风险规划设计、化学品环境风险规划方案的选择和化学品实施环境风险规划的支

① 《国家环境保护"十二五"规划》的内容就包括：环境形势（指出重金属、化学品、持久性有机污染物等污染显现）；指导思想、基本原则和主要目标；推进主要污染物减排；切实解决突出环境问题；加强重点领域环境风险防控；完善环境保护基本公共服务体系；实施重大环保工程；完善政策措施；加强组织领导和评估考核九部分。

持与保障。

国务院有关部门、县级以上地方人民政府及其有关部门组织编制区域开发、产业发展等规划时,应当统筹考虑化工产业区的合理规划,以及化学品的生产量、贮存量、使用量可能带来的环境风险,促进化学品环境无害化利用。

由于化工企业对环境都有或多或少的影响,尤其是对周边的环境质量、土地房屋的价格等,因此,为了避免环境群体事件的发生,在化学品环境规划编制过程中要注意信息的公开、透明,要确保与各相关利益主体沟通渠道的畅通。

各级政府和相关部门不仅要负责编制规划,还要负责向社会各界宣传化学品环境风险规划的依据和意图,使社会各界能参与到化学品规划编制工作中,并最终接受化学品规划方案,而不能依靠政府的强力推进。

三、化学品行政管理协调制度

不同地区的发展不同,对经济发展和环境保护之间的偏好就不同,部门间也存在利益的博弈。部门间需要就各自承担的责任和职能进行划分,就相互间的配合、衔接进行协调,因此,有必要建立部门间的协调委员会。

（一）化学品行政管理协调制度的目的和价值

环境问题是利益冲突的集中表现,环境保护立法必然要求有一套解决的机制。法律的主要作用之一就是调整和调和各种冲突的利益①。化学品行政管理协调制度能够起到确立衡平利益分配责任主体的作用。

从宏观层面来看,环境公共利益不仅是当代人利益的分配,同时也是后代人利益的分配。"人类共同体"本身就包含着现在的人类和将来的人类,因此环境公平也包含着代内公平和代际公平。此外,按照"非人类中心主义"伦理观,环境利益的分配不仅是人类种群内的分配,还应扩展到种际（人与动物、植物）甚至非生命体。

人类发展的利益是一种整体性的利益,"如果没有与发展休戚相关的所有人的参与,发展是不可能的,而且如发展与他们的利益相抵触,在空头支票的掩饰下对他们进行剥夺,发展就不能发生。发展在于成就、实现和解放,它不是个悲观论者和乐观论者之间那种学究式争论的话题:对于这种运用知识,发动

---

① ［美］E. 博登海默. 法理学:法律哲学与法律方法［M］. 邓正来,译. 北京:中国政法大学出版社,1999:398-402.

一个更有益于实现人类理想、更能与科学的各种要求协调一致的运动所进行的努力，任何人也不能斥之为不现实和弃之不顾"①。利益依然是以民族国家为结构单元，国家之间在环境问题上的矛盾更突出得以发展中国家和发达国家之间对资源的需求而展开，必须应对环境问题又几乎是所有国家包括发达国家和发展中国家的共识。

从中观层面来说，局部利益和整体利益的冲突在环境问题上表现得尤其突出。环境利益冲突主要表现为中央政府与地方政府利益间的博弈。一般意义上说，地方利益和中央利益本没有大的冲突，尤其是像中国这样有着悠久的中央集权统治的单一制国家，中央政府作为一个国家的政治经济文化的核心决策部门，更注重从整体性利益考虑，统筹规划整个国家各个地方的政治经济发展的功能定位和发展方向，使整个国家利益最大化。然而地方政府作为局部利益的代表往往对整体利益缺乏一种宏观性的整体性的考量，再加上中国传统的"造福一方百姓"的为官文化，对地方政府来说，地方自身经济的发展才是其最关切的目标，尤其是有些部门和组织日常运行的成本需要地方政府依靠自身力量加以解决时，地方经济发展的重要性就显得尤为迫切，而对于很多地方来说，化工企业起点低、见效快，自然成为当地的支柱性企业。有些企业是当地的纳税大户，也是当地政府的重要财政来源；有的企业甚至是当地政府通过招商引资而来的，特别是针对环保设施设备落后的企业，让企业直接拆除，企业承受不了设备更新的资金压力，地方政府往往不愿意这样的企业被处罚、关停、整改，既影响了企业的正常发展，也会影响当地经济的发展。所以，针对国家的这种大型环保督察，当地政府实行保护主义，出于对地方经济利益保护的"地方保护主义"开始盛行，地方政府对当地的经济支撑性的污染企业或产业没有动力治理这种污染型企业甚至对治理这种污染型企业有抵触心理。甚至会提前通知企业，让企业提前准备，暂时关停，接受督察。在这种情况下，企业也极力配合政府，提前停工，这样即使督察组来了，也查不出问题。使企业环境违法成本低，而守法成本高，进而催生了许多环境违法乱象。例如，化工行业污染物的偷排漏排直排，严重污染了环境。"有的地方环境问题原地踏步，有的地方甚至不进反退，究其原因就是部分地方政府的不重视，不作为，搞形式主义，

---

① [法] 弗朗索瓦·佩鲁. 新发展观 [M]. 张宁，丰子义，译. 北京：华夏出版社，1987：11，序言.

环保督察来了，做个样子，关一关，停一停，环保督察组走了，企业继续开工，只要企业按时按量纳税就行，地方政府不管。其实，环保履职'形式化'是地方保护的另一种表象。"①

从微观层面上还存在部门间利益的博弈。近年来，随着市场经济的发展，中央政府机构中的部门利益问题日益突出。在决策或履行职能过程中，有些部门过多从本部门利益出发，过于强调、维护与谋取本部门利益，影响了决策的战略性、全局性和前瞻性，损害了社会公正与大众利益，增添了国家经济及政治风险。由于中央政府各部门没有完全落实职权法定原则，相关职权又处于调整之中，一些部门便从"部门利益最大化"出发，努力巩固、争取有利职权（如审批、收费、处罚等），冷淡无利或少利职权，规避相应义务。我国的行政机构设置偏多，职权交叉重叠。在具体行政过程中，凡是能巩固、谋取部门利益的，则积极"作为"；凡是与部门利益相抵触、难以谋取部门利益的，则消极"不作为"。职能部门更是从"部门利益最大化"而不是"国家利益最大化"的原则出发，来制定本部门的方针政策。

这些利益之间冲突在化学品污染环境防治中同样也存在，甚至表现得更为突出和明显，立法中可以利用行政管理协调制度构建一种利益的平衡机制，通过各种利益主体间的协调机制强化各部门职责的明确和履行。

（二）化学品行政管理协调制度的构建设想

自然生态系统是一个整体的系统，虽然动植物的分布可能会有地区性、区域性，但整个生态系统的物质循环和能量循环是没有区域划分的。但是在进行环境保护时，却存在行政区域人为条块分割的矛盾。

化学品污染环境防治也同样面临行政区域人为划分所造成的污染防治困难。不同地区的发展不同，对经济发展和环境保护之间的偏好就不同。经济发达地区更重视环境质量的改善，而经济欠发达地区，贫困仍然是首要问题，化学品污染防治实际上也是与贫困密切相关联。尤其是小型化工厂，生产门槛低，收益见效快，化工业的快速发展能帮助贫困地区提升经济发展速度，然而由此付出的环境代价却被忽视。化学品带来的污染随着气循环、水循环使整个环境系统都不能幸免，尤其是化学品对土壤、地下水的污染甚至会危及子孙后代的生存和发展。因此，化学品污染环境防治需要突破人为行政区划带来的管理不均

---

① 涂料采购网. 地方保护何时休！[EB/OL]. 搜狐网，2017-08-21.

衡，而且由于化学品涉及管理部门较多，部门间的职能不同，对化学品监管的范围和内容也不同，可能会造成职能间的冲突或重叠，这也需要相互间的协调。

化学品污染环境防治不仅受行政区划的限制，而且还受到部门条块分割的影响。化学品污染不仅在生产环节中会出现，在运输、贮存、使用、处置等环节也会发生污染，因此，涉及的行政部门包括生态环境部、交通运输部、安全生产监督管理局、发改委等有关部门，部门间需要就各自承担的责任和职能进行划分，就相互间的配合、衔接进行协调，因此，有必要建立部门间的协调委员会。

化学品涉及的利益部门较多，为了能充分保障化学品的环境安全，协调委员会牵头部门由涉及化学品经济利益最少的部门担当比较合适，从各部门职能的分工考虑由生态环境部作为协调委员会的牵头部门较为适宜。由生态环境部牵头设立化学品协调委员会，相关各部门共同参与，建立部门协调机制。化学品协调委员会的职能：（1）定期召开协调委员会议，就重大化学品污染防治决策以及相关措施进行协商，明确各自的职责和相互间的配合措施。（2）对化学品污染环境防治名录的编制或补充，协调委员会应当召开协调委员会会议进行商议，达成共识后，以生态环境部或协调委员会的名义予以公布。（3）建立和完善化学品信息沟通平台和人员培训。生态环境部负责化学品污染防治协调委员会日常活动的管理和联络工作。同时负责向各部门和社会通报化学品污染环境防治的信息。国务院环境保护主管部门可以组织有关部门开展联合执法、跨区域执法、交叉执法。

四、化学品环境风险评估制度

对于化学品环境风险管理，政府应只承担其监管职能。政府应确定化学品环境风险规制工具，通过其来明确监管的边界，将化学品环境风险评估责任分配给市场主体，政府只负责监管化学品环境风险评估行为和保障化学品环境风险信息的沟通和交流。政府还应监管化学品环境风险评估责任主体的评估行为。对化学品环境风险评估机构的资质加强监管。

（一）企业是化学品环境风险评估责任主体

化学品环境风险评估制度是化学品环境风险预防原则的重要制度体现。现有化学品中还有很大数量的化学品的环境危害性尚未得到评估，每年还不断在发明、创造出新化学物质。新化学物质的环境风险应在其投入正式生产流通领域前预先得到审查，这也是各国目前普遍的做法。

《危险化学品安全管理条例》《危险化学品环境管理登记办法（试行）》和《新化学物质环境管理办法》建立了具有化学品风险评估与风险管理含义的基本制度。在风险社会中，由于风险的不确定性，政府决策的结果也同样具有了不确定性，政府行政成本中就需考虑决策的风险成本。也就是说政府的决策也是具有风险的，要充分认识到政府决策的风险成本以及现代化进程带来的风险。政府毕竟是主要的管理主体，政府当然可以自己将风险预防的全部责任承担下来，然而这样可能导致政府行政效率下降、行政成本增加、社会公信力丧失，因此，对于化学品风险管理，政府应只承担其监管职能。政府应确定化学品环境风险规制工具，通过化学品环境风险规制工具来明确监管的边界，将化学品环境风险评估责任分配给市场主体，政府只负责监管化学品环境风险评估行为和保障化学品环境风险信息的沟通和交流。

目前中国市场经济日渐成熟，市场机制日益发挥决定性作用，风险评估责任可以由市场主体（企业、公司）来承担，这样不仅有利于节约政府行政成本，有利于政府监管职能的充分发挥，也有利于政府更好地做出风险决策。欧盟REACH法规的目的就是让企业来承担风险评价的责任。此外，欧盟还通过采取限制措施和批准授权制度在整个欧洲范围内为主管部门对具有不合理风险的化学品提供风险管理手段。

（二）政府对化学品环境风险评估负监管责任

政府还应监管化学品环境风险评估责任主体的评估行为。政府之所以要对市场主体的风险评估进行监管原因就在于：（1）追求经济利益最大化的市场机制会导致所有的产品，甚至是公共产品，都屈从于商业需要。而这种商业需要可能是不利于甚至有害于公共利益。为了公共利益不受损，有必要对市场机制进行有效干预。（2）基于市场竞争性所做出的商业上的最佳决策，往往会忽视外部不经济性，这对公共目标的实现是不利的，甚至是有害的。（3）作为理性的经纪人的市场主体不会主动承担或真正承担提供公共服务的风险。当成本超过收益时，私营们的反应往往是要求补贴、提高收费、消减必要投资和维护，或者干脆走开。因此，有必要通过政府"有形之手"来管控市场"无形之手"，以避免市场失灵、政府失灵以及社会利益集团权力寻租现象的发生。

政府对化学品环境风险评估负监管有助于政府的风险决策。建立有效的决策过程有五种主要的观点：（1）有关风险的决策很少是孤立的，而是有关使用和扩展特定技术和活动的社会选择的一部分。"最佳解决方案"是在竞争性的社会价值观和多重目标之间不断选择的结果。（2）寻找能解决风险可容忍性问题的尝试已经被误导了。要进行风险标准设定必须从一开始就认识到该标准必须是多元的，标准的风险水平和分配将随着对公平性的考虑、收益的大小、风险监测的机会、风险较小的替代物的存在、公众在风险减控上的偏好以及其他因素而变化。（3）如果社会要实现已有技术和新技术潜在的好处，风险就不可能是完全自愿的。风险管理的重点应是避免而非减少风险，使无法避免的风险尽可能成为自愿的，并且尽可能使承担无法避免的风险的人从受益者那里得到补偿。（4）由于风险往往是被强加的而不是被接受的，风险制造者有责任证明确实存在对该技术的需求和该技术不存在风险。（5）要实现强加性风险的公平性，最好是让风险承担者亲自参与到该风险的容忍水平和分配的决策过程中。风险承担者不应该成为决策过程的从属者，而需要拥有自己的专业能力、谈判权和参与的合法性。他们对将要强加给他们的风险应有完全知情权。

企业承担化学品环境风险评估的责任，需要对已列入化学品污染环境防治名录中的化学品的环境风险进行评估，并向政府提交评估报告。而且化学品环境风险评估报告也是化学品行政监管部门对化学品进行登记和许可的审查依据。为了有效监督企业对化学品环境风险评估行为，政府应加强对企业评估行为的监管。对在化学品风险评估报告中使用虚假信息或者隐瞒化学品环境风险信息的企业要进行相应的处罚，情节严重，产生危害后果的，可以追究企业主要负责人的刑事责任。

同时政府也要对化学品环境风险评估机构的资质加强监管。从事化学品环境风险评估活动的机构需要具有一定的资质，并需要经化学品环境行政监管部门审批和备案。对于在化学品环境风险评估活动中出现违法行为，提供虚假化学品环境风险评估报告的，有关部门应当取消其化学品环境风险评估资质，并处以相应的罚金。情节特别恶劣的，可以追究其刑事责任。

化学品环境风险评估制度是化学品环境风险预防制度的关键，尤其是对新化学物质和产量较高的化学品，提前预测其环境风险的概率能有效降低其环境危害发生的可能性。

第三节 支持性制度

如果说预防性制度是体现了风险预防的理念，那么支持性制度则体现了多元协同治理的理念。支持性制度包括三方面内容：第一，为化学品的治理提供信息的支撑。由于化学品是一种商品，企业为了自己的商业利益不愿意主动、积极地公布自己产品的信息。另外，化学品的研发也需要很大的成本，企业不会主动测试自己的产品对环境的危害性，即为化学品的研发付出格外的成本。而如果单纯地依靠政府监管化学品的信息，则可能会造成信息的滞后性。只有通过制度设计，促使企业公开化学品相关信息，才有助于化学品的环境治理。第二，为企业参与化学品污染环境防治提供路径。环境治理模式已经由完全依赖政府转向政府主导，多元主体共同参与，企业和社会团体也成为环境治理的重要主体。化学品污染环境防治的支持性制度就在于通过相应的制度，使企业和社会团体也承担起相应的治理责任。第三，为化学品污染环境防治提供多种规制工具，调动各治理主体参与环境治理的积极性。有些具有环境危害性，但又是生产、生活不可或缺的化学品就需要有替代品。例如，对不可降解的塑料造成的白色污染就可以通过可降解塑料的研发来进行替代。但是由于替代品的环境危险性也是不可知的，需要一段时间的观察和验证，所以替代品制度并没有成为大多数国家的强制制度。但国家可以通过一些鼓励性、经济刺激性的规制工具来提高企业对化学品的替代品进行研发。支持性制度很多，这里只论证几项主要的制度。

一、化学品环境信息披露制度

按照新修订的《环境保护法》（2014 年）规定，企业环境信息公开分为强制公开和非强制公开，而强制公开主要是关于污染物排放量较大的重点排污企业而言的。新《环境保护法》以及《企业事业单位环境信息公开办法》第七条、第八条的规定确定重点排污企业的划分范围、名单公布时间方式等，但是却未明确认定重点排污企业的标准。

同时由于只局限于重点排污企业，而不是全部企业进行企业信息公开，促使有一部分不在名单范围之内的企业因缺少法律约束和公众监督而对社会环境有较大的隐形危害。而且法条中的环境容纳量在我国目前并没有明确详细的指数可以参考，使得相关环境部门无法专业精准地认定重点排污企业，不确定性过高。对于企业如何进行公开环境信息，公开信息的内容、形式以及具体操作流程，新修订《环境保护法》也未给出统一规范明确的标准。

化学品环境信息披露制度是化学品环境信息公开原则的制度体现，也是保障实现公众参与原则的制度设计。尤其是化学品作为一种科技发明物，往往存在知识产权和商业保密的权利诉求，企业往往会拒绝公开化学品的相关信息，而缺乏化学品相关环境信息，就很难评估化学品对人体和环境带来的影响，化学品环境信息披露制度就是平衡企业利益需求和公众环境安全需求的制度设计。

（一）化学品环境信息披露制度的正当性

化学品环境信息披露制度正当性的四个理由[①]：第一，在经典经济理论中，所有经济主体都应有商品属性的所有信息。然而在实践中，作为一种商品，化学品信息是一种公共利益，将会在市场上生产不足，导致生产者和消费者之间的信息不对称，扭曲了市场。此外，缺乏化学品信息则缺乏促使受到化学活动的外部社会成本影响的主体与风险的创造者讨价还价达成有效的环境使用水平的市场机制。由此可见，要求化学品用户披露化学品环境信息可以纠正市场失灵。第二，化学品环境信息披露是促使化学品用户主动采取成本效益措施降低风险的激励机制。这个理由并不假设化学品信息披露必然会是风险社会最优水平。相反，披露的目标是给化学品用户带来外部的压力。奖励那些降低风险的用户，并制裁那些创建更多风险的用户。第三，从决策层面来说，化学品环境信息披露能优化决策的协商进程，从而更好地控制政府决策风险。公开提供给公众化学品环境信息，能使他们更充分地参与政策辩论；利益相关者也可以利用信息来监控政府机构和追究他们的责任；降低公众高估化学物质使用风险的担心。这样的化学品环境信息披露会导致政策决策更加合理。第四，公民对私人使用的化学品有"知情权"，特别是当它可能会影响他们的健康或周围环境。化学品环境信息披露制度有助于了解那些谁都有可能遇到的化学物质。例如，那些住在化工企业附近的居民，化学品环境信息披露制度可以让他们避免或管

[①]　Sara Gosman, "REFLECTING RISK: CHEMICAL DISCLOSURE AND HYDRAULIC FRAC-TURING", 48 Georgia Law Review, Fall（2013）, p. 83.

理风险。这种知情权包括社区做出自己的风险评估的权利。

(二) 化学品环境信息披露制度的政府责任

政府对化学品信息披露负有监管和引导的职责。因为，仅仅有化学品环境信息的披露，并不能降低风险的不确定性和公众对信息的恐慌，甚至不恰当的信息披露可能会造成公众对生产者的不信任，更严重的是引发公众对政府的不信任，甚或引发极端环境公共事件。典型例子就如 2014 年 5 月 11 日发生的余杭中泰事件，为反对杭州市余杭区中泰乡九峰村生活垃圾焚烧发电厂项目建设，发生封堵高速公路省道、打砸车辆等违法事件。再如 PX① 项目在中国已成为敏感符号。因此，与化学品环境信息披露制度相配套的要有化学品信息披露监管和引导制度。

风险的不确定性和风险造成的普遍恐慌都需要依靠及时、有效的风险信息发布来化解。风险信息发布的不通畅或者不恰当可能会造成风险放大，引发极端事件的发生。"当一个设施的选址变得有争议，往往会出现反对团体，现存的不信任被调动起来，先前的不公正会被旧事重提，媒体的报道也会扩展开来。结果是一个我们称之为风险社会放大的过程。""描绘和辩论风险的社会过程可以为社会提供一个强有力的信号：风险可能会比预先设想得更加严重、更加不公平、更加难以处理。这些信号反过来对规划中的设施带来了更多的关注。最后，这种警告和争议的过程会促成风险的次级效应——被我们称之为'风险涟漪'——包括社区内的冲突，社区和设施的污名化，可能外迁的居民以及财产价值的贬损。"②

风险引发的恐惧会加大社会成本，造成社会不安定因素，其解决之道还在于政府、企业和群众的沟通，风险信息的公开透明。政府必须以强有力手段监

---

① PX 是英文 p-xylene 的简写，中文名是 1、4-二甲苯，别名对二甲苯，主要用于生产塑料、聚酯纤维和薄膜，也可作为树脂、涂料、染料、农药等的原料，为无色透明液体，有类似甲苯的气味。根据国际标准，PX 不算危险化学品，与我们喝的咖啡同属"可能致癌物"。人们反对 PX 项目，甚至谈 PX 色变的根本原因，是认为 PX 项目不但造成环境的污染，而且 PX 本身具有很强的致癌性，严重危及人的健康。学术上界定一种物质的毒性，通常采用半数致死剂量来描述。实验证明，大鼠口服食盐的半数致死量是 3000mg/kg，PX 为 3523mg/kg，酒精为 7060mg/kg。半数致死剂量：食盐<PX<酒精。不该被妖魔化的 PX：揭开 PX 的神秘面纱 [EB/OL]. 人民网，2013-06-24.

② [美] 珍妮·X. 卡斯帕森、罗杰·E. 卡斯帕森. 风险的社会视野（上）：公众、风险沟通及风险的社会放大 [M]. 童蕴芝，译. 北京：中国劳动社会保障出版社，2010：270.

管风险信息的公开、公布，培养政府在风险信息中的公信力，树立政府的权威。政府的权威有助于政府职能的行使，反过来，有效地行使了自己职能的政府才能树立起自己的权威。甚至从道德层面上讲，只有行使了自己职能的，具有权威性的政府，才具有道德性。否则就是一个不道德的政府①。

美国和欧盟都为企业环境信息公开提供了统一的平台系统以及具体详细的操作流程，规范、储备、分析和审核企业所公开的环境信息数据，有助于保障企业环境信息的质量。我国政府环保部门也应该推动相关的环境信息公开技术研究建设，利用电视、报刊、手机以及其他新兴媒体，借助互联网等科技手段，加强环境信息采集和集成技术能力，提升企业环境信息存储共享、分析应用以及网络交流质量。还要强化企业环境报告书意识，对企业环境报告书内容格式做出统一规范的制作要求，有助于企业公布的环境信息全面、准确、真实；同时建立与环境报告书相匹配的管理机制，努力打造一个全国通行的，从企业基本信息、有关影响环境的建设项目详情、政府环境部门相关检查监督到公众查询等一系列有关环境信息公开的工作流程，可以告知企业哪些环境信息是需要公开的，为企业提供环境信息公开范本等的综合服务数据化系统，并通过制定相关法律法规确立维护管理机制的运行。

（三）化学品环境信息披露制度的企业责任

除了规范环境保护监察部门的环境执法权，明确环境保护监察监督的法定工作流程、形式内容以及其不作为的法律责任，促使环境保护监察部门积极规范地开展工作，还应大力加强企业环境信息公开法律责任，提升对不履行环境信息公开的企业的处罚水平，进一步提高罚金标准，健全完善相关的企业信用制度，使之与企业贷款融资、商业信用、投资建设和金融贸易出口等经济挂钩，推进绿色金融发展。尽快完善细化有关公民知情权的相关法律法规、政策章程，大力维护公民对企业环境信息公开的切实利益权利，为其维护自身环境利益提供法律支撑，提供权利救济的法律途径和保障，制定配套的实际操作实施细则指南。

同时我国可以根据美国EPCRA法案的交易秘密制度，在法律中明确详细规定商业秘密的内涵及延伸，对申请商业秘密的流程进一步细化，增加商业秘密

---

① 塞缪尔·P.亨廷顿.变化社会中的政治秩序 [M].王冠华，刘为，等译.北京：生活·读书·新知三联书店，1989：26.

在实践中的可操作性，避免企业以商业秘密为由不公开本应公开的环境信息，损害公民环境知情权。还可以参考 TRI 项目的法律责任，在我国法律中加强企业不履行环境信息公开义务责任，提升违反成本，甚至可以规定相应刑事责任。

二、化学品申报、登记和许可制度

行政管制手段在环境污染控制领域发挥了重要作用。环境法在社会主义法律体系中被归于行政法，因此，行政管制手段的使用以及程序设置的合理性是至关重要的。而行政管制的最有效也最经常使用的就是登记、许可制度。中国化学品管理法规中也具体体现了这一点，如公安机关核发剧毒化学品购买许可证、剧毒化学品道路运输通行证。质量监督检验检疫部门负责核发工业产品生产许可证；工商行政管理部门核发危险化学品生产、储存、经营、运输企业营业执照。《新化学物质管理办法》中明确规定对新化学物质实行申报登记制度。

虽然污染治理的模式在发生着变革，但不可否认的是政府的行政管理职能在环境污染防治中仍发挥着至关重要的作用。尤其是在化学品污染环境防治中，政府的行政管理尤其重要，甚至《21 世纪议程》使用了有毒化学品的"环境友好管理"，国际化学品战略管理方针 SAICM 中使用了化学品生命周期中所有阶段进行"环境良性管理"等词。

化学品的申报制度有利于发挥企业的积极主动性，减少政府行政监管的广度和强度。企业就自己生产、使用的化学品拥有较完整的信息和数据，由他们根据自己的企业生产需要来申报需监管的化学品，也可减少化学品行政监管部门对化学品相关信息的收集义务，仅就所申报的事项和申报报告来评估化学品环境污染危害的大小，依此决定登记和许可，有利于提高行政效率，降低行政成本。

在化学品污染环境防治立法中可以规定，纳入《化学品污染环境防治名录》中的化学品以及新化学品的生产者、经营者、使用者和进口者必须向环境保护部化学品登记中心进行申报，根据名录中的分类或新化学品的产品可以分别进行为常规申报、简易申报和科学研究备案申报。申报、登记作为其他部门核发许可证的依据。

化学品申报、登记和许可制度有利于国家从宏观层面掌控化工业发展的规模，有利于合理布局化工产业，加强环境监管。有利于环境保护主管部门了解和掌握化学品环境污染信息，对有较大环境危害性的化学品可以直接禁止生产、使用。

三、化学品自愿协议制度

自愿协议也被称为环境行政合同或环境行政协议，是结合管制、市场和自愿手段的基础上的一种行政契约。在环境治理过程中，除了政府仍在发挥着积极的、引导性的作用，企业的参与也越来越显出重要性。企业间的发展是不平衡的，一些大型企业研发条件好，资金充裕，产品达到国家和地方环境标准是比较容易的，而对有些企业来讲，环境成本已占整个生产成本的重要比重，如果再提高环境标准可能会导致这些企业生存危机。当然，工艺落后的、污染严重、产能消耗较大的企业越早退出市场，对环境治理来说就越有利，然而，经济可持续发展要求不能单纯为了环境而随意提高环境质量标准，环境质量标准和排污标准应与国家的经济发展相适应，并非越高越好。过于严格的环境质量和排放标准可能会因为企业无法达到反而失去了效果，甚至会影响到环境执法的权威性。而环境行政契约制度或环境自愿协议制度通过意思自治在企业（或社会团体）与政府间就环境治理问题达成协议，通过一种弹性机制，在政府给予一定的支持或激励下，能将个别企业的环境治理优势释放出来，在他们的带领下，逐步影响并扩展到整个社会治理体制，使得环境治理整体水平逐步提升，最后达到经济发展和环境保护双赢的结果。

对于化学品来说情况就更为复杂，一方面很多化学品的环境危害性尚不明确，政府很难给予禁令来明确禁止使用此类化学品，另一方面，有些化学品虽有一定的环境危害性，但是尚未有更好的替代性产品，也无法完全禁止其生产、使用。此外，有些化学品由于商业秘密，企业不愿公开其相应的成分、性质和用途，公众无法知情和监督，只能依靠企业的自觉行动。因此，化学品自愿协议制度能较好地调动企业资源，在互利互惠的基础上实现化学品污染环境的防治。各国在环境治理中也在应用自愿协议制度。

表 5-1　各国自愿协议制度之比较

国别	名称	定义	特点
日本	公害防止协定	是地方公共团体与企业或行业协会之间就如何防止公害、企业采取何种措施等达成的合意	最早在环境规制中运用契约手段。公害防止协定与法律、地方条例并列，成为第三种公害防止行政上的强有力的控制手段
欧盟	环境协议	由政府和企业达成的协议。自我承诺的措施将优先于立法措施，这也反映了政府希望使用合作为基础的措施以减少政府立法干预的意图，一般没有法律强制性。无法律拘束力的行政契约被称作"自我规制"（self-regulation），而有拘束力的则被称为"共同规制"（co-regulation）	可以作为适用法规的替代，或者事实上代替某种程序上的要求，或者替换先前的管制决定，或者作为政府发放有法律约束力的许可证的条件。欧盟成员国大都已采用了环境协议这一新型政策工具。其中法国是最早采用环境协议的国家
美国	自愿性伙伴计划	由联邦环保局等政府行政机构倡导和制定计划，非政府组织以及地方机构参与自愿计划	美国比较典型的环境协议包括有毒化学物质削减的 33/50 计划、栖息地保护规划协议、能源之星计划、为环境而设计计划等
中国	环境资源协议	2002 年颁布的《清洁生产促进法》第 29 条首次规定了环境自愿协议。并在 33 条规定了激励措施	在达到国家和地方减排标准后，企业自愿与有管辖权的经济贸易行政主管部门和环境保护行政主管部门签订进一步节约资源、削减污染物排放量的协议

　　但在适用化学品自愿协议制度时，也要防止其可能的弊端。化学品自愿协议的主体是企业（或社会团体）与主管行政部门（或环境保护主管部门），这种政策工具为主管部门与企业合谋以损害公共利益或他人利益来获取自身利益提供了可能，这也是对这种工具的最大的担心所在。环境行政协议不仅与规制机关和管制企业有关，由于环境利益的公共性，环境行政协议还关系到与环境利益有关的第三人。为防止环境行政协议"密室交易"，出卖公众环境利益，环境行政协议制度必须保障公众对环境行政协议具有知情权和参与权①。这也符

———————————

① 吴卫星. 行政契约在环境规制领域的展开［J］. 江苏社会科学，2013（1）.

合《奥胡斯公约》第2条第3款（b）项之规定①。

第四节　补救性制度

补救性制度是对污染损害发生后的处理制度。化学品污染可能会造成生态环境和人员的损害。从代内公平、代际公平以及种际公平来说，化学品环境污染者、化学品事故制造者以及化学品行政监管者应当采取措施加以补救。从成本效益来说，及时地采取补救措施可以防止损害后果的放大，是最优选择。化学品释放到环境中，就不单单是该种化学品的危害，在自然界各种条件的影响下，化学品可能会发生人们难以预测的反应，生成其他种类的化学品，可能会对环境无害，但也可能会对环境造成更大的伤害。化学品的这种不确定性促使人们对化学品的污染应采取更积极、更主动的方式，而不是采取放任手段。

一、化学品环境损害补偿制度

环境作为一种公共物品，其涉及全人类共同的利益，基于环境公平，化学品对环境造成的损害，应该由化学品用户承担。可以设立化学品环境损害补偿基金，还补偿因化学品环境损害造成的利益损失。

（一）化学品环境损害补偿制度的理论基础

化学品环境损害补偿制度设立的理论基础就是环境公平理论。从代内公平角度看，环境资源具有不可分割性、非排他性等特征而成为公共物品。环境污染具有显著的负外部性特征。环境资源开发利用者作为理性经济人，追求个体经济利益最大化是其行动的内在动力，如果缺乏外在的制约机制，就会使经济体这种追求自身利益的经济活动远离社会的最优状态水平，导致生态环境系统退化甚至丧失环境功能。单纯依靠市场机制会造成"市场失灵"，而不能充分保障在经济扩张过程中防止环境生态系统的损害和污染。如果对这种市场行为没有相应的防治机制，环境资源开发利用者对环境系统所造成的不利影响往往转移给社会，由社会全体甚至是后代人承担了损害的不利后果，其自身却独享经

---

① 《奥胡斯公约》第2条第3款（b）项之规定，环境协议属于应予公开的环境信息之一种。

济收益，而没有承担相应的责任。这显然是有失公平的。

从代际公平看，化学品参与到了自然的循环过程中，会对整个生态系统发生影响，这影响到子孙后代的生存权和发展权。为了后代人的生存、发展，当代人对利用环境资源或对环境资源造成损害的应当予以补偿。

从种际公平来看，人类作为一个物种也是自然生态系统的一部分，从这个层面上，人类与其他物种没有区别，处于一种平等地位，人类没有资格和权利来损害其他物种的生存权，因此，应当对环境损害进行适当的补偿。

（二）化学品环境损害补偿制度的构想

化学品环境损害补偿制度并不保护化学品污染受害者财产损害的求偿权。这种权利完全可以依靠民法中的财产权得到保护。化学品环境损害补偿制度所保护的是生态环境受损所应得到补偿的求偿权。被称为"环保天价案"[1] 的 2012 年泰兴 1.6 亿环保公益诉讼案，常被当作公益诉讼的典型案例。虽然泰州市环保联合会的诉讼主体资格是否适格，以及案件程序问题学界还有争议，但案件的最大亮点是法院支持了赔偿环境修复费用的诉求。康菲石油溢油案以行政手段确认环境补偿制度[2]。从行政管理和司法实践都足以说明建立化学品环境损害补偿制度是可行的。化学品对环境的损害后果的严重性也将证明该制度设立的必要性。

有些市场主体主动承担了环境生态系统的污染治理，国家应该采取鼓励、刺激、补偿等手段来激励这些市场主体的治理投入，充分利用经济刺激的杠杆作用，激发市场主体参与环境治理。而污染排放者应该承担这部分的治理费用。

---

① 2012 年 12 月，江苏泰州泰兴市 6 家化工企业将废酸委托给没有处理资质的公司和个人处理，这些公司和个人将废酸偷偷倒入河中。2014 年 8 月，泰州泰兴市人民法院以环境污染罪判处涉案的 14 人有期徒刑二至五年不等，并处罚金 16 万至 41 万元。随后，泰州市环保联合会又以公益组织身份，向江苏省泰州市中级人民法院提起环保公益诉讼。泰州市中级人民法院一审判决 6 家企业赔偿环境修复费用共计 1.6 亿元，江苏省高级人民法院二审终审判决维持原判。判决 6 家污染企业赔偿环境修复费用人民币合计 160666745.11 元，在判决生效 30 日内将所需赔偿费用支付至泰州市环保公益金专用账户。

② 2011 年蓬莱 19-3 油田 B 平台和 C 平台发生溢油事故，造成渤海部分海域遭受污染，蓬莱 19-3 油田溢油事故联合调查组 2012 年 6 月 21 日发布联合调查报告，认为康菲公司作为该油田的作业者承担溢油事故的全部责任。农业部、国家海洋局以行政协调集中索赔方式与康菲公司、中海油公司协商，达成 10 亿元人民币的渔业损失赔偿补偿协议、16.83 亿元人民币的海洋生态损害赔偿补偿协议，其中 7.315 亿元人民币用于赔偿渔民养殖损失。

同时，由于化学品的环境污染，导致有些环境系统丧失了经济功能和环境功能，造成当地土著居民丧失了生存空间或者发展空间，对于这部分经济损失和环境损失也需要化学品污染排放者给予补偿。

二、化学品事故应急处置制度

之所以将化学品事故应急处置制度归于补救性制度内，原因在于化学品的事故如果处置恰当，能减轻或减缓事故的规模、影响和损害后果。以天津港爆炸事故为例，最初报告人没有准确告知是化学品爆炸引发的火灾，导致消防人员采取了常规火灾救援方式。而恰恰在仓库贮藏物中有钠，钠的化学性质遇水即剧烈反应，发出大量的热并释放可燃性气体氢气，消防演习中通常采用向水中投放钠块来模拟事故现场，对于钠引发的火灾，用水救火无异于火上浇油。而且用水灭火导致仓库内一些可溶性的有毒化学品如氰化钠溶解在水中，造成污染水和土壤的风险，也为后续的处理增加了难度和成本。天津消防人员的勇敢和敬业精神是不可否认，但最初信息的不准确、不完整以及最初的消防措施的不恰当也是造成事故进一步恶化的原因。化学品事故是人们不愿意看见，也是尽力想避免的，需要有制度保证一旦化学品事故发生能得到很好地应对。化学品事故应急处置制度就是为化学品事故应对提供制度保障。

化学品事故应急处置制度应当包括三个层面：从政府层面，应该在化工业园区、化学品集中储存、保管区域设有专门的化学品消防支队，培养专业的化学品消防人员，应对化学品消防事故。编制国家层面的化学品应急预案。从企业层面，应当编制企业化学品事故应急预案，设立专业的化学品事故应急人员，对企业员工进行应急培养。不涉及企业商业秘密的应当公开企业应急预案内容。不过自美国9·11恐怖事件发生后，很多化工业企业呼吁不要再要求化工企业公开应急预案。考虑到中国社会秩序的良好和安定，可以要求企业公开化学品事故应急预案。从社会层面，邻近化工企业的社区，应当与企业相协调，组织社区人员学习、了解化工企业的应急预案。并组织社区人员参与化学品应急演习。

此外，《国家环境保护"十二五"规划》在第五项"加强重点领域环境风险预防"部分，提出建立化学品环境污染责任终身追究制和全过程行政问责制。但是目前来说，由于环境责任追究制度和问责制度才刚刚实行，制度的可行性和实施效果尚待实践检验，而且化学品的环境污染问题又具有潜在性，责任追究的难度会更大，如果单纯地追求制度创新，却最终无法实施，徒损法律的权威。因此，暂时在化学品污染环境防治立法中建议不创设化学品环境污染责任终身追究制和全过程行政问责制度，仅在化学品污染环境法律责任处规定化学品环境污染者、化学品环境行政监管者、化学品事故责任者等所应承受的民事、刑事以及行政责任。

本章小结

化学品污染环境防治法的法律制度确立是在立法目的和立法原则的指导下，法律制度体系的完整、周密是能够保证整部法律的健全和有效的基本条件。在构建化学品污染环境防治法律制度体系时选择何种制度或创新何种制度都需要标准，因此，确定化学品污染环境防治法律制度的创建标准具有必要性。其包括：第一，法律制度的可操作性是首要标准。第二，法律制度要保障立法目的的实现。第三，要有利于逻辑严密的法律制度体系的形成。第四，要能体现规制对象的特点。

化学品污染环境防治法基本制度体系实际上是按照预防性—支持性—补救性的逻辑进路进行设计的。三者密切配合以形成化学品污染环境防治的完整法律制度体系。这里的预防主要侧重的是化学品的环境风险预防；支持主要侧重的是化学品信息平台的建立，促进化学品信息的沟通和交流；补救主要侧重的是指生态环境损害的修复。在这三个部分中始终贯穿了政府主导，多元主体共同参与的协同治理的理念。因此，依据化学品污染环境防治法律制度体系的完整性将法律制度分为三种类型：预防性制度、支持性制度和补救性制度。预防性制度构成了化学品污染环境防治的第一道防线；支持性制度是为化学品的污染环境防治提供制度支撑，保证预防性制度的实现；补救性制度则是对污染发生后的一种治理、补救和补偿。三者密切配合以形成完整的化学品污染环境防治法律制度体系。由于三种制度中已经含有相应的责任和义务，因此，没有再单独论述责任制度。在此法律制度体系框架下，进行了具体的制度设计。

本章主要论证的预防性制度：化学品名录制度，化学品环境规划制度，化学品行政管理协调制度，化学品风险评估制度。支持性制度：化学品信息披露制度，化学品申报、登记和许可制度，化学品自愿协议制度。补救性制度：化学品环境损害补偿制度，化学品事故应急处置制度。

化学品污染环境防治法律制度很多，如化学品替代制度、表彰和奖励制度、化学品统一标签和分类制度等。以化学品统一标签和分类制度来说，该制度就属于支持性制度，为化学品的统一管理、流通提供准确、统一的信息，不仅是国际社会的通例，也在各国立法中被加以确认。但由于篇幅所限，不可能也没有必要将所有制度全部加以论证说明。如化学品供应链双向传递制度、化学品优先评估制度等，这些制度属于实践性比较强的制度，从法律条中体现要比单纯的论述更能说明问题。还有一些法律制度如落后工艺设备淘汰制度、监测制度、事故报告制度等已经比较成熟只是以更具体的形式体现在化学品污染环境防治立法中，也没有论证的必要。因此本章只选择了有限的几项制度进行论述，其他制度只在法律条文中进行体现，在附录的立法建议稿中都有相关的制度及其法律条文。

化学品污染环境防治法律制度是整部立法能否获得良好的实施效果的保证，也是保障法的规范性条文的完整性、严密性的前提。只有法律制度体系本身的周严才能使立法更科学、严谨，法律条文才能更好地体现这些法律制度。

结　论

通过各章的分析论证，本书主要得到以下结论：

（1）化学品并非废弃物，而是人们刻意追求的工业产品。化学品不仅是社会产品，福利产品，还是污染物。换言之，化学品具有经济属性和环境属性双重属性，从化学品的经济性属性看，化学品是一种福利产品；但从化学品的环境属性这个层面上说，化学品就是一种污染物。化学品作为一种人工制造物，化学品中的绝大多数在自然界是没有天然存在的，自然无法识别，也难以消解，在水循环、气体型循环、沉积型循环过程中对环境产生影响，有时甚至是致命的，不可逆转的。从这个意义上讲，化学品实质上是一种"潜在"的环境污染物，从化学品环境安全的角度将化学品视为污染物是具有合理性的。

（2）中国只有针对某一类化学品的立法级别较低的行政法规和部门规章，没有更高位阶的关于化学品的综合性法律。现有的与化学品有关的环境法律也只是针对化学工业产生的废水、废气、废渣的污染防治，并没有针对化学品本身污染环境防治的法律。目前对化学品的管理注重的是化学品的生产安全和职业病防治，对化学品的环境安全没有给予应有的重视。传统的"浓度控制"和"总量控制"等污染物防治手段已经不能满足化学品污染环境防治的需要。因此，无论是基于环境安全、经济可持续发展以及中国化工贸易与国际接轨的外在需求，还是化学品污染防治特殊性的内在需要，中国需要一部化学品污染环境防治法。

（3）中国的大气、水、固体废物的污染防治都有相关的高位阶立法，化学品对环境安全的重要性有过之而无不及，更需要位阶较高的立法。应当由全国人大常委会制定一部化学品污染环境防治的综合性的化学品基本法。在目前中国化学品污染环境防治法律队伍较为薄弱时，可以将化学品监管对象限定在一个较窄的范围内，随着法律队伍建设和环境监测水平提升，逐步将化学品监管对象扩展，强化监管手段并细化监管的程序，最终将所有的化学品纳入监管范围。

（4）化学品污染环境防治立法具有正当性。环境保护运动在中国不是源于一种自发的，从下而上的民众需求，而是国家强制推行的一种国策机制。由此也决定了环境立法天然的缺失立法的群众基础，因此，环境立法更需要证明立法的合宪性和合理性。随着中国经济社会的发展以及经济新常态治国理念的提出，传统的化工产业向新型、绿色健康发展的化学产业的升级换代的需求使得化学品环境污染防治立法具有了可能性。大数据时代的到来也解决了化学品管制需要庞大的数据库的难题，云计算为探索化学品与环境污染的相关性提供了技术可能性，并且中国已实行的"限塑令"以及新物质管理办法等实践也说明了化学品污染防治立法具有可行性。

（5）化学品污染环境防治立法的伦理观。传统的伦理观被认为是环境问题的产生根源而遭到质疑，非人类中心主义伦理观虽具有革命性，但是也有其内在的缺陷。因此，对于化学品污染环境防治立法来说，采取将"人类中心主义"和"非人类中心主义"融合的伦理观是比较恰当的。也就是在化学品污染防治立法中不仅要保护人类的利益，同时也要注重对其他生命体和非生命体利益的保护。

（6）化学品污染环境防治立法的理论基础。从化学品是一类"潜在的环境污染物"的逻辑起点出发，基于化学品污染的特殊性将风险预防、协同治理、绿色化学以及应急管理确立为化学品污染环境防治立法的指导性理论。化学品的风险预防和化学品污染环境的协同治理是化学品污染环境防治立法的两大支柱性理论。绿色化学所倡导的原子经济性等理念为化学品的污染防治提供了科技支撑，是立法应肯定和积极倡导的。鉴于化学品事故的环境危害性，立法中也要体现化学品应急处理。

（7）化学品污染环境防治法的立法目的及基本原则。基于化学品的双重属性，将建立在"弱人类中心主义"伦理基础上的环境立法"二元目的论"作为确立化学品污染环境防治法立法目的的依据。但在何者为第一性时，则根据目前化学品立法普遍忽视了化学品环境安全的现状，着重体现了"保护优先"的理念。将保护环境和人类健康作为首要目的，将促进经济社会可持续发展作为立法最终目的。根据化学品的双重属性特征，以及化学品对石化企业和社会经济的支撑作用，要求企业在不损害商业秘密的前提下，要积极公开企业化学品信息，实现公众的知情权和监督权。在保障公众的生存权、健康权、知情权的前提下，提高中国化工业的国际竞争力。

以风险理论为指导确定了预防化学品环境风险所应具备的原则，即风险预防原则、化学品全生命周期管理原则。基于多元主体协同治理原则，并突出政府的主导地位，确定了化学品污染环境防治的责任和义务分担原则、促进化学品信息公开原则以及公众参与原则。

（8）依据化学品污染环境防治法律制度体系的完整性将法律制度分为三种类型：预防性制度、支持性制度和补救性制度。预防性制度构成了化学品污染环境防治的第一道防线。支持性制度是为化学品的污染环境防治提供制度支撑，保证预防性制度的实现。补救性制度则是对污染发生后的一种治理、补救和补偿。三者密切配合以形成化学品污染环境防治法律制度的完整体系。化学品预防性制度主要侧重的是化学品的环境风险预防；支持性制度主要侧重的是化学品信息平台的建立，化学品信息的沟通和交流；补救性制度主要侧重的是生态环境损害的修复。在这三个部分中始终贯穿了政府主导，多元主体共同参与的协同治理的理念。

人们很容易感受到大气污染、水污染等的危害影响，尤其是雾霾天气的频繁出现，大气污染的危害已经被人们充分地认知，大气污染防治也得到充分的重视，像这样易感知和觉察的污染立法很容易获得人们的重视和认可。化学品的污染并不像大气污染、水污染、噪声污染等能够轻易地被人们察觉或感知，除非等到其污染后果已经发生，人们才会认识到罪魁祸首。而化学品带来的生活上的舒适、方便和经济社会效益，却是人们能感受和享受到的。这两者的差别更是使人们甚至宁愿忽视或无视化学品的环境危害性。化学品污染环境防治的紧迫性并没有被人们重视，这也是化学品污染环境防治立法面临的思想观念上的难题。人们更愿意从管理化学品的角度来研究化学品的立法，因为这样能很好地实现化学品的经济属性。然而，目前中国的化学品污染环境问题已经很严重了，只是更显性的污染——大气污染尤其是雾霾、水污染等吸引了人们的过多关注，使有限的环境立法资源更加紧张。如果不将化学品视为一种污染物而加以预防控制，单纯的管理化学品可能会导致化学品的环境属性再一次被忽视的后果。

　　化学品污染环境不能被直接观察到，人们对化学品污染的认知度较差，造成从污染物的视角来审视化学品的研究并不多，相关的研究也没有获得关注和重视，尤其是现在中国各种显性污染大爆发的时期，呼吁对隐性污染物——化学品进行立法控制可能更不容易获得立法机构的重视。然而，环保部的《国家环境保护"十二五"规划》中已经认识到化学品污染的严重性和预防化学品环境污染的紧迫性，笔者相信化学品污染问题会得到越来越多的关注，化学品污染环境防治立法也会得到环境法学者更多的重视和研究。立法是对人们行为模式和生活模式的一种强制性的调整，因此，立法是具有风险的。良好的环境立法可能会使社会秩序，尤其是生态秩序得到很好的维护，而不恰当的立法可能会导致经济社会发展的扭曲。只有获得公众支持和认可的立法才能获得良好的实施效果。本书是对化学品污染环境防治立法的一次尝试性研究，虽然研究还很粗浅，但仍希望本书所做的一些研究能有助于化学品污染防治立法工作。

参考文献

一、中文著作（图书）

蔡守秋．新编环境资源法学［M］．北京：北京师范大学出版社，2009．

曹明德．环境与资源保护法（第二版）［M］．北京：中国人民大学出版社，2013．

陈会明，张静．化学品安全管理战略与政策［M］．北京：北京化工出版社，2012．

陈泉生．环境法哲学［M］．北京：中国法制出版社，2012．

丁烈云，等．中国转型期的社会风险及公共危机管理研究［M］．北京：经济科学出版社，2012．

钭晓东．论环境法功能之进化［M］．北京：科学出版社，2008．

傅思明．依法行政与突发事件应对［M］．北京：中国人事出版社，2014．

韩从容．突发环境事件应对立法研究［M］．北京：法律出版社，2012．

韩德培．环境保护法教程［M］．北京：法律出版社，2012．

胡静．环境法的正当性和制度选择［M］．北京：知识产权出版社，2009．

金海统．资源权论［M］．北京：法律出版社，2010．

金瑞林．环境与资源保护法学［M］．北京：北京大学出版社，2006．

金瑞林，汪劲．20世纪环境法学研究评述［M］．北京：北京大学出版社，2003．

吕忠梅．环境法［M］．北京：法律出版社，1997．

李雅萍．透视科技创新的法律新视野［M］．台北：财团法人咨讯工业策进，2007.

李艳芳. 公众参与环境影响评价制度研究 [M]. 北京：中国人民大学出版社，2004.

李艳芳，唐芳. 环境保护法典型案例 [M]. 北京：中国人民大学出版社，2003.

李政禹. 国际化学品安全管理战略 [M]. 北京：化学工业出版社，2006.

林海. 活的法律——那些永恒的法史瞬间 [M]. 北京：法律出版社，2013.

刘家沂. 海洋生态损害的国家索赔法律机制与国际溢油案例研究 [M]. 北京：海洋出版社，2010.

刘建国. 化学品环境管理：风险管理与公共治理 [M]. 北京：中国环境科学出版社，2008.

斐敬伟. 化学物质环境风险法律规律研究 [M]. 北京：法律出版社，2016.

秦天宝. 环境法——制度·学说·案例 [M]. 武汉：武汉大学出版社，2013.

邵辉，葛秀坤，赵庆贤. 危险化学品生产风险辨识与控制 [M]. 北京：石油工业出版社，2011.

童星，张海波，等. 中国转型期的社会风险及识别——理论探讨与经验研究 [M]. 南京：南京大学出版社，2007.

唐双娥. 环境法风险防范原则研究——法律与科学的对话 [M]. 北京：高等教育出版社，2004.

陶明报. 科技伦理问题研究 [M]. 北京：北京大学出版社，2005.

汪劲. 环境法学 [M]. 北京：北京大学出版社，2006.

汪劲. 环境法律的理念与价值追求：环境立法目的论 [M]. 北京：法律出版社，2000.

王明远. 环境侵权救济法律制度 [M]. 北京：中国法制出版社，2005.

王树义，等. 环境法基本理论研究 [M]. 北京：科学出版社，2012.

王曦. 国际环境法（第二版）[M]. 北京：法律出版社，2005.

王利民. 论民法的精神：首届"全民民法基础理论与民法哲学论坛"文集（第1辑）[M]. 北京：法律出版社，2015.

王利民. 人的私法地位（第二版）[M]. 北京：法律出版社，2013.

夏治强. 化学武区防御与销毁 [M]. 北京：化学工业出版社，2014.

徐显明. 科技、文化与法律——中国法理学研究会 2012 年学术年会论文集 [M]. 北京：中国法制出版社，2013.

薛晓源，周战超. 全球化与风险社会 [M]. 北京：社会科学文献出版社，2005.

杨志峰，刘静玲，等. 环境科学概论 [M]. 北京：高等教育出版社，2004.

于文轩. 生物安全立法研究 [M]. 北京：清华大学出版社，2009.

张梓太. 环境纠纷处理前沿问题研究——中日韩学者谈 [M]. 北京：清华大学出版社，2007.

张文显. 二十世纪西方法哲学思潮研究 [M]. 北京：法律出版社，2006.

周珂. 环境与资源保护法学 [M]. 北京：中国人民大学出版社，2007.

竺效. 生态损害的社会化填补法理研究 [M]. 北京：中国政法大学出版社，2007.

二、中文译著

[美] 埃莉诺·奥斯特罗姆. 公共事务的治理之道：集体行动制度的演进 [M]. 余逊达，陈旭东，译. 上海：上海译文出版社，2012.

[美] 保罗·莱文森. 思想无稽 [M]. 何道宽，译. 南京：南京大学出版社，2003.

[美] 丹尼斯·米都斯. 增长的极限 [M]. 李宝恒，译. 长春：吉林人民出版社，1997.

[美] 丹尼尔·A. 科尔曼. 生态政治：建设一个绿色社会 [M]. 梅俊杰，译. 上海：上海世纪出版集团，2006.

[美] 丹尼尔·H. 科尔. 污染与财产权 [M]. 严厚福，王社坤，译. 北京：北京大学出版社，2009.

[美] 亨利·N. 波拉克. 不确定的科学与不确定的世界 [M]. 李萍萍，译. 上海：上海科技教育出版社，2005.

[美] 霍尔姆斯·罗尔斯顿. 哲学走向荒野 [M]. 刘耳，叶平，译. 吉林：吉林人民出版社，2001.

[美] 凯斯·R. 桑坦斯. 风险与理性——安全、法律及环境 [M]. 师帅，

译.北京：中国政法大学出版社，2005.

[美] 赫尔曼·戴利.超越增长：可持续发展的经济学 [M].诸大建，胡圣，译.上海：上海译文出版社，2006.

[美] 罗伯特·V.帕西瓦尔.美国环境法——联邦最高法院法官教程 [M].赵绘宇，译.北京：法律出版社，2014.

[美] 曼瑟尔·奥尔森.集体行动的逻辑 [M].陈郁等，译.上海：格致出版社，2011.

[美] 纳什.大自然的权利：环境伦理学史 [M].杨通进，译.青岛：青岛出版社，1999.

[美] 诺里塔·克瑞杰.沙滩上的房子——后现代主义者的科学神话曝光 [M].蔡仲，译.南京：南京大学出版社，2003.

[美] 诺曼·列维特.被困的普罗米修斯 [M].戴建平，译.南京：南京大学出版社，2003.

[美] 欧文·拉兹洛.人类的内在限度：对当今价值、文化和政治的异端的反思 [M].黄觉，闵家胤，译.北京：社会科学文献出版社，2004.

[美] 帕特莎·波尼，埃伦·波义尔.国际法与环境（第二版） [M].那力，王彦志，王小钢，译.北京：高等教育出版社，2007.

[美] Stanley E. Manahan. Environmental Chemistry（Ninth Edition） [M].孙红文，等译.北京：高等教育出版社，2013.

[美] 唐纳德·沃斯特.自然的经济体系——生态思想史 [M].侯文蕙，译.北京：商务印书馆，1999.

[美] 威拉曼特里.人权与科学技术发展 [M].张新宝，译.北京：知识出版社，1997.

[美] 魏伊丝.公平地对待未来人类：国际法、共同遗产和世代间衡平 [M].汪劲，王方，等译.北京：法律出版社，2000.

[美] 珍妮·X.卡斯帕森，罗杰·E.卡斯帕森.风险的社会视野（上）：公众、风险沟通及风险的社会放大 [M].童蕴芝，译.北京：中国劳动社会保障出版社，2010.

[美] 珍妮·X.卡斯帕森，罗杰·E.卡斯帕森.风险的社会视野（下）：风险分析、合作以及风险全球化 [M].李楠，何欢，译.北京：中国劳动社会

保障出版社，2010.

[英] 弗里德里希·冯·哈耶克. 法律、立法与自由（第1卷）[M]. 邓正来，张守动，李静冰，译. 北京：中国大百科全书出版社，2000.

[英] 尼克·皮金，罗杰·E. 卡斯帕森，保罗·斯洛维奇. 风险的社会放大 [M]. 谭宏凯，译. 北京：中国劳动社会保障出版社，2010.

[英] 彼得·泰勒–顾柏，[德] 詹斯·O. 金. 社会科学中的风险研究 [M]. 黄觉，译. 北京：中国劳动社会保障出版社，2010.

[英] 维克托·迈尔–舍恩伯格，肯尼恩·库克耶. 大数据时代 [M]. 盛杨燕，周涛，译. 杭州：浙江人民出版社，2013.

[英] 约翰·厄里. 全球复杂性 [M]. 李冠福，译. 北京：北京师范大学出版集团，2009.

[瑞典] 防止大规模杀伤性武器扩散委员会. 恐怖武器——让世界摆脱大规模杀伤性武器 [M]. 中国军控与裁军协会，中国国际战略学会，译. 北京：世界知识出版社，2007.

[日] 黑川哲志. 环境行政的法理与方法 [M]. 肖军，译. 北京：中国法制出版社，2008.

[日] 原田尚彦. 环境法 [M]. 于敏，译. 北京：法律出版社，1999.

[德] 乌尔里希·贝克. 风险社会 [M]. 何博闻，译. 南京：译林出版社，2004.

世界环境与发展委员会. 我们共同的未来 [M]. 王之佳，柯金良，等译. 长春：吉林人民出版社，1997.

[加] 大卫·莱昂. 后现代性（第二版）[M]. 郭为桂，译. 长春：吉林人民出版社，2004.

[美] 约翰·斯普兰克林，格里戈里·韦伯. 危险废物和有毒物质法精要 [M]. 凌欣，译. 天津：南开大学出版社，2016.

[美] 吉恩·马基雅弗利·艾根. 毒物侵权法精要 [M]. 李冰强，译. 天津：南开大学出版社，2016.

[美] 理查德·拉撒路斯. 环境法的形成 [M]. 庄汉，译. 北京：中国社会科学出版社，2017.

三、期刊论文

蔡守秋. 论政府环境责任的缺陷与健全 [J]. 河北法学, 2008 (3).

陈泉生. 环境权制辨析 [J]. 中国法学, 1997 (2).

[美] 布伦特·K. 马歇尔. 全球化、环境退化与贝克的风险社会 [J]. 周战超编译, 马克思主义与现实 (双月刊), 2005 (5).

边红彪. 中日化学品管理模式和法律法规体系比较 [J]. 口腔护理用品工业, 2011 (4).

成伯清. "风险社会" 视角下的社会问题 [J]. 南京大学学报 (哲学·人文学科·社会科学), 2007 (2).

龚仁伟. 基本国策的特定含义与政策判定 [J]. 重庆社会科学, 2012 (1).

龚长宇. 陌生人社会志愿行动的价值基础 [J]. 伦理学研究, 2014 (4).

巩固. 环境法律观检讨 [J]. 法学研究, 2001 (6).

胡健, 董春诗. 市民社会的概念与特征 [J]. 西北大学学报 (哲学社会科学版), 2005 (2).

姜敏. 环境法基本原则和环境许可制度建构 [J]. 中国政法大学学报, 2011 (4).

柯坚. 我国《环境保护法》修订的法治时空观 [J]. 华东政法大学学报, 2014 (3).

柯坚. 论污染者负担原则的嬗变 [J]. 法学评论, 2010 (6).

[比利时] 卢卡·温特根斯 (Luc J. Wintgens). 作为一种新的立法理论的立法法理学 [J]. 王保民, 译. 比较法研究, 2008 (4).

李艳芳. 公众参与环境保护的法律制度建设——以非政府组织 (NGO) 为中心 [J]. 浙江社会科学, 2004 (2).

李挚萍. 20 世纪政府环境管制的三个演进时代 [J]. 学术研究, 2005 (6).

李挚萍. 环境基本法立法目的探究 [J]. 中山大学学报 (社会科学版), 2008 (6).

刘建国, 李力, 胡建信. 高关注物质 (SVHCs): 中国化学品风险管理体制、能力和基础研究挑战 [J]. 科学通报, 2013 (26).

刘双. 国策简论 [J]. 云南大学学报法学版, 2007 (3).

罗豪才. 行政法的核心与理论模式 [J]. 法学, 2002 (8).

罗丽. 从日本环境法理念的转变看中国第二代环境法的发展 [J]. 中国地质大学学报 (社会科学版), 2008 (3).

莫神星. 中欧化学品安全法律比较研究 [J]. 河北法学, 2009 (5).

马骧聪. 论我国环境资源法体系及健全环境资源立法 [J]. 现代法学, 2002 (3).

马洪. 生产者延伸责任的扩张性解释 [J]. 法学研究, 2009 (1).

聂晶磊, 杨力, 赵圆, 等. TSCA 与 REACH 的比较及对中国化学品立法的启示 [J]. 现代化工, 2009 (6).

孙佑海. 循环经济法的基本框架和主要制度论纲 [J]. 法商研究, 2007 (3).

童星, 曹海林. 2007—2010 年国内风险社会研究述评 [J]. 江苏大学学报 (社科版), 2012 (1).

王灿发. 环境法的辉煌、挑战及前瞻 [J]. 政法论坛, 2010 (3).

汪劲. 中国环境法治三十年: 回顾和反思 [J]. 中国地质大学学报 (社会科学版), 2009 (5).

王次宝, 吴强. 加拿大化学品管理立法特色与启示 [J]. 环境科学与管理, 2010 (2).

王德福. 论熟人社会的交往逻辑 [J]. 云南师范大学学报 (哲学社会科学版), 2013 (3).

王曦. 当前我国环境法制建设亟需解决的三大问题 [J]. 法学评论, 2008 (4).

王小刚. 对"环境立法目的二元论"的反思——试论当前中国复杂社会背景下环境立法的目的 [J]. 中国地质大学学报 (社会科学版), 2008 (4).

王晓冬. 中韩化学品环境管理立法比较 [J]. 理论界, 2009 (2).

王新生. 当代中国的社会转型与公平正义的市民社会根基 [J]. 马克思主义与现实 (双月刊), 2008 (5).

吴卫星. 行政契约在环境规制领域的展开 [J]. 江苏社会科学, 2013

（1）.

俞可平. 中国治理变迁30年（1978—2008）［J］. 吉林大学社会科学学报，2008（3）.

于相毅，毛岩，孙锦业. 我国化学品环境管理的宏观需求与战略框架分析［J］. 环境科学与技术，2013（12）.

于相毅，毛岩，孙锦业. 美日欧PRTR制度比较研究及对我国的启示［J］. 环境科学与技术，2015（2）.

张梓太. 论我国环境法法典化的基本路径与模式［J］. 现代法学，2008（4）.

张建伟. 论环境立法存在的问题及其克服［J］. 中国地质大学学报（社会科学版），2008（2）.

张健. 从管理走向治理：当代中国行政范式转换问题研究［J］. 浙江社会科学，2006（4）.

张明楷. "风险社会"若干刑法理论问题反思［J］. 法商研究，2011（5）.

张式军. 环境立法目的的批判、解析和重构［J］. 浙江学刊，2011（5）.

朱景文. 中国特色社会主义法律体系：结构、特点和趋势［J］. 中国社会科学，2011（3）.

朱婧，刘建国，张来，等. 化学品风险管理的社会经济影响分析方法学构建［J］. 环境科学与技术，2013（9）.

周珂. 基本国策与社会生态运动的比较研究［J］. 北京城市学院学报，2014（1）.

四、外文文献

1. Edited by NIELS S. J. KOEMAN：Environmental Law in Europe, London：Kluwer Law International Ltd, 1999.

2. E/CN. 4/2006/42, Adverse effects of the illicit movement and dumping of toxic and dangerous products and wastes on the enjoyment of human rights：Report of the Special Rapporteur, Okechukwu Ibeanu.

3. Andrew Liebler, "Better Safe Than Sorry：A Precautionary Toxic Substances

Control Act Reform Proposal", 46 Washington University Journal of Law & Policy (2014), p. 333.

4. SAICM/ICCM. 4/10, Chemicals in products programme.

5. UNEP/FAO/RC/COP. 6/10/Add. 1, Draft decision guidance document on perfluorooctane sulfonic acid, perfluorooctanesulfonates, perfluorooctanesulfonamides and perfluorooctanesulfonyls.

6. SAICM/ICCM. 4/L. 1/Add. 1, Draft report of the International Conference on Chemicals Management on the work of its fourth session.

7. UNEP/POPS/POPRC. 2/11, Draft risk profile: perfluorooctane sulfonate (PFOS).

8. Edited by Ludwig Krämer: European Environmental Law, England: Dartmouth Publishing Company, 2003.

9. G. SHIBLEY, D. FARQUHAR, M. RANSOM& L. CAUCCI, "USING LAW AND POLICY TO ADDRESS CHEMICAL EXPOSURES: EXAMINING FEDERAL AND STATE APPROACHES", 42 Capital University Law Review, Winter (2014), p. 97.

10. UNEP/GCSS. IX/6/Add. 2, Global Plan of Action Executive summary.

11. SAICM/PREPCOM. 3/INF/21, Paper submitted by the United Nations Environment Programme (UNEP) on the contribution of UNEP to the implementation and oversight of the strategic approach to international chemicals management (SAICM).

12. SAICM/OEWG. 2/6, Progress on emerging policy issues and other issues of concern.

13. UNEP/POPS/POPRC. 11/5, Proposal to list pentadecafluorooctanoic acid (CAS No: 335-67-1, PFOA, perfluorooctanoic acid), its salts and PFOA-related compounds in Annexes A, B and/or C to the Stockholm Convention on Persistent Organic Pollutants.

14. Sara Gosman, "REFLECTING RISK: CHEMICAL DISCLOSURE AND HYDRAULIC FRACTURING", 48 Georgia Law Review, Fall (2013), p. 83.

15. Tracy Hester, Robert Percival, Irma Russell, Victor Flatt & Joel Mintz, "Restating Environmental Law", 40 Columbia Journal of Environmental Law

(2015), p. 1.

16. SAICM/ICCM. 1/INF/2, Report of the third session of the Preparatory Committee for the Development of a Strategic Approach to International Chemicals Management.

17. Tracy Bach, "BETTER LIVING THROUGH CHEMICALS (REGULATION)? THE CHEMICAL SAFETY IMPROVEMENT ACT OF 2013 THROUGH AN ENVIRONMENTAL PUBLIC HEALTH LAW LENS", 15 Vermont Journal of Environmental Law Spring (2014), p. 490.

18. David A. Dana, "The Case for an Information-Forcing Regulatory Definition of 'Nanomaterials'", 30 Pace Environmental Law Review, Spring (2013), p. 441.

19. Louis Theodore& Leo H. Stander, "Regulatory Concerns and Health/Hazard Risks Associated with Nanotechnology", 30 Pace Environmental Law Review, Spring (2013), p. 469.

20. Thomas O. McGarity, "THE COMPLEMENTARY ROLES OF COMMON LAW COURTS AND FEDERAL AGENCIES IN PRODUCING AND USING POLICY-RELEVANT SCIENTIFIC INFORMATION", 37 Environmental LawFall (2007), p. 1027.

五、学位论文

冯涧. 我国化学品污染法律控制研究 [D]. 昆明：昆明理工大学, 2013.
黄政. 论化学品环境管理的法律原则 [D]. 武汉：武汉大学, 2004.
李凤. 论我国的化学品环境管理立法 [D]. 长沙：湖南师范大学, 2009.
罗植泓. 我国化学品环境管理法律制度研究 [D]. 重庆：西南大学, 2013.

后 记

　　此书脱胎于我的博士论文。对于是否将此论文付诸成书，其实我是有诸多犹豫的。目前来说，由于化学品所涉及的利益博弈的复杂性以及化学品对国民经济的支撑性地位，过多地强调其经济属性始终具有支配性话语权，这使得化学品污染环境防治的立法成行尚不具有可预见性，在这种背景下过早地谈论这样的话题，"话题场域"的缺失性尤为明显。但正如自序中所言，谨将该书做抛砖引玉之作，以期唤醒并塑造化学品污染防治的话题场域。

　　之所以选择化学品污染环境问题作为我的博士论文选题的方向，一方面缘于一种个人的情结，我大学本科阶段基本的学术训练起于化学，从此这门学科如影随形地伴我多年，对我影响至深，似乎很难将其从我的生活，包括学术生涯中剔除。另一方面则缘于化学品本身的环境危害性。人类社会对化学品的依赖性日益提高，而化学品对人类身体健康和环境的影响也日益为人们所认识，我认为化学品的污染环境防治立法已成为不可回避的需求，而本人所具有的化学学科和环境法学学科的学术训练背景是研究化学品污染环境防治立法的合适人选。该选题不仅是基于个人的学术兴趣，而且也是环境立法的时代需求，尤其是天津"8·12"事件的社会影响更坚定了我的这种认知。在整个写作过程中也苦恼过、困惑过，但对选题的意义和价值却从来没有怀疑过。也许本书尚未达到期望的效果，尚未能起到应起的作用，更需要今后努力拓展论文的深度和广度，使其发挥出应有的价值。

　　博士论文顺利完成首先要衷心地感谢我的导师周珂教授。2013年周教授接纳我这个学生，使我获得了进一步深造的机会，对此我深怀感激之心。导师以他高尚的人品、儒雅的风度和精深的学术造诣不仅成为我人生道路的楷模，更在学术上为我指明了道路。我在最初博士论文选题时，向导师表达了想结合自己的学科背景从事化学品污染相关研究却不知从何切入的苦恼，是导师给我指明了研究的方向：从立法研究角度研究化学品污染环境防治。当写作中遇到困惑时，也是导师的寥寥数语使我茅塞顿开，获益匪浅。可以说，这篇博士论文得以形成离不开导师的指导和帮助。

其次，我要感谢中国人民大学法学院环境与资源保护法学教研室的李艳芳教授、竺效教授和李延荣教授，他们在我的论文开题、预答辩等阶段给予了指导和帮助。李艳芳教授对论文的指导意见尤为中肯。

我还要感谢中国人民大学法学院全体授课教师，他们不仅向我们展示了何谓大师风范，而且他们为博士生开设的法学方法论课使我获益颇多。

在这里我还要感谢我的同门师兄弟、师姐妹们，他们给予我很多生活和学习上的帮助。在互相勉励和支持下，我们共同走过了三年丰富多彩的博士学生生涯。

最后，我要将我的感谢献给我的家人。我的丈夫和孩子给予了我最大的支持，在我懒惰的时候提醒我，在我沮丧的时候鼓励我，他们是我物质和精神的双重支柱，也是我前行的动力。

如果说我还小有所成，那都应归功于这些我生命中重要的成员，而书中存在的缺陷和不足，则完全是我个人能力和努力的不足。

在此谨将这本不完美的著作献给我的家人！

在此特别向本书的编辑老师们致以真挚的谢意！

腾延娟

2020 年 1 月 14 日